经营管理者五堂绩效管理实战课

刘志刚　著

中国商业出版社

图书在版编目（CIP）数据

经营管理者五堂绩效管理实战课 / 刘志刚著 .

北京 ：中国商业出版社，2025. 1. -- ISBN 978-7-5208-
3186-4

Ⅰ . F272.5

中国国家版本馆 CIP 数据核字第 2024RS0868 号

责任编辑：葛　伟

中国商业出版社出版发行

（www.zgsycb.com　100053　北京广安门内报国寺 1 号）

总编室：010-63180647　　编辑室：010-83118925

发行部：010-83120835/8286

新华书店经销

三河市众誉天成印务有限公司印刷

*

787 毫米 ×1092 毫米　16 开　16.5 印张　248 千字

2025 年 1 月第 1 版　　2025 年 1 月第 1 次印刷

定价：68.00 元

* * * *

（如有印装质量问题可更换）

突破战略绩效落地难题　打造高绩效组织

在这个变革的时代，企业面临着前所未有的挑战与机遇。绩效管理作为人力资源管理的核心职能，在落地组织战略、提升组织效能、促进员工工作成效方面扮演着重要的角色，于是日益受到经营管理者的重视。但是在企业实践过程中，经营管理者经常要面临诸如"如何正确理解绩效管理？""如何让绩效管理与组织战略相匹配？""如何利用绩效管理提高企业业绩水平？"等难题。经营管理者迫切需要那些对绩效管理有深入研究的学者或者有丰富实战经验的咨询师为他们解答上述问题。

本书的作者刘志刚先生就是一位有着多年人力资源管理咨询和培训经验的项目顾问师、资深项目经理、管理咨询公司创始人。他深耕绩效管理咨询领域多年，了解企业经营管理者的困惑，熟悉国内外绩效管理领域的最新研究和实践成果，积累了大量的战略绩效落地解决方案。他将自己长年的阅读、观察、实践和思考，汇总成现在这本《经营管理者五堂绩效管理实战课》。这本书旨在为广大经营管理者提供一套系统、实用的绩效管理方法论，以期能解决经营管理者的管理困惑。

本书编排新颖，通过五堂精心设计的实战课程，深入探讨了在绩效落地的过程中经营管理者应扮演的角色、掌握的理念、使用的问题诊断模型，并结合自身的咨询实践，创造性地提出了推动战略绩效落地的"运营六环"模型、高绩效团队"自我进化"模型和高绩效团队工作方法等。本书内容逻辑严谨，既有系统的理论说明，又有翔实的企业案例，接触此书的企业经营管理者，不管是刚刚踏上管理之路的新晋领导者，还是寻求绩效管理精进的老练专业人士，都能从中寻获有价值的见解与启示。本书也适用于高校人力资源管理专业以及相关经济管理专业的师生，作为他们知识拓展的参考书籍。在 OBE（Outcome Based Education，成果导向教育）教学理念的引导之下，高校的教学要以服务市场需求为导向，本书可以告诉师生企业正在困惑什么、企业要如何解决这些困惑，定会让师生受益匪浅。

敬请各位读者朋友带着自己的管理困惑与期待，翻开这本书的第一页，一起携手步入这场提升企业绩效、打造高绩效组织的旅程吧！

陈 娜

福建师范大学协和学院

人力资源管理专业教师

省级一流本科课程"绩效管理"负责人

2024 年 5 月

善用绩效管理　提升组织竞争力

在当今这个充满挑战与机遇的商业时代，上市企业作为市场的佼佼者，肩负着引领行业发展、实现股东价值最大化的重要使命。作为企业高层管理者，我深知企业的成功不仅依赖于战略的制定，更在于战略的有效执行。而绩效管理，正是确保战略落地、提升企业竞争力的关键。

《经营管理者五堂绩效管理实战课》这本书，为我们提供了一套系统、实用的绩效管理方法论，是每一位企业经营者和管理人士必读的宝典。刘志刚老师凭借其在管理咨询领域的深厚积累，将理论与实践相结合，为我们揭开了绩效管理的深层价值。

在这本书中，你将获得——

绩效管理的全面理解：深入探讨绩效管理的本质以及它在企业战略中的核心地位；

战略与绩效的紧密结合：学习如何将绩效管理与企业战略紧密结合，确保战略的有效执行；

角色定位与责任担当：明确经营管理者在绩效管理中的角色和责任以及如何通过绩效管理提升团队执行力；

问题诊断与解决方案：掌握绩效管理中的问题诊断工具，学习如何识别和解决绩效难题；

实战模型与方法：通过"运营六环"模型、高绩效团队"自我进化"模型等实战工具，推动绩效管理的持续优化。

作为企业的高层管理者，我们必须认识到绩效管理的重要性，并将其作为提升企业核心竞争力的重要手段。这本书不仅能够帮助我们解决当前的绩效管理难题，也能够引导我们构建一个高效、持续发展的绩效管理体系，为企业的长远发展奠定坚实的基础。

战略的航向只是起航的罗盘，而绩效管理才是推动航船破浪前行的风帆。我强烈推荐《经营管理者五堂绩效管理实战课》这本书给所有致力于提升企业绩效、打造高绩效组织的经营管理者。让我们一起学习，共同逐浪前行，驾驭企业之船，驶向更广阔的蓝海；携手航行于绩效管理的深海，共创企业之巅。

崔 剑

厦门科华数能科技有限公司总裁

2024 年 5 月

绩效管理——激发组织潜能，引领人才发展

在当今这个瞬息万变的商业世界中，企业要想实现持续发展并保持竞争优势，就必须不断革新和提升人力资源管理的每一个环节，而绩效管理则是其中的中流砥柱。作为多年人力资源管理实践者，我深知绩效管理不仅关乎战略目标的落地，更在于激发员工潜力，是挖掘组织潜能与发展人才的关键。它是一项细腻的艺术，需要精准的布局和持续的雕琢，而非一蹴而就。

正是鉴于此，我诚挚地向各位推荐《经营管理者五堂绩效管理实战课》。它不仅提供了一套系统而实用的绩效管理方法论，更是一份珍贵的资源，旨在帮助企业经营管理者与人力资源专业人士深入掌握绩效管理的精髓，掌握提升企业绩效的关键技能。它不仅是一部由刘老师精心撰写的实战指南，更是其多年绩效管理咨询项目的智慧结晶。

在阅读本书的过程中，您将深入了解——

绩效管理的核心理念：掌握绩效管理的真正含义，并理解它如何与组织战略紧密结合；

绩效问题的诊断与解决：学习如何运用问题诊断模型，识别并解决绩效管理中的难题；

战略绩效的落地：利用"运营六环"模型，确保战略绩效的有效实施；

实施员工绩效管理：学习如何通过绩效管理循环实施员工绩效管理，确保绩

效管理的激励与赋能价值；

团队的自我进化：学习如何构建并促进高绩效团队的持续成长和自我提升。

我坚信，无论是初入职场的人力资源专员，还是经验丰富的绩效管理专家，每一位企业管理人员都能从这本书中汲取宝贵的知识和灵感。它不仅能助您解决当前的管理难题，更能为您的职业生涯注入源源不断的动力和指导。

让我们一起翻开这本书的第一页，踏上提升企业绩效、打造高绩效组织的旅程。期待这本书能为所有企业经营管理者与人力资源管理同行带来启迪，在这本书的引领下，都能成为推动企业持续成长与繁荣的强大力量。

陈清贤

珀莱雅化妆品股份有限公司

集团首席人力资源官（CHO）

2024 年 5 月

让绩效管理成为经营管理者带领团队打胜仗的法宝

对于每一位经营管理者来说，绩效管理都是一项至关重要的任务。它不仅是提升组织效能的关键手段，更是激发员工潜能、推动企业持续发展的重要途径。然而在实际工作中，由于其复杂性与不确定性，许多经营管理者却对绩效管理感到困惑和无奈，甚至将其视为一种负担。

我深知这种困惑和无奈的背后是绩效管理理论与实践之间的鸿沟，以及各行各业的经营环境、组织能力的差异。同时，随着市场环境的不断变化和企业竞争的日益激烈，绩效管理的模式也面临着越来越多的挑战和变革。

因此，我撰写了这本书，希望能够为广大经营管理者找到提升绩效管理的系统认知、掌握组织与员工绩效的实用绩效管理方法，能够在实践中找到塑造高绩效组织的管理诀窍，也能够在绩效实战中使自身与组织能力得到提升，促进组织持续成长。

基于自己20多年的一线、多行业的企业管理咨询项目实践经历，结合自己多年的企业管理工作经验以及多年对如何提升组织绩效与员工绩效管理水平的思考，我在本书中将经营管理者应该具有的绩效管理系统认知、企业绩效问题分析与诊断、战略绩效与员工绩效的操作要点、打造高绩效团队的实践方法提炼为五堂绩效管理实战课程。我相信，只有真正掌握绩效管理的精髓，才能在实际工作中游刃有余地应对各种挑战和变革。

本书的主要目标受众是那些渴望提升团队绩效、实现组织目标、引领组织持续成长的经营管理者。通过这五堂实战课，我将分享以下内容：经营管理者的使命与角色、能力提升以及实践学习模型；绩效管理系统认知、重点企业绩效管理的发展变化；绩效管理常见问题与诊断分析方法；战略绩效落地执行的实践操作方法；员工绩效管理问题与操作案例；经营管理者如何通过高绩效团队"自我进化"，提升组织与员工绩效。

我希望每一位读者都能通过对此书的阅读受到启发，不断提高自己的绩效管理水平，也衷心希望此书能激发每一位读者对绩效管理的深入思考和持续探索。

首先，我要感谢在管理咨询路上与我一起、奋斗在一线客户端的咨询与培训的伙伴们，是你们给予我很多智慧与灵感，这里也有你们的智慧结晶。

其次，我要感谢我的客户们，你们的信任与支持，让我面对一个个企业管理难题时总能找到最佳的解决方案。

最后，我要感谢所有为本书出版付出辛勤努力的人们，你们的支持和帮助让我能够完成这本书的撰写。特别感谢我的老搭档洪波涌、白帆老师、涂建财老师给予本书的校正工作与鼎力支持，以及家人对我长时间撰写的理解、关心与支持。

期待与广大经营管理者一起探讨绩效管理的新理念、新方法，共同推动企业的持续发展和进步。

让我们一起开启这段提升经营管理者的绩效管理能力之旅，不断学习、成长，并最终实现组织和个人的共同成功。

刘志刚

2024 年 5 月

目录
CONTENTS

第一堂课
绩效管理思想与认知

导读：

管理是正确地做事，是处理好人、机、物、料的关系，往内部看，目的是提高效率；而经营是做正确的事，是面对市场、创新、商业环境的不确定性作出选择，往外部看，目的是提高效益。

——宋志平

在 VUCA 时代[①]和人工智能到来的进程中，企业边界不断被突破，行业不断被颠覆，企业商业模式不断创新。企业的经营业绩如何持续增长，创新变革的发力点在哪里，是企业经营管理者常思考的问题。

企业经营管理者作为企业战略规划的制定者、执行的督导者和资源的调配者，其决策和管理行为以及能力素质水平，对企业的经营业绩增长具有决定性影响。而绩效管理涉及如何达成企业经营业绩目标、整个团队的运营管理方法以及企业经营机制。因此，对绩效管理形成系统认知，在实战中提升能力素质，促进组织成长，是企业经营管理者所要学习和掌握的首要内容。

在本堂课中，我们将对绩效管理的思想与认知作分享。

首先，我们分享经营管理者的使命与角色，理解经营者与管理者的共同使命与角色任务的差异。

其次，我们分享经营管理者能力素质与经营绩效的关系，在实战中学习和提升哪些经营管理者能力素质以及有哪些学习指引。

最后，我们分享绩效管理的发展特征、组织绩效与员工绩效的概念与影响因素以及绩效管理的五大核心价值。

---

① VUCA 时代是指具有易变性、不确定性、复杂性、模糊性的时代。VUCA 是由 Volatility（易变性）、Uncertainty（不确定性）、Complexity（复杂性）和 Ambiguity（模糊性）的首字母缩写而成。

第一节 经营管理者使命与角色

一、如何理解企业经营管理者

企业经营管理者一般包括企业的经营者与管理者，其概念在不同管理流派有不同定义。

（一）企业经营者

企业经营者是指承担着企业日常运营管理责任，致力于实现企业盈利目标和长期发展战略，并对企业经营负有直接责任的个人或集体。在法律意义上，经营者是指从事商品生产、经营或提供服务的自然人、法人和其他经济组织，他们以其生产和经营活动参与到市场经济活动中，并与消费者相对应。

在现代企业制度下，特别是在所有权和经营权分离的企业结构中，企业经营者通常是指企业的高级管理人员，如总经理以及其他高级管理者。他们对法人财产的保值增值承担责任，享有法人财产的绝对经营权和管理权，负责企业日常经营管理工作，通过雇佣关系受聘于企业。企业经营者是企业经营运作的灵魂人物，他们的决策和行动直接影响企业的生存与发展。在企业实践中，企业经营者主要是指对企业经营效益负责、参与负责企业经营管理方向的人，即企业的高层管理者或者企业的领导者。

（二）企业管理者

企业管理者是指在企业组织中担任管理职务的个人或群体，他们负责制订战略计划、组织协调各种资源、制定和实施管理决策、领导团队成员以及监督组织运营的各项活动，以达成企业的短期目标和长期愿景。企业管理者通过其地位，协调和监督他人的活动达到组织的目标，对组织绩效的达成负责。

按照管理层级来看，企业管理者一般包括企业基层管理者、企业中层管理者、企业高层管理者。无论处于哪个层次，企业管理者都承担着计划、组织、指挥、协调和控制等管理职能，通过有效调动员工积极性、提高组织效率和创新能力，确保组织目标的实现。其中，企业高层管理者是指在组织中居于顶层或接近顶层的人，其关注的是企业经营层面，对组织负全责，主要侧重于组织与外部的沟通联系和决定组织的大政方针，注重良好环境的创造和组织重大决策的制定。其更为严格的定义是企业领导者，不属于管理者的范围。在实际工作中，我们通常把企业高层管理者（领导者）看作企业经营者。

企业中层管理者是在企业组织架构中处于高层管理层和基层执行层之间的管理者，他们是连接企业战略决策层与具体操作执行层的关键纽带，在企业实践中的主要职责是负责企业战略执行，理解并贯彻执行高层管理团队制定的企业战略、政策和目标，将其转化为具体的部门或团队行动计划。他们直接负责某一部门、项目组或分公司的日常运营和管理，制订部门工作计划，组织和调配人力、物力资源，确保部门工作有序高效地开展。他们为高层决策提供所需的数据、信息支持和专业建议，并在权限范围内就本部门的相关事宜作出决策。企业中层管理者既是执行者又是团队负责人，他们的管理水平和工作效率直接影响着企业的整体执行力和战略目标的实现程度。

企业基层管理者，又称一线管理者或执行层管理者，是企业组织结构中位于最接近作业现场或业务操作层面的管理者，他们直接面对和管理一线员工，负责日常工作和操作任务的具体执行与监督管理。

基于以上分析，为了更好地明确各自定位与责任，在企业实际经营中，我们更倾向于把企业中基层管理者定义为"企业管理者"。

二、企业经营管理者的使命

（一）企业经营管理者共同的使命

企业是经济组织，是营利组织，其目标任务是创造顾客所需的价值、提升绩效，即提升经营效益与管理效率。

经营和管理是两个不同的概念。经营是面对企业外部经营环境中的不确定，选择技术路线、市场策略、价格策略、商业模式等，目标是盈利。而管理则是面对企业内部具体的人、机、物、料，更多的是方法和制度，目标是提高效率。企业经营者的使命是盈利，而企业管理者的使命主要是降低成本。从某种意义上说，管理是经营活动的一个子项，重点在于解决成本问题，成本降低会增加利润，但如果经营出现失误，即使管理能做到零成本，企业也不见得会盈利。

管理的目的是提高效率，管理从根本意义上来说就是解决效率的问题。那么，我们的效率从哪里来？管理的逻辑如何？这是我们今天遇到的问题。

从管理演变的历史来看，管理演变的第一个阶段是科学管理阶段，代表人物是泰勒，这个阶段解决的问题是如何使劳动效率最大化。劳动效率衡量的是单位时间内劳动者完成的工作量，即员工或团队在同等条件下单位时间内的产出。它关注的是单个劳动力或劳动力群体在执行具体任务时的生产力水平，可以衡量工人或机器设备每单位时间或单位资源消耗所能生产的产量。劳动效率高的团队或个人能够在相同的时间内完成更多的工作。

管理演变的第二个阶段是行政组织管理阶段，代表人物是韦伯和法约尔，这个阶段解决的问题是如何使组织效率最大化。组织效率从整体视角审视企业内部各部门间协调、沟通的效率，以及组织结构、管理模式、决策体系对工作效率的影响。组织效率体现在企业整体的运营效率、决策效率、流程效率以及资源配置效率等方面，反映了企业整体系统的性能和效能。

管理演变的第三个阶段是人力资源管理阶段，包括人际关系理论和人力资源理论，这个阶段解决的问题是如何使个人效率最大化。它强调的是单个员工在完成任务时的时间利用率、技能熟练度、工作态度和创新能力等因素对产出的影响。个人效率的提高依赖于员工自身的专业技能、敬业精神、工作动力及工作环境等因素。个人效率是组织效率的基础，因为组织的总体效率取决于组成组织的各个个体的工作效率。只有当每位员工都能够高效工作时，组织的整体效率才有可能提高。

穆胜博士在《人力资源效能》一书中谈道，在当前企业常谈的人力资源效能（HR Efficiency），反映人的投入产出，就是将经营贡献与人力单位相联系，计算出不同人力的投入是否产出了相应的效果。更简单地说，财务或市场结果除以人力单位，就是人效指标。这是最刚性的指标，也最能彰显人力资源职能的价值。如果人力资源是重要的资源，那么人效就是最重要的效能，人效对于经营有超强的正面性。

（二）企业经营者的首要任务

企业经营者的首要任务是获得顾客的认同和市场的回馈，即要取得经营成效。陈春花教授在《经营的本质》一书中说道，企业需要的是实实在在的经营结果，管理工具如果不能够为其提升经营质量、获得经营结果服务，就无法真正产生价值，只是工具而已。人们应该关心的是如何围绕经营本质的基本元素，包括顾客价值、成本、规模、赢利，来展开工作，而不是单纯地追求管理本身的效果，离开经营本质的基本元素所做的一切努力都可能是无效的。如果不能回归基本面，追求新颖时髦的管理实务与管理工具，只是舍本逐末罢了。经营的目的是创造良好的效益，这是做企业的出发点，也是企业的重要目标，更是企业必须承担的责任。被称为日本"经营之神"的松下幸之助先生曾说，"盈利是企业最基本的社会责任"。

（三）企业管理者的首要任务

企业管理者的首要任务是围绕绩效去行动。管理大师彼得·德鲁克就精辟地阐述了管理是一种实践，其本质不在于知，而在于行；其验证不在于逻辑，而在于成果；其唯一的权威性就是成就。有效的管理者一定注重贡献，并懂得将自己的工作与长远目标结合起来。他会经常自问："对我服务的机构，在绩效和成果上，我能有什么贡献？"他强调的是责任。

三、经营者与管理者的角色

经营管理者在完成自己的使命与任务时，还需要明确自己的角色认知。明确经营管理者的角色对于组织的内部运作、决策效率、长期发展以及外部形象都具有重要的价值。

说到经营管理者的角色，明茨伯格是经理角色学派的创始人，在其经典著作《管理工作的本质》中，主张不应从管理的各种职能来分析管理，而应把管理者看成各种角色的结合体。明茨伯格研究发现，管理者扮演着 10 种角色，可以分为 3 个大类：

- 3 种人际关系角色：名义首脑、领导者、联络人；
- 3 种信息角色：监控者、传播者、发言人；

•4种决策角色：企业家、危机处理者、资源分配者、谈判者。

明茨伯格强调，我们无法把任何一种角色剥离，否则其他角色会受到影响。例如，如果管理者停止履行联络者的角色，他就无法得到外部信息，也就没有办法向组织内部传递消息，传播者的角色会随之受到影响。明茨伯格的"经理角色"的观点，让我们看到了管理不应停留在管理职能的理论表述上，让我们看到了经理的价值重点在企业实际工作中，经理需要扮演各种角色去完成企业的经营目标和任务。总之，我们在谈论企业经营与管理的时候离不开会问经理在企业中扮演的角色与作出的价值贡献是什么。

接下来，我们在案例中看一下经营者与管理者在具体的企业运营中所扮演的角色。

****

案例

在以下一家数据科技公司的企业，我们可以看到经营者和管理者所扮演的角色的实际区分和互动。

经营者（CEO、创始人陈总）

陈总是该企业的创办者和所有者，他洞察到市场上 AI 技术的巨大潜力，想创办一家专注于 AI 技术研发与应用的公司。

经过市场分析，陈总发现 AI 技术的研发与应用之间存在明显的差异，研发主要侧重于理论探索、算法设计、模型训练等，目标是创造出能够执行特定任务的 AI 系统，而应用则关注如何将这些 AI 系统有效地集成到实际业务场景中，解决具体问题，实现商业价值。

评估自己的资源与商业进行分析后，陈总在 AI 技术研发方面，启动与国内大型具有研发实力的企业进行战略联盟，签署战略合作协议，共同探索 AI 在特定行业的应用场景，共享市场资源，共同推进项目落地；通过技术授权的模式，购买大型 AI 企业的专利技术授权，允许在自家产品和服务中应用这些技术。公司的重点是聚焦自己的产品在行业市场的具体应用。

陈总组织制定了企业长远的战略规划，确定未来 5 年内将公司打造成国内领先的中小型企业在企业管理领域的人工智能与数字化解决方案提供商，并积极寻找风险投资以筹集启动资金。陈总利用自己的人际影响力，亲自参与关键的商业谈判，如与合作伙伴签订在人工智能与数字化解决方案方面的战略合作协议，以获取关键技术或市场资源，并冒着市场风险启动市场需要的数字化项目。

管理者（COO 王经理）

王经理作为公司的人工智能与数字化产品的 COO（首席运营官），是陈总的得力助手，负责将陈总的战略规划落实到实际运营层面。他组建了一个高效的团队，细化年度和季度的工作计划，包括项目研发进度、市场开拓策略、人力资源配置等。

王经理每天关注公司的日常运营细节，比如明确项目计划、优化供应链管理、确保项目质量达标、控制成本，并对各部门的执行情况进行跟踪和监督。在人力资源管理方面，王经理启动了项目获取分享机制，定期评估员工的工作表现，实施激励措施以提高员工的积极性和创新能力，并举办了一系列人工智能与数字化项目实施内部培训活动，提高团队整体的技术和管理能力。

案例分析

在这个案例中，陈总作为企业经营者，着重于企业发展定位与业务选择、长期发展战略和市场布局、外部资源的链接。而王经理作为管理者，则致力于执行陈总的决策，管理日常运营，并通过精细化管理提升企业的执行力和效率。两人分工合作，共同促进了该公司的快速发展。

****

通过上述案例，我们可以看到企业中经营者与管理者角色的分工看似简单，实则是基于双方团队合作、组织协同、职能能力的自然分工，在组织中的角色是相互补充、相辅相成的。这是明确双方身份与定位的过程，决定了双方的产出与成果评价。

首先，明确经营管理者的角色有助于组织内部形成清晰的责任分工。当每个成员都清楚自己的职责和角色时，他们能够更好地理解自己的任务，减少工作中的冲突和误解。这种明确的分工有助于提高工作效率，使组织能够更快速地响应市场变化和业务需求。

其次，明确经营管理者的角色有助于提升组织的决策效率和执行力。经营者负责战略规划和决策制定，而管理者则负责具体的执行和日常管理。当两者角色明确时，决策能够更快速地传递到执行层面，减少信息传递的延误和失真。同时，管理者在执行过程中能够更好地理解经营者的意图，确保决策的有效实施。

再次，明确经营管理者的角色有助于组织的长期发展和稳定性。经营者关注组织的整体战略和未来发展方向，而管理者则注重日常运营和团队管理。当两者角色明确时，组织能够在保持日常运作稳定的同时，不断追求创新和发展。这有助于组织在竞争激烈的市场环境中保持领先地位，实现可持续发展。

最后，明确经营管理者的角色有助于提升组织的整体形象和信誉。当组织内部角色分工明确、责任清晰时，外部利益相关者（如投资者、客户、合作伙伴等）能够更好地理解组织的运作机制和管理模式，从而增强对组织的信任和认可。这有助于组织建立良好的声誉和品牌形象，吸引更多的资源和合作伙伴。

经营者和管理者在组织中均扮演着重要的角色，两者具体对比分析如下（见图 1-1）。

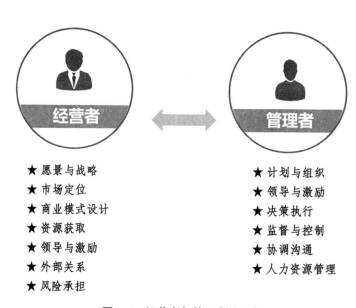

图 1-1　经营者与管理者的角色

（一）企业经营者的角色

愿景与战略：经营者制定组织的愿景和长期战略，引导公司的发展方向。

市场定位：经营者识别市场机会，决定企业的市场定位和目标客户群体。

商业模式设计：经营者设计企业的商业模式，包括价值主张、收入来源、成本结构和客户关系。

资源获取：经营者负责获取必要的资源，包括资金、人才和市场机会。

领导与激励：经营者需要具备领导能力，能够激励团队成员，推动他们朝着共同的目标前进。

外部关系：经营者经常需要与外部利益相关者如投资者、合作伙伴和客户建立和维护关系。

风险承担：经营者通常是创新者，他们负责识别新的商机并承担相应的风险。

（二）企业管理者的角色

计划与组织：管理者负责制订详细的业务计划，并组织资源以实现这些计划。

领导与激励：管理者领导团队，指导员工，激励他们达成组织目标。

决策执行：管理者执行由经营者制定的战略决策，并负责日常的运营决策。

监督与控制：管理者监督组织的运营，确保计划按预期执行，并对结果进行控制。

协调沟通：管理者确保组织内部和外部的有效沟通，协调不同部门或团队之间的工作。

人力资源管理：管理者负责招聘、培训、评估和激励员工，确保组织拥有高效的人力资源。

在小型组织中，一个人可能同时扮演经营者和管理者的角色。而在大型组织中，经营者和管理者的角色可能由不同的人或团队承担，经营者更侧重于战略层面和外部发展，而管理者则更专注于日常运营和内部管理。

第二节　经营管理者能力素质

一、经营绩效与经营管理者能力素质的关系

（一）为何要研究经营管理者能力素质

经营绩效作为衡量企业在一定经营期间内经营效益和经营者业绩的综合指标，直接反映了企业的盈利能力、资产运营水平、偿债能力以及后续发展能力。而经营管理者能力素质在其中起到了至关重要的作用（见图1-2）。

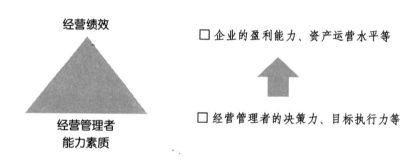

图 1-2　经营绩效与经营管理者能力素质的关系

首先，经营管理者的战略眼光和决策能力直接决定了企业的发展方向和市场定位。一个具备出色战略思维的管理者能够准确把握市场脉搏，制定出符合企业实际情况的发展战略，从而确保企业在激烈的市场竞争中保持领先地位。同时，他的决策能力也直接影响着企业的资源配置和运营效率，正确的决策能够带来丰厚的回报，而错误的决策则可能导致企业陷入困境。

其次，经营管理者的领导力、团队协作能力和沟通能力对于企业内部的运营效率和员工士气有着显著影响。优秀的领导者能够激发员工的积极性和创造力，形成高效协作的团队氛围，从而提升整体的工作效率和绩效。同时，良好的沟通能力有助于消除内部矛盾，促进信息共享，进一步提高企业的运营效率。

最后，经营管理者的财务管理能力和风险控制能力也直接关系企业的经济效益和稳健发展。

因此，经营管理者能力素质与企业的经营绩效之间存在着紧密的联系。提升经

营管理者能力素质，不仅有助于提升企业的内部运营效率和员工士气，还能够增强企业的市场竞争力，推动企业可持续发展。因此，企业应当高度重视经营管理者的选拔和培养工作，确保他们具备足够的素质和能力来应对市场的机遇和挑战。

（二）如何在实践中提升经营管理者能力素质

人才学习"7-2-1"法则（见图1-3）告诉我们，在成人的世界中，70%的经验获得来自工作中的学习，通过边工作、边学习、边总结，不断将经验应用于实践，再进行经验的调整、总结、再实践，在一步一步循环往复中形成可靠的经验和技能；20%的经验来自通过与身边优秀的人沟通、讨论、交流，从而习得他人的经验，并内化成自己的经验；10%的经验则来自正规的培训。

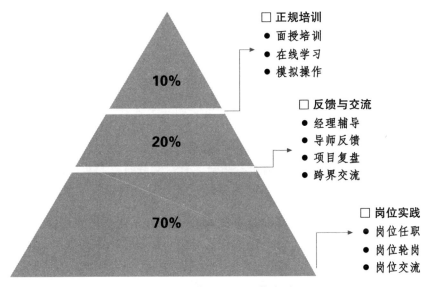

图1-3　人才学习"7-2-1"法则

10%的正规培训，即通常意义上所提及的课堂学习、自我书本学习。这可以让我们了解大量理论知识，但这一般仅处在"我知道"的层次，要想获得成长，还远远不足。20%的反馈与交流，即向他人学习，进行交流和模仿。这需要员工自己在团体中去看、听、问，收集经验，整合成自己的知识经验，在其中，导师与上司的辅导是关键。70%的岗位实践，即在岗位工作中给予岗位工作以内或者相关的具有挑战性的工作，带着明确的绩效目标任务，需要员工在工作中不断地实践、练习与提升。

经营管理者的能力提升来源于工作实践，在实践中通过交流与学习提升。而绩效管理实战是经营管理能力在工作实践中学习提升的最主要方式，没有基于工作绩效、工作成效的能力培养很难获得实质性的提升。

****

<u>案例</u>

黄经理的自我成长感悟

黄经理是某发电企业的运营技术部门负责人，2022 年从技术专工竞聘到公司这一最大生产部门进行管理工作。在 2022 年公司干部绩效考核与素质评估中发现，其在团队建设与管理、业务分析与解决、目标计划管理方面存在能力短板。公司在其年度考核与测评报告中为其指出了存在的问题、具体的表现与进行提升的建议。2023 年公司在组织年度干部绩效考核时，测评队伍惊喜地发现，其在团队建设与管理、问题分析以及工作推动与把控方面有显著提升。为何有如此的差异，这一年发生了什么？

在与测评小组的沟通中，黄经理谈道，刚从专业技术岗来到管理岗，一切都是新的，这一年得益于公司领导的信任与支持，他在实践中锻炼和提升了能力。他认为自己变化最大的原因有两个。第一，针对测评报表指出的团队建设与管理、业务分析与解决、目标计划管理三项能力短板，自己每月反省，通过每周的工作计划落实改进措施，通过构建目标计划考核评估的方式量化改善的内容，并不断地每月复盘，请教领导。第二，带领团队完成生产经营目标业绩，将超越过去作为自己能力素质提升的重要标志。

****

二、经营者能力素质提升实践学习模型

经营者在完成目标任务的过程中，需要具备一定的能力素质，这个能力素质水平是影响其提升企业经营效益的重要因素。一般来说，经营者的能力素质是基于其是企业的领导者、代表人、企业家等角色，完成目标任务需要的能力素质，重点是领导力的能力培养与行动力。

关于领导力，彼得·德鲁克说："领导力就是把一个人的视野提到更高的境界，

把一个人的成就提到更高的标准，锤炼其人格，使之超越通常的局限。"他同时强调，成功的领导者必须具备四种重要的能力，一是虚心倾听下属的意见，二是学会主动与人沟通，三是不要妄自尊大，四是不要为错误辩解。

变革大师约翰·科特说："领导者确立愿景，设定实现愿景的战略，引领变革；领导者是激励他人，并克服困难亲自与他们沿着正确的方向前行。"

领导力的本质是行动，是带领团队实现目标，这是刘澜在《领导力：解决调整性难题》一书中提到的内容。这种行动不仅是责任，而且需要产生成果，我们也可以说领导力的本质是责任和成果。因此，领导力的本质是你做什么（行动），而不是你是什么（职位）或者有什么（能力）。这不是什么新奇的论点，领导力领域的许多研究者和教育者都持有类似的主张，然而这一思想尚未深入人心。

这些关于领导力的论述均表明，领导者的能力不在于能够施加个人意愿并让他人追随他，而在于如何把不同的意愿联合起来成为群体的内在动力。优秀的领导者并不要求别人为他服务，而是为共同目标服务，与大家一起奋斗。

我们更关心的是在企业实践中如何提升经营者的领导力；企业经营者在绩效管理实战中如何能知己知彼，找到提升经营效益、促进企业业绩增长的最佳能力学习指引。基于经营管理职能匹配能力素质的需要，我们定义了经营者领导力实践学习模型（VS-OI 模型）（见图 1-4）。VS-OI 模型：VS-OI 取自愿景与战略（Vision and Strategy）、运营与革新（Operation and Innovation）的英文缩写，是从虚到实、从梦想到实践的过程。

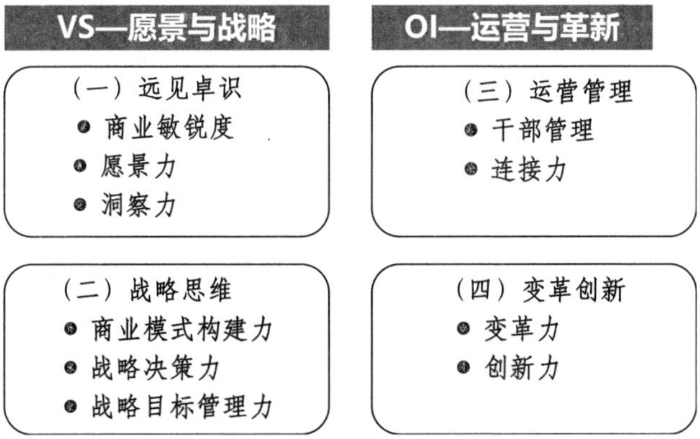

VS—愿景与战略	OI—运营与革新
（一）远见卓识 ● 商业敏锐度 ● 愿景力 ● 洞察力	（三）运营管理 ● 干部管理 ● 连接力
（二）战略思维 ● 商业模式构建力 ● 战略决策力 ● 战略目标管理力	（四）变革创新 ● 变革力 ● 创新力

图 1-4　经营者领导力实践学习模型（VS-OI 模型）

●愿景与战略（VS）：包括远见卓识与战略思维。远见卓识体现在商业敏锐度、愿景力、洞察力三个方面；战略思维体现在商业模式构建力、战略决策力与战略目标管理力三个方面。

●运营与革新（OI）：包括运营管理与变革创新。运营管理体现在干部管理、连接力两个方面；变革创新体现在变革力与创新力两个方面。

（一）远见卓识

远见卓识是领导者构建未来发展蓝图，通过愿景吸引人才构建共同目标的能力，这是跟随者愿意跟随的前提。其在经营管理中体现为企业经营者准确判断行业与企业的发展机会、发展规律，构建企业发展蓝图的能力。其体现领导者的思维前瞻性、深度与宽度，通俗来讲，就是看得远、想得深、考虑得周全。在学习实践中远见卓识体现在如下三个维度。

1.商业敏锐度

商业敏锐度是指领导者对国家政策、国际形势、产业政策、行业发展规律、客户需求变化进行洞察与分析，把握机会、避开风险，从而影响公司管理决策等能力，是一种洞察企业运营，帮助企业权衡利害得失，并最终帮助企业实现业务目标的能力。

商业敏锐度要求领导者重视市场导向，了解企业的业务增长与顾客和竞争对手之间的关系以及企业为客户提供了什么样的核心价值。这项能力决定了经营者能否快速应对甚至引领市场走向，在激烈的竞争中占得先机。一个优秀的领导者同样对商业信息的新趋势和新方向有敏感性，不仅要看到趋势，还要看穿、看透其中的关键点，然后思考如何更有效地嵌入自己的业务模式，以实现商业价值。在企业实践中要求高级管理者要有轮岗和挂职的经历，无非就是希望通过他们的这种经历来丰富认知，提升商业敏锐度。提升商业敏锐度是一个长期积累的过程，只有不断地逼迫自己进行深刻和全面的独立思考，甚至是亲身经历，才能最终得以提升。

关键行为与思考：

• 我们是否对行业发展趋势作深入分析？

• 目前公司产业扩张的机会是否最佳？

• 一个公司是如何赚钱的？我们的公司是如何赚钱的？我们的客户是如何赚钱的？我们的竞争对手是如何赚钱的？

2. 愿景力

愿景力主要是指领导者基于未来作出预判以及构建蓝图的能力。

愿景是组织未来可能实现的理想图景，是组织发展的长远目标，是实现理想后的成功画面。领导者勾勒的愿景一般具有四个特点：一是鼓舞人心，让大家在工作中充满激情和活力；二是清晰明确，勾勒出一幅期望实现结果的图画；三是可信可靠，呈现一个能够实现的美好未来；四是全力以赴才能把愿景变为现实。愿景是面向未来的、具有召唤力的目标，是领导者架构的从现在通往美好未来的坚实桥梁。优秀的领导者相信愿景实现的可能性。其应不忘初心，使行动与愿景协调一致；笃定践行，使他人信服且与之同行。

关键行为与思考：

• 我们是否对企业发展有一个发展蓝图？

• 公司发展蓝图是否对公司人才有吸引力？

• 我自己是否坚信愿景并践行？

3. 洞察力

洞察力主要是指领导者善于观察与深入分析的能力，对企业经营矛盾的辨析能力，透过表象看到事物之间的相互关系、发现问题根源以及预测发展趋势的能力。洞察力包括洞察事物的规律和洞察人心。

优秀的领导者能看到别人看不到的东西，在企业实践中更关注商业伙伴之间的连接关系，注重系统内各个要素的连接，构建共同发展的能力；能从系统上、根本上解决问题，避免问题的一再重复发生，也避免问题以不同的形式重复出现。

关键行为与思考：

• 我们企业成功的关键因素是什么？

• 目前制约企业发展的瓶颈是什么？

• 我们与合作伙伴是如何发生连接关系的，利益是如何分配的，共赢是如何实现的？

（二）战略思维

企业若想获得成功，就必须进行战略思考与决策，明确目标，并围绕这个目标发挥领导力，打造强大的目标执行力，这就是企业的战略思维。战略思维是一种管理决策思维，这一决策过程需要衡量外部环境中的机会与危险；需要评估组织内部资源的优势与劣势；需要"定目标"，确立组织长期的发展目标、使命、愿景；需要"择方案"，选择能达成目标的手段与方法，即行动方案。战略思维是企业审视自己的资源，基于当下有限的资源条件下选择路线，构建企业自己的优势能力；聚焦如何为顾客创造价值，重视构建竞争对手难以模仿的能力。在学习实践中战略思维体现在如下维度。

1. 商业模式构建力

商业模式构建力是指企业的愿景构建后，领导者构建企业商业模式的能力。企业是商业模式实现的主要形式，领导者需要通过企业载体实现自我价值，这里需要考虑顾客、价值提供、盈利方式、战略资源等要素的组合，构建企业的盈利模式。

优秀的领导者能快速地把握企业如何创造价值、传递价值和获取价值的基本规则；能够通过商业模式画布等可视化语言，展示企业能为客户、消费者提供什么，为谁提供，如何提供，成本、收益是多少；能清晰地定位与明确自己的价值主张，快速地确定客户需要什么样的核心资源？

关键行为与思考：

• 我们的客户是谁？为客户提供什么价值？

• 我们是帮客户解决什么样的难题，是怎样盈利的？

• 我们正满足客户哪些需求？

• 我们正在提供给客户细分群体哪些产品和服务？

2. 战略决策力

战略决策力是指领导者对关系到企业全局和长远发展的重大问题的决策能力。具体表现在解决涉及企业发展方向、经营目标、产品发展、技术发展、市场开发、投资、人力资源开发等事关企业生存的重大问题的时候，充分考虑企业的经营环境因素（包括经济因素、政治因素、科技因素、法律因素和社会因素等），结合企业内部条件（包括人力、物力、财力、技术专利、商标信誉等经营资源条件，企业的生产能力、技术能力、销售能力、竞争能力、适应能力以及管理水平等），进行分析研究所体现出来的基于未来的预判能力以及构建蓝图的能力。

优秀的领导者能基于战略管理工具对决策信息进行整理与分析，对需要决策的事情，能通过不断推演的方式去试错，不断迭代不断改变；在决策过程中能充分调动企业核心人才参与公司战略决策，并顺大势、顺政策、顺民意，从不同的视角让决策变得更清晰，也能通过战略地图让战略路径变得清晰，容易理解与执行。

关键行为与思考：

- 我们是基于什么考虑进行战略选择与决策的，底层逻辑是什么？
- 我们面临的商业环境是什么？资源优势是什么？
- 我们对未来成功的预判是什么？概率是多少？
- 我们如何能够不断构建自己的竞争优势？
- 我们的战略地图是什么？
- 我们的战略是否做了差距分析与战略环境扫描？
- 我们的战略是否能有效评估组织能力？是否已连接人才与财务预算计划？

3. 战略目标管理力

战略目标管理力主要是指企业领导者带领团队通过制定具体的经营目标来定义与衡量公司达成战略举措、执行落实战略的能力。企业一般通过战略解码的模式进行战略思维的落实与执行。实践中，优秀的领导者主要通过年度经营计划制订与年度目标管理的模式落实企业的战略。

关键行为与思考：

- 我们是如何对战略决策进行解码？
- 我们如何进行长期与短期规划，如何衡量阶段目标的达成？
- 我们的战略主题是什么？
- 我们阶段性的关键战略举措是什么？

- 这些战略举措能否让我们实现所期望的客户价值主张？
- 我们执行战略目标管理，是否考虑了市场竞争的因素？

（三）运营管理

对于企业经营者来说，运营管理主要指领导者如何对内进行干部管理，对外连接商业伙伴完成目标、解决问题的能力。其体现在"干部管理""连接力"两个方面，是回答领导者如何对关键人才进行管理以及如何通过连接力谋求企业更高的商业价值。

1. 干部管理

对于企业来说，战略确定以后，干部就是决定因素之一。我们常说"兵熊熊一个，将熊熊一窝"。所以要抓好干部，抓好骨干，这是领导者的核心工作。干部管理既是组织行为，也是领导者实施企业经营的抓手。

领导者的干部管理能力主要是指领导者构建干部管理机制与流程以及通过使命、责任、文化价值观、激励等驱动干部内在动力完成组织经营目标的能力。

一个好的干部管理机制包括干部的选、用、育、留等一整套办法、制度、流程、标准、规范等。优秀的领导者不仅重视干部的使命、责任和能力建设，干部队伍作风、梯队建设，更重视干部队伍的战斗力与工作成效。

干部管理是企业人力资源管理的核心。我们经常讲，人力资源是企业的战略资源，但企业真正的战略性资源是干部。

关键行为与思考：

- 我们需要什么样的干部人才队伍，干部的使命与责任是什么？
- 我们如何寻找、使用、评价我们的干部？
- 我们如何帮助我们的干部人才获得成功？
- 我们干部队伍的整体能力、工作作风如何？

2. 连接力

连接力是一种能帮助我们发展关系和运营关系的能力。数字化、互联网、人工智能的发展时代最突出的特点是重构了人与组织之间的关系。未来的战略成长点是行业数字转型，未来的业务增长点就是万物互联、万物感知、万物智能这三个要素。企业只有不断地努力构建自己的连接力，才有可能运营好企业。

领导力中的连接力主要是指领导者构建的人际连接、构建组织与组织之间的连接，通过连接实现资源整合的重要能力。

优秀的领导者善于与客户连接构建伙伴关系，与供应链组织连接建立合作伙伴关系，与科研单位连接构建技术优势，与政府等组织连接谋取合作与支持指导，通过连接力为企业带来巨大的商业价值。优秀的领导者还在企业内部构建组织的协作关系，发挥组织协同效应，建立信息共享机制，培育信息共享的组织文化。

关键行为与思考：

- 我们具备怎样的资源整合能力？
- 我们的连接力现状如何？
- 我们如何让组织实现共生、合作与共赢？
- 我们如何提升组织协同能力？

（四）变革创新

变革创新是指组织通过创新思维、创新实践和创新机制，对组织的结构、流程、文化、战略、技术等方面进行系统性改革和持续性改进。它涵盖了组织从内部管理到外部适应市场变化的一系列创新活动，旨在提升组织的竞争力、灵活性和适应性，以实现更高的绩效水平、更强的市场地位和更持久的生命力。在学习实践中体现在"创新力"与"变革力"维度。

1. 创新力

企业经营的目的在于生存发展，而创新是途径。与此同时，在当下和未来的经营环境中，创新又是大势所趋，是企业必须践行的。创新力是指领导者在企业经营中面对企业问题，不断求新、求变、不断超越自我，解决复杂问题的能力。

优秀的领导者在创新力方面表现在自我的创新意识与思维修炼方面，还表现在对组织的产品服务创新、技术创新、管理创新、战略创新、商业模式创新等方面的成果与行为的管理，以及构建创新目标与创新优势等。在企业具体实践中具体表现为构建企业创新体系，领导企业在业务、技术、管理方面不断进行优化创新，形成创新项目、专利，不断提升组织运营效率与成效等。

关键行为与思考：

· 创新将会为我们的自身发展和企业发展带来哪些益处？

· 我们的企业是否鼓励创新，是否容忍恰当的冒险，是否善于将创新成果推向市场？

· 我们经营面临的瓶颈是什么？企业创新面临的困境与难题是什么？

· 领导者是否构建了创造人才涌现的机制？

2. 变革力

管理大师彼得·德鲁克提出："我们无法左右变革，我们只能走在变革的前面。"领导力大师沃伦·本尼斯认为："变革是我们这个时代的领导哲学。真正的领导者不仅自己是创新者，还会尽一切努力找出并任用组织中的创新者，营造良好的创新和变革氛围。"

领导者的变革力主要是指领导者驱动企业面对不确定的环境或危机，领导企业进行组织重组、文化塑造、管理机制提升等驱动组织发展、谋求机会、适应环境生存的能力。

在企业实践中，领导者的变革力表现为领导企业数字化转型，不断地优化重组、兼并拆分等，业务表现为具体经营模式、文化重塑、制度模式的优化与升级。

关键行为与思考：

· 我们是否有变革的压力与紧迫感，变革愿景的沟通是否充分？

· 我们是否及时清除了变革的障碍？

· 我们是否将变革融入公司文化？

· 我们是否对变革进行了有步骤的管理？

三、管理者能力素质提升实践学习模型

管理是为经营（目标）服务的。经营能力是选择正确的事做，管理能力是把事做正确。从这个意义上说，经营是第一位的，管理是第二位的。陈春花教授说，管理始终为经营服务，可以用这样一个比较来说明：当在经营上选择薄利多销的时候，管理上就要选择成本管理和规模管理；在经营上选择一分钱一分货的时候，管理上就要做品质和品牌管理；如果像联邦快递一样在经营上选择"隔夜服务"，

管理上就要进行流程管理；如果像戴尔一样用"直接定制"的策略，管理上就必须做到柔性化管理。

管理为经营目标服务，决定了管理者在提升企业管理效率的过程中，基于企业经营目标去进行资源配置与团队执行。同时，在经理人的角色中，可以看出管理者是联络人、监控者、传播者、资源分配者等角色，其中资源分配者、监控者、联络人是其主要的角色。管理者在完成经营目标及角色任务中需要具备一定的管理技能并不断学习提升，最终结果是提升管理效率，完成团队目标任务。

基于完成目标任务、整合配置资源、交付结果等管理过程中需要的一系列技能与行动力，我们把管理者在实践中需要的能力，总结为管理者实践学习模型（3M）（见图1-5）。3M分别代表企业管理者管理业务、管理他人、管理自我的三个需要提升的能力素质模块，指引企业管理者在学习与实践中不断提升自我管理能力，提升管理效率与完成团队目标任务的能力。

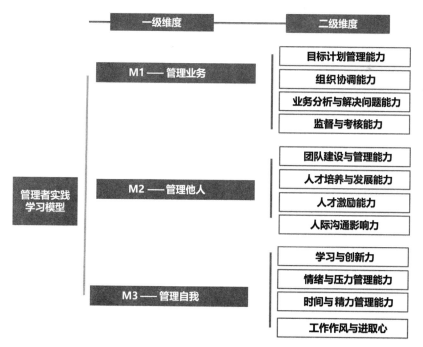

图1-5 管理者实践学习模型（3M）

- M1——管理业务：目标计划管理能力、组织协调能力、业务分析与解决问题能力、监督与考核能力。

- M2——管理他人：团队建设与管理能力、人才培养与发展能力、人才激励能力、人际沟通影响力。
- M3——管理自我：学习与创新力、情绪与压力管理能力、时间与精力管理能力、工作作风与进取心。

（一）管理业务

管理者对业务的管理主要是指管理者为完成经营目标，聚焦业务目标对战略执行进行有效管理的能力，具体包括目标计划管理、组织协调、业务分析与解决问题、监督与考核四个方面的能力学习实践。

1. 目标计划管理能力

管理者的目标计划管理能力是指管理者领会经营者的战略意图，为了实现目标能够承上启下，及时、有效地作出安排与准备，并且考虑到计划执行中可能存在的风险，以使整体安排符合既定目标的能力。

管理大师彼得·德鲁克在《管理的实践》中提出了"目标管理"的概念。彼得·德鲁克认为，并不是有了工作才有目标，而是相反，有了目标才能确定每个人的工作，因而"企业的使命和任务，必须转化为目标"，如果一个领域没有目标，这个领域的工作必然被忽视。计划是管理中最基础的职能，计划管理是对工作进行排兵布阵，为实现目标而寻找资源的一系列行动。企业一切经营活动围绕资源与目标开展，计划管理是解决目标与资源是否匹配的问题，计划管理也因此成为所有管理活动的基础，没有计划管理，组织管理、流程管理等都会成为空话。

优秀的管理者对于目标计划制订，能够合理安排出工作时间、计划日程和优先事项，主动将自己的初步计划、方案与相关的人员交流，以获得改进的建议，并确保计划有效；能够把握关键，写出计划中的关键措施与关键结果，明确计划的目的与要求；能够合理统筹资源，确保目标计划的执行，合理安排物资与人员，提升计划执行的效果。其对于目标计划的执行能进行监察督导，及时了解下属的工作进程，对其业绩和计划进行比较，觉察其不足的地方，并及时纠正；根据制订的计划进行及时复盘总结，以结果为导向，进行自我反思，在整体计划的基础上进行调整，及时构建下一步行动。

关键行为与思考：

- 我们的年度经营计划是什么？要实现什么样的战略目标？
- 我们如何合理规划月度工作计划与预算？
- 我们的产品、市场开发、研发、财务、人力的具体年度计划是什么？
- 我们的计划与目标是如何关联的？

2. 组织协调能力

管理者的组织协调能力是指管理者基于组织目标计划，把各种劳动分解为可执行任务的分工活动，并对这些任务进行协调处理、实现组织目标的协调活动的能力。组织协调的目的在于消除内耗、化解矛盾，把各方面力量汇聚成和谐统一的合力，按计划完成组织目标，以求得最佳效益。

法约尔认为构成管理的五个基本职能是计划、组织、指挥、协调和控制，其中组织管理就是对资源的分工组合，确保计划的有效执行，协调就是使企业的一切工作合理地配合，以便于企业经营顺利进行，并且有利于企业取得成功。

优秀的管理者重视且乐于沟通，愿意与人建立联系，能积极沟通，向上及时反馈；善于倾听、换位思考，以开放、积极的心态听取他人的合理意见，能够打破以自我为中心的思维模式，尝试从对方的角度和立场考虑问题，体察对方感受，促进相互理解；善于妥善处理与本岗位相关的内、外部各单位、个人之间的关系，促成相互理解，获得支持与配合；重视组织协调，谋求协同增效，面对冲突和矛盾，不急躁、不逃避，以达成合作共识的心态积极应对；坚持按程序办事，善于发挥分管领域资源优势，协调各方力量，有序推进各项工作。

在企业经营活动过程中，组织协调主要表现在管理者进行工作分工、工作流程与标准的制定、参与各个级别的协调沟通会议等。

关键行为与思考：

- 我们的目标计划是如何分工落实到具体岗位的？
- 我们各个团队、各个岗位在工作中遇到的问题是通过何种渠道协调解决的？
- 我们是否有合作机制与流程确保能提升组织协同与沟通协调效果？

3. 业务分析与问题解决能力

管理者的业务分析与问题解决能力是指管理者基于自己的专业知识，对执行的业务问题进行分析、判断，并提出解决方案的能力。

优秀的管理者善于清晰地界定业务问题，能够准确、及时地识别问题的存在，对问题进行清晰的描述与事实界定，也能够根据外界提供的信息，结合自己以往的经验与认知，对事物的性质、内涵、状态等形成清晰的认识；在策略方面，能够针对特定的问题，选择合适的方法、策略、程序来确定解决思路，并善于使用各种工具、资源，以形成准确、清晰的解决策略；能够用系统思维分析问题，在问题发生实质性变化前，采取解决措施，以预防其进一步发生，也能够对问题解决的效果进行正确的评价，并对其效果进行进一步跟踪，确保目标达成。

在企业经营活动过程中，业务分析与问题解决主要表现在企业开展季度与月度经营分析会，通过数据分析、复盘总结，解决问题并落实整个行动计划。

关键行为与思考：

• 作为管理者应该学习与掌握什么样的专业与业务知识？以前的案例经验有哪些可以借鉴？

• 我们如何分析业务工作结果，如何复盘总结？

• 我们如何定义核心问题，解决问题的流程与机制是什么？

• 我们积累了哪些业务场景的问题解决方法？

• 解决相关问题有哪些案例与成熟的经验？

• 我们目前的管理队伍最需要积累的业务经验是什么？

4. 监督与考核能力

监督与考核能力是指管理者对工作执行纠偏、督导确保工作目标完成的进度与质量，同时对团队与个人贡献进行客观与科学评价的能力。监督与考核是及时防范风险，确保工作执行能按照规范流程操作完成的重要手段。

华为在其内部刊物《华为人》上，提到华为组织结构的特点之一就是充分调动资源、切实贯彻分权分责。华为把业务管理分成很多小"网眼"（权力中心），这些"网眼"就是华为的业务部门。任正非说："各级主管就是网眼，网眼的作用就是考核、检查、监督、计划，使网能最大限度地张开，如果网不张开，我们是无法抓住鱼的。这就是直线领导系统，它解决了人对人的领导，这就是纲举目张。"部门谁对目标最了解，谁就能尽快成为解决问题的责任中心，由他来调动和利用一切资源。

优秀的管理者能够通过完善监督机制确保工作标准，提高工作效率，塑造良好的工作作风；善于通过绩效考核的方式，科学设计评价标准，引领员工不断超越自己，提高业务与专业水平。

关键行为与思考：

• 管理者如何能预防任务执行中的经营风险？

• 管理者如何确保团队经营过程中合法合规？

• 管理者如何对工作进度与成果进行管控？

• 管理者如何衡量评价团队与个人的工作成效？

• 我们的绩效考核方法是什么？员工满意吗？有没有更好的模式？

（二）管理他人能力

管理他人能力主要是指管理者在带领团队完成任务过程中，开展团队建设与管理，进行人才培养与发展、人才激励，建立人际关系与影响他人的能力。

1. 团队建设与管理能力

团队建设与管理能力是指管理者通过构建团队成员的共同目标愿景，选拔与组建合适的成员、塑造良好的团队氛围，构建团队相关管理机制与规则，使组织高效率运转的能力。

在团队建设与管理中，高绩效、高协同性的团队一直是很多管理者比较向往的。要带好一支团队，对一个管理者来说，一是赢得团队成员的信任，发挥影响力，能有效地协调解决团队冲突与矛盾；二是塑造良好的团队文化氛围，激活每个团队成员个体的热情，并将个人热情凝聚成共同愿景，让大家看到并真心认同发展前景，有方向、有共识；三是建立好团队管理机制、规则，促进团队整合协同，实现"1+1>2"，实现持续改善与成长。

关键行为与思考：

• 我们如何打造一支有士气、有战斗力的团队？

• 我们团队的特点是什么？团队成员的特点与优势是什么？

• 我们团队的工作风格与整体效能如何？

• 我们团队最基本的管理规则是什么？

2. 人才培养与发展能力

人才培养与发展能力是指管理者将下属的成长和发展视为自己以及团队的责任，重视对团队成员人才的培养与指导，努力为员工创造发展空间和机遇的能力。

优秀的管理者在培养和发展人才方面，非常关注下属的个人发展需求，能够站在下属的立场上思考问题，也能够因材施教，为员工提供有挑战性的目标和任务，给员工充分发展的空间。人才管理是企业的核心竞争力，人才培养与发展应从企业战略的视角着手，而人才发展的目标是为了提升组织能力。

关键行为与思考：

• 我们人才培养的主要方法是什么？我们人才发展的目标是什么？

• 我们有哪些训战结合的人才培养模式？我们如何通过实践提升团队成员的战斗力？

• 我们团队各成员的发展诉求是什么？我们能为他们提供哪些机会？

• 团队的战斗力如何通过培养与指导来提升？

• 师带徒的模式在本企业推行得如何，我们积累了多少位师带徒的经验？

3. 人才激励能力

人才激励能力是指管理者能够注意到下属的需要，并有针对性地采取激励措施，以激发员工的工作热情与工作动力的能力。

马斯洛的需求层次理论非常好地解释了人的需求层次，而需求恰恰是激励的前提。同时，激励的手段必须是有具体针对性的，维度可以是多种组合的，否则无法达到效果。不管管理者采用何种激励政策，有效的激励必须想尽一切办法保持或者激发人们内在的成就欲，这是管理者通过人才激励能力更好地完成团队目标的重点。人才激励包括物质与精神两个层面的激励，荣誉激励是精神激励最高级的激励模式。

关键行为与思考：

• 我们人才激励的主要机制与资源是什么？

• 我们人才激励的初心与终极目标是什么？

• 在人才精神激励方面，我们的手段与资源是什么？

• 人才激励对我们团队目标的实现起到了哪些作用？

• 作为管理者我们常用的激励方法是什么？在常见的场景下我们应该如何对团队成员进行激励？

4. 人际沟通影响力

人际沟通影响力是指管理者重视人与人的关系，为了达成目标、协调资源解决问题，采用有效的沟通方式，使他人赞成或支持自己的态度、观点或行为，采取说服、示范、激励等方法使他人信服、赞同的能力。

职场中的人际影响力一方面来源于职位赋予的权利，另一方面来源于个人的人格魅力以及自我的人际沟通能力等。优秀的管理者在人际沟通影响力方面，根据对企业使命、愿景的深刻理解，善于通过愿景塑造，构建一个美好而切合实际的发展蓝图，激励员工共同奋斗；善于建立个人口碑，依靠良好的口碑和信誉建立威信，通过在日常言行中展现出可贵的个人品质，使他人佩服。也能够身先士卒，以身作则，为员工树立良好的榜样，在团队中形成一定的威望，对团队成员具备一定号召力。

关键行为与思考：

• 我们自己的沟通风格是什么？我们常用的沟通手段与方法是什么？

• 在具体的职场情景中，对于不同对象我们的沟通影响方式是什么？

• 在工作中我们是否构建了团队成员对我们的信任关系？

（三）管理自我

管理自我主要是指管理者清楚自己的优点与短板，能不断通过学习与创新提升自己的专业与业务能力，能对自己时间与精力进行有效管理，提高自己的工作效率，善于对自我情绪与遇到的压力进行调节，并明确自己的责任与使命，保持良好的工作作风与进取心。

1. 学习与创新力

学习与创新力主要是指管理者通过学习与工作中的实践、总结和创新，提高自己的专业与管理水平，不断超越自己。其包括对新事物保持开放的心态，主动学习新知识；善于从他人身上学习并具有多维的思考能力，不满足现状，善于开发新途径和新观念来解决问题。

优秀的管理者一般保持开放心态，能够以开放性的心态去接受各种信息，并密切关注各种最新的观念与技术，用既有的经验与思考，对新生事物进行快速的理解与推断。他们善于结合工作需要，抓住各种机会或渠道来获取各种知识与信息；擅长在多种观点间看到相互的联系，思路灵活，能够运用多种思维方法考虑问题并形成新看法，并能进行不断总结。他们勇于尝试，不满足于现有的工作方法与模式，勇于提出自己的见解与想法或尝试新措施、新方法，从而改进现有工作模式及规则；持续学习，不断推动体制创新、机制创新、管理创新，增强可持续发展能力；勇于创造，大力推动科技进步，不断增强企业发展的动力和核心竞争力。

关键行为与思考：

• 我们学习的目标、方法、意志力如何？阶段学习的方向与计划是什么？

• 我们有在工作中不断创新，提升自己的工作品质吗？

• 我们有为团队创造的学习与创新机制吗？团队有组织学习的氛围吗？

2. 情绪与压力管理能力

情绪与压力管理能力是指管理者通过认知、理解，驾驭自我情感、他人情感，并能在压力存在或危机出现的情况下保持冷静和精力集中的能力。

优秀的管理者一般能掌控自我情绪，在各种情境中都能保持心态平和稳定，不易处于紧张和害怕的状态。他们能独立而且有效地应对压力情境，做到处乱不惊，镇定自若，即使在压力存在的时候也会按部就班地做事；在遇到自己无法掌控的事情和阻碍时，能够冷静思考对策，重新制定时间表，并再次确定优先顺序；能够从容地应对尴尬的社会情境，找到自我调节情绪与压力的方法，合理释放情绪与压力。

关键行为与思考：

• 我们平时能察觉感知到自己在不同场景下的情绪与面对的压力吗？

• 我们有哪些情绪与压力管理的方法？

• 面对压力，我们的心态与认知是怎样的？

• 我们平常调整心态与减压的方式是什么？

3. 时间与精力管理能力

时间与精力管理能力是指管理者能够恰如其分地平衡自己的时间，在合理的时间结构下，争取最佳效益与平衡，同时主动全面地掌控自己的体力、专注力、意志力，让自己长期保持收放自如的状态，有可持续的信心和能力去应对挑战和变化，确保自己状态与工作效率的能力。

优秀的管理者一般能有准确的时间概念。对时间具有准确的概念，能够遵守承诺的时间期限，根据工作任务的轻重缓急排定相应工作任务的先后次序；能够灵活运用时间，在遇到突发事件时，能够重新调整时间计划，以保证原有和新增任务的完成。时间管理的背后是精力管理，比如时间管理要求我们先做重要的事，就是让我们优先把精力用在重要的事情上。人的精力与身体状态息息相关，与自我作息与生活习惯息息相关。人的精力是波动的，有波峰和波谷，没有对精力的合理分配，我们就不可能完成重要的事，做事的效率也不会高。时间与精力管理的底层逻辑，是基于自我的精力与身体能量情况，提升自己单位时间的产出。

关键行为与思考：

• 我们在工作中会做计划吗？我们常用的时间管理方法是什么？

• 我们如何保持在工作时精力充沛、专注、有良好的工作效率？

• 我们是如何确保我们的团队合理安排工作任务并且高效工作的？

4. 工作作风与进取心

工作作风与进取心是指管理者能够在工作行为中体现公司的文化与纪律要求，勇于承担工作职责，对自己所从事的事业有执着追求的情感、坚定不移的信念，渴望有所建树，争取有更大更好的发展，并为自己设定较高的工作目标，勇于迎接挑战，要求自己的工作成绩出色。

优秀的管理者一般工作自觉、主动担当，对工作内容、工作权利和职责有清晰而深刻的认识，自觉承担自己分内的工作与交办的任务；热爱工作，把工作当成自己的事业来做，愿意把这里作为发展自己的舞台；乐于奉献，能够在攸关企业和团队整体利益的时刻，为了保障整体目标的实现，不计较甚至牺牲"小我"的利益得失，兢兢业业、任劳任怨地工作。

进取心很强的管理者有自己的职业使命，对自己在组织中所扮演的角色与承担的职责有清晰的认识和强烈的使命感，能够积极地将个人的目标与工作职责有机地结合，以积极向上的心态去面对工作中遇到的困难，直面失败，从不放弃。他们不满足于现状，敢于冒险，毫不畏惧地为自己和组织设定挑战性的目标，不断追求超越自我，开发和调动潜能，也渴望自己在某个领域或专业出类拔萃、有所建树。

关键行为与思考：

• 我们的工作作风是什么？公司倡导的工作作风是什么？

• 我们的职业使命是什么？我们对工作的最终追求是什么？

• 我们是否求真务实地完成工作任务？自己敢于设定挑战性的目标吗？

第三节　如何正确理解绩效管理

什么是绩效？"绩效"一词最初指的是业绩和效率，也就是组织所取得的成果。从这个角度看，绩效就是组织管理实践的指向和原点。对于绩效管理，可以理解为，为了促进业绩和效率的达成而实施的一系列管理行为和动作。"绩效管理"的概念大约在 20 世纪 70 年代后期提出，其管理方式也随着时代的发展不断地创新演进。我们把绩效管理可以理解为提升企业经营业绩与组织能力的理念与方法论，每个时代都有与其相适应的绩效管理工具与方法。

一、绩效管理的发展观

企业绩效管理的发展一般认为经历了三个阶段，其典型特征如下（见图 1-6）。

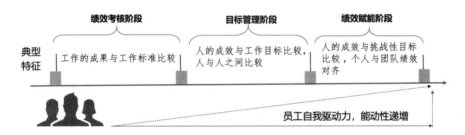

典型特征	绩效考核阶段	目标管理阶段	绩效赋能阶段
	工作的成果与工作标准比较	人的成效与工作目标比较，人与人之间比较	人的成效与挑战性目标比较，个人与团队绩效对齐

员工自我驱动力，能动性递增

图 1-6　绩效管理发展阶段及典型特征

（一）绩效考核阶段

绩效考核诞生于电气化和工业化大生产时代。在这一时代，各地工厂林立，竞争加剧，摆在工厂主们面前的一个现实问题是：如何最大限度地提高工人的工作效率，生产更多的产品，以赚取更大的剩余价值？在这个阶段的典型人物有"科学管理之父"泰勒，他在伯利恒钢铁公司进行了著名的"铁锹实验"和"搬运生铁实验"，正是这两个实验建立起了影响至今的绩效考核模式。

"铁锹实验"是研究如何确保工作日的工作产能最大。泰勒得出一个结论，在搬运铁矿石和煤炭时，最好使用不同规格的铁锹，以保证每一铲取量都保持在21 磅。根据这个结论，泰勒根据不同的物料设计出 12 种不同形状和规格的铁锹以适用于不同的情况，要求工人不能使用自己的铁锹，必须使用公司提供的铁锹进行规定的作业。另外，他还设计了两种标号的卡片。一种说明工人该在哪个工具房领什么工具，该去哪个地方干活；另一种说明工人前一天的工作情况，记载着他的干活收入。当工人取得白色卡片时，说明工作良好；当取到黄色卡片时，意味着工作不达标，要加油了，否则的话就要被调离。最后，泰勒还设定了一天的工作标准量，对超过这个标准的员工给予薪资以外的补贴，而达不到标准就要对其进行工作分析以解决问题。3 年后，通过泰勒的这些管理改革，伯利恒公司取得了巨大的成功。

在工业大生产时代，通过将工作进行标准化，把复杂的生产制造工作分解成若干细分的、简单的、重复的单项工作，工人可按标准作业。对于企业而言，只需考核工人的生产结果即可，不需要过程管理。这种管理方式简单直接，主管要什么，就考核什么，主管和员工之间是简单的考核和被考核的关系。

绩效考核核心是将工作的成果与工作标准比较；典型特征是人的自主能动性弱。

（二）目标管理阶段

信息化时代的来临，大约从 20 世纪 50 年代中期开始，其标志是电子计算机的发明和应用。在信息化时代，以信息技术为主体来创造和开发知识，而且跨地区的专业化分工更加广泛和复杂。在这样的大背景下，一方面，过去的科学管理和绩效考核过于强调效率和规定化动作，让工人觉得自己只是大机器流程中的一颗螺丝钉，时间久了，很难调动工人的工作热情。另一方面，因为工作的技术含量进一步提高，出现了大量的知识技术型工作者，其工作的复杂性、技能的复合性和结果的难衡量性使基于结果的绩效考核在这类人身上变得越来越无效。时代需要一种新的管理方法，这个阶段的典型人物有管理大师彼得·德鲁克，也诞生了目标导向的管理方法。

彼得·德鲁克于 1954 年出版的《管理的实践》中写道："企业的每一分子都必须有不同的贡献，但是所有的贡献都必须为了共同的目标，凝聚到共同的方向，他们的贡献也必须紧密结合为整体，其中没有裂痕，没有摩擦，也没有不必要的重复努力……因此，企业绩效要求的是每一项工作必须以达到企业的整体目标为目标。"他首次明确提出了"目标管理"的概念。他认为，企业以目标为导向，同时充分授权管理者行动的自由，让他们有充分的自主行事的"自我控制权"，可以达到传统管理模式下更好的组织绩效。目标管理加上自我控制，是彼得·德鲁克目标管理理论的核心。

引入目标管理后的绩效管理，内容变得更加丰富和完善。企业除了关注对后期结果的考核，还关注前期目标的制定，并在一定程度上让员工从一开始就看到希望，有了某种程度的使命感，知道自己在做什么，能在具体做工作前思考工作的意义和价值，具备了一定的自主性，而不是像工业大生产时代那样单纯地被动执行任务，只知道自己在搬砖，而看不到是在建教堂。在过程控制方面，目标并不是制定出来，分解下去就简单了事。事实上，组织高层在过程中要经常检查、对比目标，进行评比，如果有偏差应及时纠正。组织建立起的一套明确的目标体系，其本身就是进行监督的最好依据。

我们具体来分析这个时代绩效管理的特点。在绩效管理方面，企业首先关注的是经营目标的制定与分解，关注经营层面的关键绩效指标（KPI）与重点任务的制定与分解。其次，企业既要看员工的目标达成情况，即人和目标相比，也要把员工的绩效结果进行相互比较从而进行区分和排序，即人和人相比，同时员工的自我驱动力得到了明显的提升。

信息化时代商业模式的多元化导致大量知识型工作者的出现，管理的重点前置到了目标和过程阶段，因此关注目标和过程管理，就成为这个时代价值创造的重要实现手段，也让目标管理成为重要的绩效管理方法。

（三）绩效赋能阶段

当前随着大数据、人工智能、物联网、云计算等新技术变革以及政治经济因素的叠加，"易变性、不确定性、复杂性、模糊性"成为当前时代的特点。当前的很多新技术变革与应用对商业模式的改造和变化越来越快。企业数字化转型、企业经营数字化让信息资源透明化，让组织共生、协同办公变得更简单。技术带来的变化日新月异，在人工智能时代大家关注技术、产品与服务的不断迭代创新，也关注经营效率与效果，更关注工作的创新、协作、成效。

这个阶段的典型人物"硅谷管理之父"安迪·格鲁夫，是英特尔（Intel）公司前 CEO，他使目标与关键成果法（OKR）作为一个新的绩效管理模式诞生。作为硅谷的一名传奇人物，格鲁夫在 1987—1998 年任英特尔公司 CEO，带领公司从一家存储器芯片制造商成功发展为全球微处理器领域的霸主。格鲁夫是一名非常精明的商业人士，他对目标管理推崇有加，将它引入英特尔作为其管理哲学的关键组成部分。只不过，他对模型作了一些修改，把它转变成了今天我们绝大多数人所看到的这个框架。在格鲁夫看来，一个成功的目标管理系统需要回答两个基本问题：

问题一：我想去哪儿（Objective）？

问题二：我如何调整节奏以确保我正往那儿去？

第二个问题看似简单，却掀起了一场变革，让 OKR 成功登上历史舞台，它就是后来广为人知的"关键结果"（Key Results），它被附加到"目标"（Objective）中，成为整个 OKR 框架必不可少的一部分。

在 VUCA 时代和人工智能时代到来的进程中，企业边界不断被突破，协作方式的创新导致行业不断被颠覆。企业商业模式、组织模式、企业间协作模式都开始呈现网状协同运作的态势，竞合变得越来越重要。组织绩效不仅需要在内部获得更加高效的整体效率，还需关注组织外部。组织内和组织间协同成为效率的重要来源，系统整合效率将更加依赖组织内和组织间的协同来实现。价值贡献的关键点在于协同效率，既包括企业内各部门之间的协同，也包括企业外组织间的协同。

这个时代的变化对组织的"敏捷、创新、共生、协同"的要求以及人才本身的"自主、活力、求变"的特点，决定了绩效管理模式需要是以激发员工内在动机为目的，满足员工自主、挑战、创造、信息共享、尊重认同的工作需求，从而释放其内生动力的新型绩效管理方式，让绩效管理进入了一个新的阶段，即绩效赋能阶段。

绩效赋能这个阶段绩效管理方法的典型特征是个人工作成效与挑战性目标比较以及个人与团队绩效校准、对齐。OKR 在英特尔率先使用，在谷歌发扬光大，是绩效赋能阶段典型的绩效方法代表。OKR 在公司层面保证了关键目标与成果的达成，在完成的过程中能确保员工紧密协作，把精力聚焦在能促进组织成长的、可衡量的贡献上，让其成为这个时代有影响力的绩效管理方法。

二、绩效管理的内涵与核心观点

企业绩效包含效益和效率的意思，从企业管理上看，绩效就是业绩和效率，是一个组织或个人在一定时期内的投入产出情况。投入指的是人力、物力、时间等物质资源，或个人的情感、情绪等精神资源；产出指的是工作任务在数量、质量及效率方面的完成情况。

（一）绩效管理的内涵

绩效管理（Performance Management，PM）是指企业或组织为实现其战略目标，通过系统化、周期性的管理过程，对员工个人或团队的工作绩效进行计划、辅导、评价、反馈以及改进的一系列管理活动。其核心目的是提高组织、部门及员工个人的绩效水平，确保组织目标与个人目标的协调统一。在具体的经营管理中其表现为组织绩效与员工绩效两个层面的内容。

华为创始人任正非有一段关于绩效管理的话："绩效管理的根本目的是导向冲锋，保证产出，实现组织与个人的成长，落实公司的业务发展战略，强化基于奋斗与贡献的价值导向，逐步形成自我约束、自我激励的机制，不断提高人均效益和增强公司的整体核心竞争力。"这里可以看到，他强调的绩效管理是一种以责任结果为价值导向，力图建立一种自我激励、自我管理、自我约束的机制。

企业的绩效包含效益和效率两个方面的内容。对于经营管理者而言，我们需要在有好的效益的同时又需要用最快的时间达成这个结果。因此，无论采用何种管理形式和管理行为，只要是能够产生绩效的，我们就认为是有效的管理形式和管理行为；如果不能够产生绩效，这个管理形式和管理行为就是无效的，我们可以确定后者就是管理资源的浪费。可以看出，绩效管理强调的是有效管理，绩效管理的最终目的就是工作中如何帮助企业提高组织与员工绩效水平，也就是如何提升企业人均效益和增强公司的整体核心竞争力。

1. 组织绩效

（1）组织绩效的含义。组织绩效即公司绩效或企业绩效，指在某一时期内组织任务完成的数量、质量、效率及赢利情况。组织绩效来源于战略和经营目标，与战略解码相关，因此组织绩效管理的目的是，通过战略解码，保证公司战略目标有效传导，确保组织成员的工作行为和工作结果与组织期望的目标保持一致，通过持续提高个人、部门及组织的绩效水平，最终实现组织的战略目标。在企业实践中重点关注管理效率与管理效益，一般用KPI的形式表现。

（2）影响组织绩效水平的关键因素。提升组织绩效最关键的是分析找到影响企业绩效的关键因素，这也是提升企业绩效的着手点。

影响组织绩效水平的关键因素一般包括领导团队、战略定位、公司治理、产品服务、专业技术、组织人才六个因素，每个因素又细化为几个关键能力因子。我们把影响组织绩效水平的这六个关键因素可用函数公式表述：

$$P=f(L, S, P, T, C, O)$$

即领导团队（L）、战略定位（S）、产品服务（P）、专业技术（T）、公司治理（C）、组织人才（O）六个方面共同影响着组织绩效（P）水平（见图1-7）。

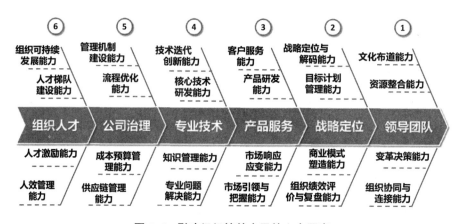

图1-7 影响组织绩效水平的六个因素

"领导团队"因素

领导团队对组织绩效负有领导责任，团队之间的组织协同与连接能力、资源整合能力、变革决策能力、文化布道能力等是影响本因素的关键能力因子。在企业实践中，我们看到优秀的组织、队伍之间的协同优势、互补能力强，在重点决策与文化建设、宣传树典、荣誉激励方面有自己独特的视角与管理手段。

"战略定位"因素

战略定位是领导团队对组织发展的方向与赢得竞争的定位决策，是体现组织方向与执行的重要因素。战略定位与解码能力、目标计划管理能力、商业模式塑造能力、组织绩效评价与复盘能力是影响本因素的关键能力因子。在企业实践中，战略清晰、定位明确的组织，其经营目标与分解、组织绩效评价与复盘方面流程清晰、行动有力。

"产品服务"因素

产品服务是面对如何创造价值、为谁创造价值的问题，体现组织的商业价值。客户服务能力、产品研发能力、市场响应应变能力、市场引领与把握能力是影响本因素的关键能力因子。在企业实践中，产品服务表现在产品品牌定位与客户认同感、核心产品市场份额占比、服务质量与流程体系建设方面。

"专业技术"因素

专业技术是面对如何确保企业的专业技术优势，进行技术创新和专业能力的培养以积累沉淀能力，反映了组织的深层发展后劲力。具体体现在技术迭代创新能力、核心技术研发能力、知识管理能力、专业问题解决能力等关键因子。在企业实践中，优秀的组织在专业技术方面有明确积淀与成果显现，无论是专利技术的数量与等级，还是专业案例的萃取与传承，均对企业带来明显的生产力。

"公司治理"因素

公司治理体现企业的经营管理水平，不同的领导团队、不同的管理者在公司治理方面均有自己的认知与手段，均体现在企业绩效与员工感知上。公司治理是企业持续不断优化变革的重点方向。具体体现企业机制建设能力、流程优化能力、成本预算管理能力、供应链管理能力等关键能力因子。在企业实践中公司治理优秀的企业，权责、流程清晰，组织协调高效，制度规范有章可循，在成本管理、预算管理、供应链管理方面均能配合公司经营战略有效执行。

"组织人才"因素

组织人才是组织打造自身的组织能力、推动企业战略目标实现的重视手段，也是企业重要的、可以开发的资源。具体体现在组织可持续发展能力、人才梯队建设能力、人才激励能力与人效管理能力等关键因子。在企业实践中组织人才优势的企业，人才队伍建设、组织学习、组织支撑企业发展的能力均具有优势，企业也不断投入时间与资本进行组织能力与人才队伍建设。

2. 员工绩效

（1）员工绩效的含义。员工绩效是指组织内部员工在特定工作周期内，根据其岗位职责要求为组织所作的努力及贡献的价值，包括员工的个人工作业绩与工作行为表现。它是衡量员工工作效率、工作质量、工作贡献以及与组织目标和期望相符合程度的重要指标。

对员工的绩效管理，目的是牵引员工的工作行为与价值创造，要基于组织的战略目标实现，并通过绩效目标计划制订、绩效过程管理、绩效评价、绩效结果应用等环节，激励和引导员工不断提高自身的工作绩效。同时，通过绩效沟通面谈、绩效赋能等方式，关注员工成长，激发员工内驱力、绩效潜能。

（2）影响员工绩效水平的关键因素。管理者最重要的工作之一就是管理员工的绩效，分析如何提升员工的绩效。我们要系统分析影响员工绩效提升的因素。影响员工绩效水平的关键因素一般包括能力、意愿、管理机制、团队、机会五个关键因素，每个关键因素又细化为几个关键能力因子。聚焦这五个关键因素的研究有助于快速找到提升员工绩效水平的方法。我们把影响组织员工绩效水平的这五个因素可用函数公式表述：

$$P=f(A, D, M, T, O)$$

即能力（A）、意愿（D）、管理机制（M）、团队（T）和机会（O）五个方面共同影响着员工绩效（P）水平（见图1-8）。

"能力"因素

能力包括显性能力和隐性能力。个人整体能力就像一座冰山，其中显性能力是指位于冰山以上的知识、经验、技能、专业技术等；隐性能力是指位于冰山以下的智商、情商、认知能力、人格类型、优势特质等。

显性能力主要同员工个人的工作经历与经验、受教育程度与培训相关，也是最能通过学习提升的能力。隐性能力的培养相对来说比较困难，需要时间、环境与内在的驱动力。

图 1-8　影响员工绩效水平的五个因素

"意愿"因素

意愿是指个人对工作的看法或想法以及由此而产生的个人主观性思维，包括个人工作努力的心意、心的方向，对工作追求的愿望、动力等。具体来看，主要表现为达成某个特定的目标和方向，然后用尽自己的能力去为达成那个目标和方向所投入的时间与努力的程度。

个人意愿是可以通过激励机制与需求分析来引导把握的。意愿度来源于工作的驱动力，是工作驱动力的显性表现，是外在激励驱动与内在动机、价值观的综合体现。具体表现：一方面，"寻求奖励，避免惩罚"，这是人短期内驱动行为的重要因素，也是人安全与生存最基本的需求；另一方面，如同积极心理学大师米哈里·希斯赞特米哈伊说的"如果一个人感觉不到自己从属于更伟大、更长久的事物，那他就没法过上真正精彩的生活"，个人意愿是一个人追求工作意义、工作价值，投入工作、不断超越自我，把工作做得越来越好的动力。

"管理机制"因素

管理机制主要是指构建企业员工能有效发挥价值的工作机制，包括激励机制、工作保障机制。其中，激励机制是通过提高员工的工作积极性来发挥作用的，组织应根据员工的个性需求结构等因素，选择适当的激励手段和方式。工作保障机制明确员工的工作职责流程、工作范畴、工作条件、操作手册的内容，是工作绩效产生的基础。

激励机制主要是指调动员工工作的积极性和工作状态，激励本身又取决于影响员工的主客观两方面因素，在企业实践中体现在薪酬、职业发展、绩效奖励、荣誉体系等制度的设计上。工作保障机制在企业实践中体现在工作分析与流程优化上。

"团队"因素

团队是由员工和管理层组成的一个共同体，该共同体合理利用每一个成员的知识和技能协同工作，解决问题，以达到共同的目标。

员工的工作绩效取决于团队领导者的领导能力与信任度；取决于团队目标制定的计划性与设定目标的科学合理性；取决于团队成员水平与协作能力。在企业的实践中，团队文化氛围的塑造、团队工作作风均可以影响员工的工作绩效水平。

"机会"因素

机会是一种能够促进组织的创新和变革，给予员工学习、成长和发展的有利环境。机会具有偶然性，它主要取决于特定的时间、场合、任务等。机会与员工的工作绩效有很大的关系，机会的好坏在很大程度上影响着员工与组织的绩效，此因素是不可控的，需要等待时机。

企业主要是创造超越员工能力范畴的工作机会，包括工作环境，让员工有更多的工作创新性、工作锻炼机会。

（二）绩效管理的五大价值

绩效管理为企业经营管理带来的价值主要体现在以下五个方面。

1.战略落地

从绩效管理的定义，我们就可以看出，绩效管理的目的是实现组织的战略目标，提升组织效能。同时，绩效管理也是确保企业战略有效落地的重要手段。

首先，组织的绩效目标是由企业发展战略决定的，绩效目标要体现企业发展战略导向，组织绩效目标分解要落实到员工绩效，并通过绩效提升实现企业战略落地（见图1-9）。

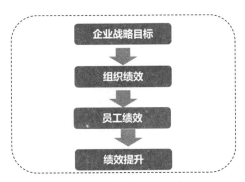

图1-9　企业战略落地示意图

其次，绩效管理有助于发现和解决在战略实施过程中遇到的问题和障碍。通过对员工绩效的定期评估和反馈，组织可以及时发现员工在工作中存在的不足和困难，并提供有针对性的指导和支持。这有助于员工克服障碍、改进工作表现，从而确保战略目标的顺利实现。

最后，战略目标的达成需要通过绩效管理进行有效评估。绩效管理通过战略目标分解、KPI设定、绩效监控与辅导、绩效评估与反馈以及战略调整与优化等环节，构成了一个完整的战略执行监控与评估体系，对于确保战略目标的达成起着至关重要的作用。

2.绩效激励

绩效激励是基于绩效价值创造后进行绩效价值分配，开展对组织与员工的绩效激励的管理，并激活组织与员工的活力，是企业经营管理中重要的管理手段。好的绩效管理可以促进企业整体业绩的良性发展，使强者更强，激励、鼓舞绩优的员工，淘汰、鞭策绩差的员工。反之，便会出现干好干坏一个样的现象，久而久之，劣币就会驱逐良币，公司的"南郭先生"就会越来越多。一个好的绩效激励机制既会关注绩效激励的目的与激励效果，也会关心什么样的激励模式是组织与员工最适合的，能解决当下的问题与矛盾。因此，一个好的激励机制对于企业来说是非常重要的，其作用机理如图1-10所示。

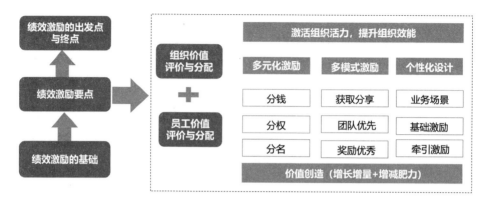

图 1-10 绩效激励机制解码图

从图 1-10 绩效激励机制解码图中可以看出，完成绩效激励是一个系统工程。

首先，绩效激励设计需要考虑组织激励的出发点与目标是什么，绩效导向是什么以及如何激活组织活力、鼓舞员工士气、提升组织效能、完成经营目标。

其次，要考虑绩效激励的基础是价值创造。存量绩效激励导致内部博弈，增量绩效激励才能带来组织活力，我们既要考虑当下业绩增长所需要做的努力，也要在激励上体现出来。企业还可以引导员工在能牵引未来增长的关键创新上去努力，比如提升客户满意度等，以此来获得奖励。企业也要基于绩效改进来作激励，不断提升自己的效率，如果今年企业因为外部环境的影响而导致业绩很难增长，那么可以根据成本费用的降低来对员工进行激励，员工可以从自己节省的成本费用里按照一定比例获得提成。

最后，要考虑如何开展与员工的价值评价与分配。这方面考虑激励资源，实现多元化激励，结合组织与员工的需求进行设计。同时，进行多模式设计，一般以获取分享、团队优先、奖励优秀个体的模式设计，重点基于价值贡献的多少量化分配。个性化设计主要考虑基于不同业务场景、不同团队，基于保障与目标牵引的要求进行精准与有效激励。

3. 高绩效团队塑造

团队是由两个或者两个以上的，相互作用、相互依赖的个体，为了特定目标而按照一定规则结合在一起的组织。在团队管理中如何打造高绩效团队一直是各团队管理者努力去践行的工作，作为企业的管理者，想要打造高绩效团队，常常会遇到下面这些类似的问题：

问题一：企业战略很好，但是团队执行时难以落地；

问题二：团队缺少活力、组织氛围紧张；

问题三：团队成员之间协同弱，有责不负、互相推诿；

问题四：团队目标绩效意识、团队效能低；

问题五：团队领导者缺乏领导与影响力。

绩效管理的核心价值之一，就是帮助团队完成战略目标执行，激活团队活力，提升团队绩效。绩效管理是打造高绩效团队的重要手段和方法，而高绩效团队正是绩效管理需要塑造的。

首先，绩效管理通过设定明确的目标和期望，为团队成员提供了清晰的工作方向和评价标准。这有助于团队成员了解自己的工作重点，明确自己的职责和任务，从而更加有针对性地开展工作。

其次，绩效管理通过激励和约束机制，促进团队成员之间的合作与竞争。一方面，通过设定合理的绩效指标和奖励机制，可以激发团队成员的积极性和创造力，推动他们为团队的整体目标而努力。另一方面，通过对低绩效成员的警示和帮扶，可以促进团队成员之间的良性竞争和相互学习，提高整个团队的绩效水平。

最后，高绩效团队的塑造需要绩效管理的支持和保障。一个高绩效的团队需要具备明确的目标、良好的沟通和协作能力、高效的执行力以及不断学习和创新的精神，而这些正是绩效管理所强调和推动的。通过绩效管理，可以不断优化团队的结构和流程，提升团队的凝聚力和战斗力，从而实现团队绩效的持续提升。

4. 价值观塑造

企业文化是企业的灵魂，是推动企业发展的不竭内在动力。不同的企业为了体现自己的精神内涵，都会建立自己的文化体系，其中"使命、愿景、价值观"通常被认定为企业文化的三大核心要素。其中，价值观是一个企业里的人共同做事的方法和原则，它体现了该企业的价值取向，根植于企业的核心思想体系中，是企业员工长期认可并在行动中贯彻执行的准绳。在企业内部，价值观解决的是企业共同行为导向认知的问题，是企业长期生存发展的根基。

一个组织内一起工作的人，如果没有共同的价值准则，就很容易遭遇冲突和困惑，在是非对错面前迷失方向。但企业文化价值落地一直是个难题，在不少企业常常只是将其当作挂在墙壁上的口号。

例如，我们经常看到某些企业倡导诚信为本和客户优先，在公开场合也反复强调诚信经营和客户至上的重要性，但在实际业务操作中，却为了追求业绩，默许甚至鼓励销售人员采取过度营销、误导客户等手段进行销售工作。这种执行过程中的利益冲突或执行不一的现象，会使员工对企业价值观产生怀疑。这会使企业形象受损、客户投诉增多、监管压力增大，最终导致严重的信任危机，影响企业的稳健运营和长远发展。

如何通过绩效管理的模式进行价值观的塑造呢？对价值观进行考核评估是价值观塑造的有效手段之一（见图1-11）。

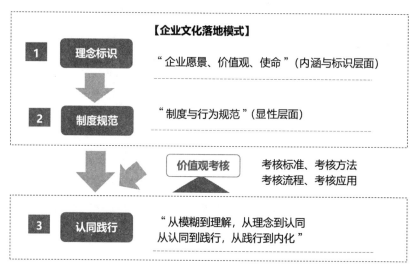

图1-11　企业文化落地模式示意图

首先，塑造良好的组织文化环境。这让企业沟通成本最低，组织效率最高。一个好的企业文化，能让每个员工都认清企业的社会角色、自己的组织角色以及自己的角色与其他角色的协作关系。而这种对角色的认知来源于对组织价值观的认知，当员工认清自己的立场后，也就决定了自己看待问题、解决问题的视角、维度，从而快速提升组织效能。

其次，对价值观进行评价。通过检查被考核人价值观践行的程度，进而让优秀的价值观践行者脱颖而出，进而对其重点关注和培养。个人与企业价值观层面的一致性，是需要通过价值观考核来识别的。企业的价值观体系通过"理念标识—制度规范—认同践行"进行强化（见图1-11），并通过价值观考核这个"杠杆"进行约束与撬动，使企业文化由虚变实、由知变行、由践行到内化。

最后，通过绩效管理手段，将价值观考评目标、原则、标准、组织职责划分、考评内容、考评计分办法、考评流程等核心内容形成制度，最终塑造企业的共同价值观，推动组织效能提升。

****

案例

阿里巴巴"新六脉神剑"价值观考核方式

价值观考核的本质是解决企业文化落地的难题。在组织中文化是否真正落地在于对员工的考核，那企业该如何作价值观考核呢？

我们可以先看一下阿里巴巴是如何通过价值观考核评价进行价值观塑造的。阿里巴巴能做到用制度把"虚"的价值观，量化成"实"的行为，让员工知道怎么做，愿意主动做，说明阿里巴巴通过考核的模式让行为理念的评定与员工绩效挂钩了。

2019年9月10日，阿里巴巴在成立20周年之际，正式公布"新六脉神剑"价值观，宣布全面升级使命、愿景、价值观。"新六脉神剑"价值观由6句话组成，每一句话背后都有一个阿里巴巴发展历史上的小故事，表达了阿里人与世界相处的态度。这6句话是：客户第一，员工第二，股东第三；因为信任，所以简单；唯一不变的是变化；今天最好的表现是明天最低的要求；此时此刻，非我莫属；认真生活，快乐工作。这6句话将成为阿里巴巴继续践行使命、实现愿景的出发点和原动力。

阿里巴巴对"新六脉神剑"价值观部分内容的诠释和行为描述如表1-1所示。

表 1-1　阿里巴巴价值观部分内容诠释和行为描述

价值观	诠释	行为描述
客户第一，员工第二，股东第三	这就是我们的选择，是我们的优先级。只有持续为客户创造价值，员工才能成长，股东才能获得长远利益	• 心怀感恩，尊重客户，保持谦和。 • 面对客户，即便不是自己的责任，也不推诿。 • 把客户价值当成我们最重要的 KPI。 • 洞察客户需求，探索创新机会

6 条价值观中有 5 条价值观需要考核，每条价值观下细分为 4 个行为项，共计 5×4=20 项。考核方式为"0~1 分"打分制。对每个行为项进行 0 分或 1 分评判，做到就是 1 分，没有做到就是 0 分。最后，20 项分数相加，得出员工的价值观总分，并进行定档：A 档（16~20 分）、B 档（11~15 分）和 C 档（0~10 分）。价值观考核与业绩考核共同作为年底的绩效考核成绩。价值观的评级影响年底的奖金与股权。

价值观是表明企业"主张什么，不主张什么"的底层逻辑，如果没有明确共识的价值观，无论怎么制定制度，都会有一批人不满意。阿里巴巴的考核本身不是最终目的，而是促进管理者和员工进行对话、对焦、沟通和达成共识的过程，最终是为了促进每个人更好的成长。

5. 人才发展

人才发展是通过人才战略、人才标准、人才盘点、人才培养、人才评价的方式构建人才队伍建设的整个过程。人才发展的最终结果体现在组织能力与人才的竞争优势上。人才发展的核心模块是人才培养，企业发展离不开人才的储备和培养，而绩效管理正是企业培养人才的重要途径。

首先，绩效管理是人才发展的重要驱动力。通过设定明确的绩效目标，绩效管理能够激励员工更加积极地投入工作中，充分发挥自身的潜力和才能。绩效管理过程中的评估和反馈机制，可以帮助员工了解自己的工作表现，发现自身的不足和需要提升的地方，进而有针对性地制订个人发展计划，提升自身能力和素质。而人才发展又是绩效管理的重要支撑，人才素质的提升能更好地完成绩效目标。员工绩效目标的达成，又进一步增强员工的成就感与自信心，提高员工的工作满意度和幸福感，从而进一步激发员工的工作热情和创造力。可以看得出来，绩效管理的运作机制，始终围绕人才自我价值的实现和激发人才潜力。

其次，绩效管理的具体工作目标任务是人才培养的具体对象与成才标准。人才的培养主要是通过在岗学习提升实现，因此人才发展离不开实际工作任务的锻炼。只有通过实践、项目的历练，项目的总结复盘，人才的业务水平才能真正得到提升。企业员工通过绩效实战的历练才能让自己的能力得到充分的释放。以绩效为导向的人才培养才是人才培养的最佳模式，同时员工通过能力的提升，促进业绩的达成。

最后，企业人才培养离不开上级的辅导与督导。绩效管理对人才发展的价值主要体现在企业管理者与下级围绕岗位绩效目标的达成，开展绩效计划、绩效达成过程辅导、绩效评估反馈、绩效改进复盘等人才培养赋能工作（见图1-12）。经营管理者通过绩效计划、绩效辅导、绩效沟通面谈、绩效复盘、绩效改善进行有效的人才培养赋能工作，才能聚焦绩效，达成目标任务，提升员工工作技能，从而更好地提升人才发展成效。

①我们需要讨论的主题是什么？我们的业绩目标是什么？

②执行现状与结果是什么？我们的差距与障碍在哪儿？我们的优势在哪儿？

③有哪些方法？风险与盲点是什么？创新的方法是什么？选择标准与最好的选择是什么？

④我们最好的行动是什么？什么时候做？如何做？谁来做？

绩效计划
绩效评估
绩效复盘
绩效改善
能力提升

图1-12　人才发展辅导模型

本课堂小结

1. 经营管理者的目标任务是什么？企业是经济组织，是营利组织，其目标任务是创造顾客、提升绩效，即提升经营的效益与管理的效率。

2. 绩效管理是指企业或组织为实现其战略目标，通过系统化、周期性的管理过程，对员工个人或团队的工作绩效进行计划、辅导、评价、反馈以及改进的一系列管理活动，是企业战略目标实现、牵引价值创造、价值评价、价值分配的经营管理系统。其核心目的是提高组织、部门及员工个人的绩效水平，确保组织目标与个人目标的协调统一。其在具体的经营管理中表现为组织绩效与员工绩效两个层面的内容。

3. 影响组织绩效水平的关键因素一般包括以下六个因素：领导团队、组织人才、战略定位、公司治理、产品服务、专业技术。聚焦这六个因素的研究有助于快速找到提升组织绩效水平的方法。

4. P＝f（A，D，M，T，O），即能力、意愿、管理机制、团队和机会五个方面共同影响着员工绩效水平。

第二堂课
绩效管理实战问题诊断

导读：

彼得·德鲁克曾说过，没有什么比正确回答了错误的问题更加危险。

发现问题、分析问题、作出决策、解决问题，是企业管理永远不变的固定流程。有时候提出一个问题比解决一个问题更重要。精准发现问题、界定问题是解决问题的前提。

企业的绩效管理到底包括有哪些内容？我们常见的认知误区有哪些？如何去发现、界定绩效管理问题，我们的分析框架思维是什么？

作为企业的绩效管理者，我们需要深入分析企业绩效管理现状，通过深入观察才能找到"根本解"。同时，我们需要通过对标行业标杆企业的绩效管理发展，提高我们的绩效管理水平，促进企业的经营发展。

在本堂课中，我们将对绩效管理问题与诊断作分享。

首先，我们分享绩效管理常见的四大误区，并进行情景问题分析。

其次，我们分享绩效管理问题的诊断分析方法，掌握基本的分析思维。

最后，我们分享电力行业与通信行业标杆企业绩效管理的发展现状、运营特点、诊断问题与发展建议。

第一节　绩效管理典型误区

绩效管理是管理者与员工之间在对目标以及如何实现目标达成共识的基础上，通过激励和帮助员工取得优异绩效从而实现组织目标的管理方法，是包括绩效计划、绩效过程管理、绩效评价及绩效反馈在内的循环过程。在实践中我们发现，很多企业的管理者和员工都对绩效管理的基本认知和操作手法存在误解和偏差。我们总结出了常见的四个经典的误区："扣钱观""考核观""责任观""指标观"。

一、绩效管理"扣钱观"

（一）情景案例与问题

A 公司是一家新能源发电企业，近段时间大搞绩效管理，但有些员工抱怨："我们部门原来的月平均工资是 4000 元，其中 50% 是基本工资，50% 是绩效工资。现在月平均工资增加到 5000 元，增加的 1000 元是绩效奖金。但是到月底考核过后，大部分员工都完不成任务目标，最后能拿到手里的薪酬也就还是 4000 元左右。"有一个员工还反馈：绩效管理不就是想扣我们钱吗？让我们部门月平均薪酬增加到 5000 元，不就是画个大饼吗？你们做这个绩效管理有什么用呀？

人力资源部门反馈的信息：现在公司有几个部门的员工在抱怨工资明升暗降，矛头都指向了我们人力资源部。说我们制定的考核方案不合理，说我们就会变相扣工资。我们人力资源部确实是想提升大家工作的积极性，解决以前考核没有激励性、可有可无的问题。

问题：如果你是企业的经营管理者，你会如何分析与沟通反馈？

（二）问题分析

上述这一现象反馈的是绩效设计与结果应用范畴的问题，是绩效考核后如何核算绩效工资的问题。绩效管理在此案例中主要表现为绩效设计与绩效评价。如何才能通过绩效制度的设计，解决考核无力与员工激励效果的问题呢？

首先，我们要深入了解绩效管理制定考核方案的初衷、目标和依据，同时分析考核方案是否存在不合理之处，是否真正符合公司的战略目标和员工的实际情况。

其次，我们要重视沟通与反馈的重要性。要与员工进行开放、坦诚的沟通，听取员工的意见和建议，了解他们的真实想法和感受。在沟通过程中，应强调绩效管理不是为了扣工资，而是为了激励员工更好地发挥自己的能力，实现个人和公司的共同发展。要澄清的是，绩效考核的作用不是用来扣罚绩效奖金。

再次，我们可以探讨考核方案优化的建议。探讨的重点是指标设置、目标设定、薪酬结构的合理性问题。应检查任务目标是否切实可行，是否与员工岗位职责、公司战略目标紧密关联，是否存在过高或过低的情况。若目标设定过于严苛，可能会导致员工普遍难以达成，影响其工作积极性。同时，应审视绩效考核标准是否公正、透明，评价指标是否全面、合理，权重分配是否恰当。要评估绩效工资占总工资的比例是否过高，是否超出员工的心理承受范围。过高的绩效工资比例可能会导致员工收入的稳定性下降，增加其未来生活的不确定性，从而影响工作心态。

最后，我们要进行绩效奖金认知引导。要引导员工正确理解绩效奖金，认识到绩效奖金是对员工额外付出和优异表现的奖励，而非固定的应得收入。上例中缺乏对员工进行绩效奖金正确认识的引导，误将绩效奖金和底薪混为一谈，使员工认为每月 5000 元都是他们应得的固定工资，而公司则是通过绩效考核的模式来变相降薪。

正确的绩效奖金观是做"加法"，而不是做"减法"，绩效的获取是一个从无到有的过程。工厂流水线上的工作是绩效最直接的体现，员工在一天内装配了几个零部件，都有实实在在的数据，并通过计件的方式发放薪酬。员工的效率高，完成零件就多，收入自然跟着涨。这样，在上例中，只要员工努力去完成工作目标，就能将 5000 元完完整整地挣到手里。也就是说，绩效是奖励，而不是扣罚；绩效是加法，而不是减法。

（三）**如何做好绩效考核与薪酬激励**

首先，我们需要厘清绩效工资与绩效奖金的概念。绩效工资是根据员工的工作成绩和劳动效率来确定的工资。绩效工资是员工工资的一部分，通常根据员工的工作绩效（如完成的工作量、达成的业绩目标、工作质量等）进行浮动调整。绩效工资通常与员工的基本工资（固定部分）按一定比例结合，共同构成员工的职位薪酬。其权重比例需要根据企业的业务特点灵活设置。

绩效奖金是对劳动者在创造超过正常劳动定额以外的社会所需要的劳动成果时所给予的补偿和奖励。绩效奖金的实质是"企业业绩分红"，即从企业业绩目标的超出部分中，拿出一定数额的业绩奖金，有差别地分配给企业员工。绩效奖金一般无权重比例限制，视企业业绩或效益而定。

绩效奖金与绩效工资都与员工的工作绩效相关，两者都是企业用来激励员工提高工作绩效、实现组织目标的薪酬工具，但它们并不完全等同，有着不同的内涵和应用情景，计算方式和发放条件也有所不同。

绩效奖金与绩效工资的主要区别在于，绩效奖金鼓励员工在未来持续产出绩效，是企业对优秀员工的一种人力资本投资，而绩效工资是对员工过去绩效的奖励。绩效工资是基于人工成本预算确定团队绩效工资总额上限的一种薪酬激励形式，而绩效奖金是无固定比例的、与特定业绩目标或成果挂钩的奖励，是员工通过奋斗去挣来的，而不是本来就应得的。绩效奖金是基本工资之外，企业为激励员工，根据企业绩效及员工表现支付的超额劳动报酬和增收节支的劳动报酬。

其次，各层级管理者需要掌握好绩效管理工具与方法，确保激励效果。绩效工资的前提假设是员工绩效达到预期的绩效标准才能发放。从理论上来说，没有绩效，这部分绩效工资可能不会被发放。因此，绩效工资扣钱的争议应转变为业务部门绩效标准的设置与考核评价上。

为了确保绩效管理的效果，各部门需要根据团队绩效目标，设置合理的考核目标与考核方式。同时，应选择合适的绩效管理方法，因为不同的绩效管理办法有不同的应用场景与效果，员工绩效感知与激励效果千差万别。

在企业实践操作中，个人绩效奖金与组织薪酬奖金是息息相关的。很多企业赋予各团队有薪酬二次分配权，即使第一次核算的绩效薪酬低于完成目标值时候的绩效奖金，剩余的绩效奖金也会在团队中进行二次分配。

二、绩效管理"责任观"

（一）情景案例与问题

在一次绩效管理咨询项目中，我们与一个业务部门管理者的交谈对话记录如下。

问："你们是如何进行绩效管理的？"

答："我们基层最重要的工作是怎么把业务做上去，一般人力资源部在催我们提交绩效考核分数的时候我们都比较忙，还要督促各个团队提交考核分数。"

问："你们是如何看待绩效管理工作的？"

答："绩效管理工作很耗费时间，人力资源部牵头弄好就行，我们主要起个配合作用，关键还是靠我们人力资源部这些优秀人员。"

问题：假设你是本企业的人力资源部负责人，你会如何分析与指导？

（二）问题分析

上述案例反映出该公司在绩效管理实践上存在的绩效管理责任归属、绩效管理与业务的关系问题。具体表现在以下几点。

首先，绩效管理被视为附加任务。这位管理者提到在人力资源部催促时才进行，且在繁忙的业务工作中还需抽出时间督促各个团队提交考核分数，这表明绩效管理在组织中可能被视为一项额外的、临时的甚至干扰正常工作的任务，而非嵌入日常管理流程的核心组成部分。

其次，绩效管理与业务脱节。这位管理者将"把业务做上去"视为最重要的工作，暗示绩效管理与实际业务运作可能并未紧密关联。绩效管理应是驱动业务发展、提高工作效率的重要工具，而非与之分离的独立活动。

再次，绩效管理责任归属不清。这位管理者认为绩效管理主要是人力资源部的事情，自己和团队只是配合角色。这种认知忽视了绩效管理应是直线经理的首要责任，直线经理在设定个人和团队目标、提供日常指导和反馈以及根据绩效结果进行人才发展等方面应承担着重要责任。

最后，对绩效管理的价值认知不足。这位管理者认为绩效管理工作耗时且主要依赖人力资源部的优秀人员，反映其可能未充分认识到绩效管理对企业战略执行、员工激励、资源分配、人才发展等方面的深远影响。绩效管理应被视为提升组织效能、实现战略目标的重要工具，而不只是一项人力资源部门主导的事务性工作。

（三）如何系统解决这类问题

首先，明确我们期待达到的目标。绩效管理各级管理组织与负责人能各司其职，使绩效管理在推动企业战略落地、组织与员工绩效提升方面发挥出管理的效果。

其次，统一绩效管理认知。企业内如果缺乏对绩效管理的共识，会导致人力资源部门在绩效管理过程中承受很大压力。他们要经常操心以下问题：如何让业务部门的经理们更好地运用好绩效管理工作？为什么业务部门总觉得绩效管理是在完成人力资源部门交给他们的工作？怎样提高各部门管理者和员工的积极性和创造性来共同完善绩效管理系统？为什么业务部门总是抱怨人力资源部门设计的绩效考核系统不科学、操作性差？

最后，明确绩效管理相关组织与人员的责任归属。绩效管理常被视为人力资源部门的职能工作，被认为是人力资源部门应该考虑和应该做的事。正是因为各部门常觉得绩效管理事不关己，自己只需提供绩效考核数据的想法，使绩效管理无法与企业、部门的战略搭建起联系而让绩效管理显得过于肤浅，实施的效果也不尽如人意。但事实上，企业的任何管理都不会是一个部门、一个领导或员工单独的事情，企业管理是一个系统工程，每个部门和每个人都是其中的"零部件"，缺少了这些个体的参与，企业管理运行起来便会像缺少了零部件的机器一样无法顺畅运转。

（四）绩效管理各级管理组织与负责人的角色与职责是什么

在企业经营管理过程中主要涉及绩效管理委员会、绩效经理人、绩效管理员三个主要角色。明确不同角色的职能与定位是推动绩效管理执行的关键工作。

绩效管理委员会：绩效管理体系的设计者、绩效管理文化的发起者、重大绩效问题的决策者。绩效管理委员会全面领导公司的绩效管理工作，包括组织制定绩效考核办法，组织推动企业绩效考核的实施，对绩效考核流程进行监督和改善，负责对绩效考核评估、申诉以及绩效结果应用过程中出现的争议问题进行裁决等。

绩效经理人：各级组织完成业绩目标的第一责任人，拥有考核权、绩效工资分配权和员工发展建议权。绩效经理人是推动绩效管理的中坚力量，其应该在一个评价周期内完成绩效计划、绩效实施、绩效评价、绩效反馈与改进等各阶段工作。

绩效管理员：绩效管理知识、方法、工具的提供者，绩效运营管理的监督者。绩效管理员对绩效经理人负责，主要职责偏重于日常事务性的工作，例如绩效管理制度宣贯，绩效文化宣传，绩效考核结果的收集、分析和公示，对考核结果应用进行监督，等等。

在上述三个角色中需要重点明确绩效经理人的职能，其具体如下。

制订绩效计划：绩效经理人应根据企业的绩效计划和工作目标，按照工作岗位和职责，对关键业绩指标、重点工作任务或班组工作积分标准进行细化分解，在与员工充分沟通、协商一致的基础上，协助员工拟定绩效指标和目标值，并组织全员签订绩效协议书。

实施绩效辅导：绩效经理人应对员工绩效计划执行情况进行监督，对员工绩效改善方面的需求及时给予指导和帮助；及时了解和掌握员工在工作中遇到的问题和障碍，共同分析原因并提出解决意见，督导员工提升技能水平和岗位履职能力，实时进行行业绩改善。

开展绩效评价：绩效经理人应在考核周期结束后，根据组织或团队业绩考核结果，结合下属员工各项指标及工作任务的完成情况，对照绩效协议书作出客观、公正的考核评价，并将评价结果提交本单位绩效管理委员会进行汇总、审核。

反馈绩效结果：绩效经理人应及时反馈员工绩效考核结果，并主动做好沟通面谈工作。面谈时，要认真听取员工对绩效评价结果的意见，共同分析问题成因，总结经验和不足，明确下一个周期的改进计划，并认真做好绩效面谈记录。

三、绩效管理"考核观"

（一）情景案例与问题

在企业实践中，月度绩效考核是企业场景中常见的考核方式之一。在一次企业管理咨询中，企业管理者说他们有进行严格的绩效管理，并给我们展示了他们每个月对员工的绩效考核表。此企业是属于住房租赁服务的国有企业,其月度绩效考核表如表 2-1 所示。

表 2-1　住房租赁部住房管理员月度绩效考核表

序号	考核维度	权重	考核标准
1	工作业绩	70	1. 未及时将房产基础信息录入管理系统(含房管局监管平台和公司管理系统)扣 1 分。 2. 租赁住房信息系统录入工作出现错误的,每发现 1 处扣 1 分。 3. 租赁住房年终租金收取率未达 95% 的,扣 5 分。 4. 按规定收集承租户信息资料,发现资料不完整的,每发现 1 处扣 0.5 分。 5. 租赁住房租金、收据开票工作不及时导致租户投诉的,每出现 1 次扣 1 分。 6. 因自身疏忽未按要求按时、按质、按量收取房租的,发现 1 户扣 1 分。 7. 承租户出现拖欠房租现象长达 1 个月,未提前向部门领导报备的扣 1 分
2	安全生产工作	10	严格遵守本单位的安全管理制度和岗位职责要求,自觉接受安全生产教育和培训,加强自我保护意识,做到安全生产"三不伤害"。有违规现象的,每次扣 2 分
3	领导交办工作	10	按规定时限圆满完成领导交办的工作任务。未按时完成或不符合领导要求,扣 1~2 分 / 项
4	行为考核	10	1. 不严格遵守、执行公司考勤等规章制度的,扣 1~3 分。 2. 工作态度不端正、敷衍了事的,扣 1~3 分。 3. 有损害公司形象、不利于公司团结行为的,扣 3~5 分。 4. 上述情况严重者扣 10 分

问题:假设你是本企业的管理者,你会如何分析与指导?

(二)问题分析

首先,我们要进行问题识别。上述材料能表明该企业有采取有效的绩效管理吗?当然不能。通常,有些企业通过设置一张"绩效考核评价表"进行考核评价,核算绩效奖金,就把这一系列的工作看作绩效管理。这主要的问题是,其把绩效考核等同于绩效管理,混淆了两者的概念;同时,绩效考核的标准模糊,过于主观,难以量化,考核方式难以客观反映岗位人员的工作价值与产生激励效果。

其次,我们看到上例企业考核指标的评价偏重于扣分模式。其考核表中的大部分考核标准均以扣分形式呈现，侧重于对错误、疏漏、违规行为的惩罚，缺乏对积极表现和工作成果的正向激励。这种过于严苛、以惩罚为主的考核方式可能会打击员工的积极性，忽视了绩效管理的激励作用。

最后，上例企业的工作业绩考核标准难以量化，标准不清，内容过于具体、琐碎。其工作业绩维度下的考核标准涉及大量细节性、操作性任务，如信息录入错误、资料收集不完整等，对这些细小错误进行扣分可能会导致员工过于关注避免扣分而非提升整体工作效果。这些考核项目未能充分体现岗位人员的核心职责和价值贡献。其行为考核标准主观性较强，"工作态度不端正、敷衍了事""损害公司形象、不利于公司团结"等标准较为模糊，评判标准可能因人而异，易导致考核结果的主观性和不公正。

（三）如何理解绩效考核与绩效管理的关系

首先，绩效考核不等于绩效管理。绩效管理是一个完整的、周期性的循环系统，包含但不限于绩效计划、绩效执行、绩效评估和反馈、绩效结果应用等过程。绩效考核是绩效管理中的一个环节。

其次，绩效考核关注结果，而绩效管理不仅关注结果，更关注过程。绩效考核衡量的是上一阶段的工作结果，注重结果评价。绩效管理在整个过程中会大量地给员工做辅导、做赋能，同时通过各种监管措施，推动绩效管理真正地落地。

再次，绩效考核评价过去，绩效管理规划未来。绩效考核衡量的是阶段性的成功，评价的是过去不是未来。绩效管理的目标制定，既包含了公司 3~5 年的长期战略目标，也包含了当年的短期经营目标，是站在未来思考当下的，具有极大的前瞻性。

最后，绩效考核重视当下绩效评价的好坏，绩效管理的重点是思考如何解决绩效问题，如何通过绩效复盘、总结、辅导等方法不断培养员工，提升员工的能力，最终改善绩效。

可以说，绩效考核重点关注的是阶段性绩效结果的好坏。绩效管理是全局性的，关注组织与员工当下与未来的绩效产出与持续的价值创造能力。这是绩效考核和绩效管理本质性的区别之一。

（四）绩效管理循环系统是什么

在企业经营管理过程中，绩效管理是一种激励和提升员工的系统性方法。彼得·德鲁克说过，管理不是控制，而是释放。管理者应该通过绩效管理来激发员工的潜能，让他们从工作中获得成就感，并持之以恒保持热情。而只包含扣分的绩效考核，容易激起员工的抵触心理，并使其感觉丧失自主性。

绩效管理是一个循环管理系统（见图2-1），包括绩效计划、绩效实施过程管理、绩效评估与反馈、绩效结果应用与绩效改善四个部分。同时，绩效沟通是确保系统各环节运营好坏的润滑剂，可确保绩效管理完整有效地得到贯彻执行。

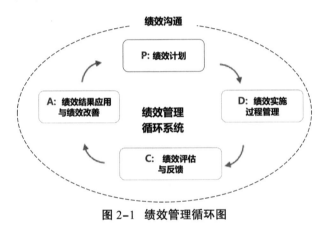

图2-1　绩效管理循环图

绩效计划。绩效计划是企业战略目标落地的重要内容，是绩效业绩达成的前提。没有前期的绩效计划，绩效评估很难达成共识。

绩效实施过程管理。在绩效实施过程中，管理者带领团队协调资源，组织动员，并进行绩效运营监控、员工绩效辅导等，旨在完成组织目标任务。

绩效评估与反馈。绩效评估是评估员工工作贡献价值大小的重要手段，也是让员工自我复盘、自我对标分析的过程。

绩效结果应用与绩效改善。这是实施员工物质与精神激励的重要环节，也是下一个绩效提升改善目标计划的开始。

四、绩效管理"指标观"

（一）情景案例与问题

在一次对某省某地市通信企业的绩效管理咨询项目中调研发现，该企业非常重视 KPI 考核，企业运营的好坏就是看 KPI 完成的结果与在全省的指标排名，其对基层单位的绩效考核中 KPI 占比 100%（见表 2-2）。

表 2-2　该企业绩效指标月度考核表

序号	目标	权重 / 分
1	资费新增完成率排名前 12 名	7
2	宽带净增完成率排名前 12 名	8
3	AB 类专线发展（1 条）	6
4	已签协议点位入场率 100%	7
5	×× 镇 ×× 村小区、×× 镇 ×× 村小区端口利用率提升 40%	7
6	4G 用户累计到达 1 万户	4
7	2G 终端销售数量（43 台）	3
8	新售终端在网率 85%	3
9	4G 资费当月新增 772 户	5
10	新入网 4G 资费占比 85%	5
11	转资接触办理率 10%	5
12	用户新增发展累计到达 3839 户	10
13	新入网普及率 180%	5
14	高价值套餐普及率 90%	5
15	掌上冲浪目标到达 4300 户	2
16	机顶盒闭点营销 1 场	2
17	行政村基础资料收集（所有行政村）	7
18	80% 行政村三方建设渠道确认	7
19	商铺发展 5 户	2
	合计	100

问题：如果你是企业的经营管理者，你会如何作分析判断？

（二）问题分析

首先，我们要进行问题识别。从上述企业绩效指标月度考核表可以看出其考核模式过度依赖 KPI 考核，并且存在指标"多且杂"的问题。

该绩效考核表中包含 19 个不同的 KPI，涉及多个业务领域和工作环节，可能会导致基层单位在应对考核时精力分散，难以聚焦核心业务。过多的指标也可能会增加考核的复杂性和管理成本。同时，过度依赖 KPI 考核，容易忽视绩效过程管理以及 KPI 考核与其他考核方法的配合。

其次，我们分别从以下考核的目标导向、指标设置合理性等各方面进行分析判断。

目标导向性。要审视这些绩效指标是否与企业的整体战略目标紧密相关，是否有助于推动关键业务的发展，是否涵盖了企业重要的业务领域，如市场拓展、服务质量、渠道建设、用户维系等，确保绩效考核全面反映企业的运营状况；还要识别哪些指标是企业当前阶段的重点工作或瓶颈问题，权重设置是否合理。

指标是否符合 SMART 原则。绩效指标应是具体的、可衡量的、有时限性、可达成以及与其他目标具有相关性，避免模糊、主观的评价标准。评估指标设定的难度要适中，既要具有一定的挑战性以激发员工潜力，又要确保在合理努力下能够达成，避免设定过高或过低的目标导致激励失效。

考核体系完整性。要考虑对结果与过程是否兼顾，既要关注结果性指标（如用户新增、业务发展量等），又要考虑纳入过程性指标（如渠道建设、服务质量等），确保绩效考核全面反映员工的工作贡献。

激励效果评估。通过访谈、问卷调查等方式了解员工对现有绩效考核体系的满意度和接受度，是否认为考核公平、合理，能否有效激励工作积极性。检查绩效考核结果是否与薪酬、晋升、培训等激励措施紧密关联，确保绩效优秀者能得到应有的回报。如此，才能确保绩效管理体系既能有效驱动企业战略目标的实现，又能激发员工积极性，促进企业持续健康发展。

（三）如何合理地设置 KPI 权重

以上案例，经营考核的指标过多是主要的问题。众多的指标使员工抓不住考核的重点，不知道管理层真正想要的结果是什么；同时，种类繁多的指标使员工无法对其工作聚焦，什么都要做，结果什么都做不好。

首先，需要抓住关键指标。在 KPI 的制定中，有一个重要的原则——"二八原则"。在企业的价值创造过程中，20% 的骨干人员创造了企业 80% 的价值。而在员工的工作行为上同样适用此原则，即 80% 的工作任务是由 20% 的关键行为完成的。由此，只要抓住这 20% 的关键行为，就能抓住业绩评价的重心。所以，月度对一个班组的考核指标一定要聚焦在关键指标上，数量最好控制在 5 个左右为宜。

其次，要重视关键指标的内在逻辑。除了数量上的聚焦，对于指标的内在联系也是管理者需要考虑的。这些关键指标最好是在相同的几个领域内，让员工理解如何通过各个微小单元指标的达成来共同支撑企业的整体目标，避免"只见树木，不见森林"。

再次，要重视绩效过程管理。纯 KPI 化、没有重点目标的考核也是绩效考核评价中常见的问题。绩效考核不应仅包括结果绩效，还应包括过程绩效。

工作目标设定（GS）是指对完成经营结果在日常工作中需要实施的关键工作任务目标的考核评价。GS 能弥补完全量化的关键绩效指标所不能反映的方面，更加全面地反映员工尤其是基层员工的表现。它侧重于工作职责范围内的一些相对长期性、过程性和难以量化的重点工作评价，通常主管领导评分得出。

最后，要合理设置 KPI 与 GS 的合理比重。需要基于企业经营重点任务目标，针对不同对象、不同层级的经营结果（KPI）以及经营过程重点工作目标任务（GS）的构成比例进行合理评价。

在企业经营过程中，高层管理者更加注重结果导向，其是通过综合管理的手段实现经营目标；越是基层越倾向行为导向，其是通过具体工作任务的执行和完成来体现工作成效。因此，在整个绩效计划评价指标与工作目标设定中，一般会按一定比例结构对不同的对象进行考核评定。表 2-3 为某企业绩效计划中 KPI 与 GS 的比重示例。

表 2-3　某企业绩效计划中 KPI 与 GS 的比重示例

管理层级	KPI（%）	GS（%）
中层管理者	70~80	20~30
基层管理者	40~60	40~60
专业管理员	30~40	60~70
基层员工	20~30	70~80

第二节　绩效管理调研诊断与分析

一个界定良好的问题，已经将问题解决了一半。

——约翰·杜威

企业绩效管理运行情况如何以及如何开展诊断分析是企业经营管理者要面对的问题。每个企业在绩效管理推行中均有自己的管理烙印，对企业绩效管理运行状态进行分析，了解绩效管理在推进企业经营战略落地、提高企业组织运行效率、进行企业组织能力建设、开展企业人才激励方面的情况如何，是我们客观诊断与分析企业绩效的起点与终点。

一、掌握绩效问题分析与诊断的基本方法

（一）发现问题

在绩效管理咨询项目工作中常有以下的情景。

情景一：只看到问题表象。虽然问题已经提出并确定，但是在问题的背后，还有更大的问题值得解决。

例如，有人说，目前我们做绩效激励主要是扣罚，很难有奖励。我们业绩最好时，工资总和还是那个额度，你说做绩效管理还有意义吗？这个问题触及问题背后的深层次问题，背后有绩效制度设计的问题，也有体制机制的问题，

情景二：问题太泛，范围太大。

例如，有管理者提出，今年市场经营环境很差，有没有可以提升业绩的方法？这个议题边界就过大，很难一下子找到解决问题之策。

情景三：问题视角单一。

例如，有一次在一个咨询项目中，一位总经理感觉组织效率很低，认为是组织结构需要优化，重点是要优化校园市场的组织设置。校园市场是由分管市场的副总经理直接管理的。在咨询中，如果你没有探求到副总经理的看法，没有把潜在的其他角色和相关利益者考虑进去，问题很难从根本上解决。

绩效管理方法的问题是一个系统的问题，很难一句话说明白。

通过以上情景我们可以看出，"发现与界定问题比解决问题更重要"。

我们在定义问题时经常会犯两个错误：一是错把症状当问题；二是错把方案当问题。我们要学会区分问题和表现，界定问题，找到根源，才能真正解决问题。问题与表现正如问题与症状一样，只要没有发现真正的问题，消除一个症状，还会出现另一个症状。

问题的解决方案既有"根本解"，也有"症状解"。"症状解"能迅速消除问题的症状，但只是暂时起到作用，而且往往伴随着加深问题的副作用，使问题更难得到根本解决。

"根本解"则是根本的解决方式，只有通过系统思考，看到问题的整体，才能发现"根本解"。我们处理绩效问题，若能透过重重迷雾，系统思考，追本溯源，总览整体，抓住事物的根源，往往能够收到四两拨千斤的功效。

因此，对问题的本质需要了解清楚，而不是只去改变表面的症状。从根本上解决问题，需要去查找关键问题的根源。

"5Why分析法"是一种能很好地找到"根本解"的方法之一。

该法基于问题陈述，通过5个Why连续发问，不断提问前一个问题发生的原因，直到回答"没有好的理由"或一个新的故障模式被发现时再停止发问，从而找到问题的根源，其逻辑结构如图2-2所示。

确认根因，就是找到问题形成的根本原因。如果你连产生问题的核心都找不到，就很难提供有针对性的解决方案。5个Why被用来识别和说明因果关系链。使用"5Why分析法"，虽然其名称中有"5Why"，但使用时不限定只做5次为什么的讨论，应以必须找到根本原因为止，有时可能只要做3次即可，有时也许要做10次。"5Why分析法"的关键需要从以下三个层面由浅入深来施行。

①为什么会发生？即从"制造"的角度。

②为什么没有发现？即从"检验"的角度。

③为什么没有从系统上预防事故？即从"体系"或"流程"的角度。

每个层面连续5次或N次地询问，得出最终结论。只有以上三个层面的问题都探寻出来，才能发现根本问题，并寻求解决。

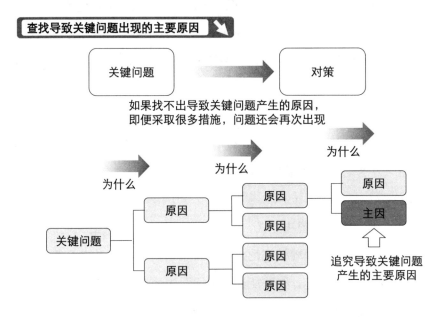

图 2-2　问题解决追因图

（二）界定问题

在绩效管理咨询项目的过程中，也常遇到如下场景。

情景一：问题不具体，没法界定问题。

例如，在咨询项目中常遇到企业管理者问，目前公司员工的士气不高，能否先设计一个激励的管理办法？其实，员工士气是一个感知因素，没有具体的事例或者数据进行调研，很难对其问题进行界定。

情景二：问题层次主次不清。

例如，在一次咨询工作中，一位总经理对我说，他们目前的绩效激励没有给予优秀员工更多的激励，他们要向华为学习，要以奋斗者为本。目前，他们存在绩效制度不合理、绩效考核不公平、绩效指标下达不合理等问题，问我他们应先对绩效制度如何优化。企业绩效问题有多个维度、多个层面的问题，只有系统梳理问题的类型与层次，才能更好地把握核心问题，找到最优的解决策略。

以上情景均涉及问题的界定。

爱因斯坦曾说过，如果我有 1 个小时来拯救地球，我会用 59 分钟界定问题，然后用 1 分钟解决它。"界定问题"在咨询问题的解决中，一直是最核心的底层逻辑。简单地说，界定问题中的"界"，是指问题的边界、范围，而界定问题中的"定"，则是指确定问题的终极目标和条件。只有准确界定问题，才能真正解决问题。

首先，需要明确按什么标准来界定问题。

例如，在绩效管理方面，我们需要问如下问题来探寻阶段问题：

• 企业的绩效运营水平对标行业水平如何？对标优秀企业如何？

• 我们期望的理想绩效状态是什么？

这些问题均影响我们对问题的界定。不同的经营管理者，看问题的视角不一样，均会有不同的解。

其次，需要明确问题的边界和范围。

要明确问题的主要目标和次要目标，了解问题的背景和来龙去脉。紧紧抓住问题的主要目标，避免陷于细节，受困于无关紧要的事情，避免被表面现象所迷惑。界定问题的目标和边界的过程，其实是在对问题进行结构化拆解，对各项问题进行价值排序和资源分配。

最后，需要明确问题的本质。

问题的本质是期望与现状的落差（见图 2-3）。

> **问题的本质就是"有了落差"**

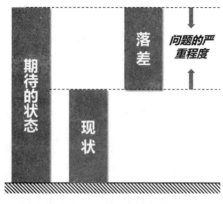

图 2-3　问题落差图

界定问题的核心在于找到落差。我们先看一个生活中的例子，假如你有一位朋友准备购置新房结婚，恰好赶上很多城市二手房交易均价下降，他向你咨询是否购房，你会如何帮助他？这涉及经济能力问题、需求问题、家庭问题以及购房人对房价的心理预期问题。这些问题均需要你界定好。

如何界定问题？

如果说问题的本质是落差，那么落差是一个比值，这涉及确定标准问题，确定标准主要基于事实与人的感知，我们可以通过时间与解决问题的目的两个维度来进行问题的判定。

问题（期待的状况与现状之间的落差）基于"时间与目的"的角度，可分为三种类型："恢复原状型""追求理想型""防范潜在型"（见图2-4）。

图 2-4　问题类型

恢复原状型问题是指期望恢复成原本的状态的问题，遇到这种类型的问题时，要将原本的状况视为期待的状况。

追求理想型问题是指虽然目前没有重大损害，但由于现状未满足期待的状况，于是把它视为问题。

防范潜在型问题是指目前尚未造成严重后果，但如果不加以干预，未来可能出现负面效应或危机的问题。这类问题强调前瞻性，要求提前识别风险和隐患，通过预防措施防止问题的发生。

我们通过图 2-4 可以根据问题的目的和发生时间，进一步了解恢复原状型问题、防范潜在型问题、追求理想型问题。如下几个例子可以加深我们对问题的界定认知。

例 1：目前的营业增长率为 5%，我希望明年的营业额可以增长 15%。

例 2：以前我们的产品合格率一直在 99.9%，现在仅为 98%。

例 3：目前员工敬业度指标为 4 分（5 分制），处在警戒边缘。如果我们不给予重视，指标值会下降。

可以看出，例 1 是追求理想型问题，5% 的增长率没有对现在带来损害，但是认为现状未满足理想；例 2 是恢复原状型问题，现在的 98% 低于以往的 99.9%，期望恢复原本的水平；例 3 是防范潜在型问题，防范指标在未来会低于 4 分（5 分制）。

（三）掌握基本的问题分析方法

分析的本质是将事物拆解，思考各个组成成分之间的相互关系。掌握正确的问题分析方法才能有效解决问题。在这方面我们可以借鉴一下咨询公司麦肯锡的"MECE"分析方法。

所谓"MECE"，中文意思是"相互独立，完全穷尽"，是"Mutually Exclusive and Collectively Exhaustive"的英文简称，即对于一个重大的议题，能够做到不重叠、不遗漏的分类，而且能够借此有效把握问题的核心，找到解决问题的分析方法。它是麦肯锡的第一个女咨询顾问芭芭拉·明托在《金字塔原理》中提出的一个很重要的原则。它是"将事物进行分解，从结构去理解全体"的一种思考方式。

MECE 分析法是把一个工作项目分解为若干个更细的工作任务的方法。它主要有两条原则：第一条是完整性，说的是分解工作的过程中不要漏掉某项，要保证完整性；第二条是独立性，强调每项工作之间要独立，每项工作之间不要有交叉重叠。

举例说明如下。

人可以分为男性和女性，这是符合 MECE 的分类方法。再如国籍分析，我们可以分为中国和外国，若你不是中国人，那就是外国人。这是最基本的二元分析法。在实际工作中需要我们善于结合具体对象运用 MECE 分析。

一般来说，企业经营管理者掌握常用的三种分析工具与方法就可以对问题进行有效的分析。

1. 二维四象限法（矩阵法）

该方法是使用由纵轴和横轴所建构的矩阵来整理事物。该矩阵是将 MECE 分类过的两个独立变量作为主轴，每个变量拆分为二元相互独立的因素，形成四个象限，构建一个模型，可帮助分析者达成结构性的理解。

我们通常根据事情的两个维度——重要性和紧急性作一个矩阵图（见图 2-5），分成四种情况。

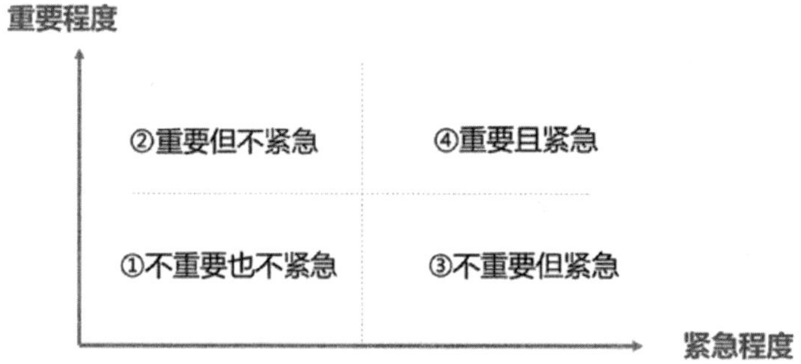

重要程度

②重要但不紧急　　④重要且紧急

①不重要也不紧急　　③不重要但紧急

紧急程度

图 2-5　二维矩阵图

由图 2-5 可知，时间管理的核心，就是要区分重要性和紧急性两个关键因素，借两个维度进行最终的决策。

二维四象限法是一种非常好用的分类及建立模型的方法，在工作中经常被使用到。如乔哈里视窗、波士顿矩阵等，都是非常经典的分析框架思路。美国的波士顿咨询集团在为企业提供咨询服务的时候，利用波士顿矩阵（见图 2-6），来分析决定企业的产品结构。其通过"销售增长率""市场占有率"这两个维度，把一个公司的所有产品分成四种：现金牛、明星、瘦狗和问题。市场份额高、市场成长潜力大的，就是"明星"业务；市场份额低、市场成长潜力大的，就是"问题"业务；市场份额高，但市场成长潜力小的，就是"金牛"业务；市场份额低，市场成长潜力也小的，就是"瘦狗"业务。这是非常实用的商业分析方法。

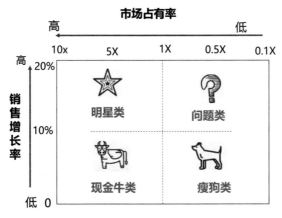

图 2-6　波士顿矩阵图

2. 流程分析法（过程法）

流程分析法是按照事物发展的时间、顺序等，对信息进行逐一的分类。比如，通过描述完成一项工作任务所必需的流程来进行分析。它展示了完成一项工作任务所必需的步骤和决策以及整个流程的执行路径和顺序。企业经营中需要通过流程分解的方法，获取工作绩效提升问题点。

流程分析是企业经营管理的基础，是企业员工的基本思维习惯。我们常将项目管理分为项目启动、项目计划、项目执行、项目监管、项目验收、项目复盘等，就是使用流程分析法对项目运营问题进行分析（见图 2-7）。

图 2-7　项目管理流程图

3. 要素拆分重构法

该方法先进行结构分析，将整体拆解为若干个要素，再对这些要素进行重构，是我们常用的分析方法。我们先看一个案例。

****

<u>案例</u>

马斯克如何推动电动汽车的商业化

在创办特斯拉电动汽车之初，马斯克面临着一个严峻的挑战：当时电动汽车的电池成本极高，远超其理想中的车辆定价，这严重阻碍了电动汽车的大规模商业化推广。

马斯克深知，要实现电动汽车的普及，必须大幅降低电池成本。马斯克并没有简单地去购买一块电池并亲手拆解，而是带领他的团队深入研究电池的构造、材料组成以及成本构成。

他们了解到，电池成本不仅包括铅、铜、锡等原材料成本，还包括电池芯的设计与制造工艺、电池管理系统、封装材料、冷却系统、安全装置等众多组件及其相关的研发、生产、组装成本。此外，电池成本还受到供应链管理、规模效应、专利授权等多种因素的影响。

马斯克意识到，电池成本高昂的症结并非仅仅在于原材料本身，而是在于整个产业链的整合效率、制造工艺的优化程度以及供应链管理的精细程度。因此，他提出了一个大胆的策略：通过革新电池设计、优化制造流程、垂直整合供应链，从根本上改变电池的成本结构。

首先，特斯拉与松下等电池制造商合作，共同研发能量密度更高、成本更低的电池化学体系。例如，从早期的18650圆柱形电池逐步过渡到21700电池，再到最新的4680电池，每一次电池形态和化学体系的创新都带来了显著的能量密度提升和成本下降。

其次，特斯拉投资建设了超级电池工厂，通过大规模生产、高度自动化生产线以及创新的制造工艺，大幅度降低了电池的单位生产成本。超级电池工厂集原材料加工、电芯制造、模组组装于一体，实现了电池生产的高度集成化和规模化，极大地压缩了中间环节成本。

再次，特斯拉积极布局上游原材料供应链，与矿产供应商签订长期合作协议，甚至直接投资矿山和回收项目，以确保关键原材料如锂、镍、钴等的稳定供应，降低采购成本，并通过电池回收利用进一步降低成本和环境影响。

最后，特斯拉不断迭代优化电池管理系统，提升电池使用效率和寿命，减少电池故障率，降低售后服务成本。同时，通过软件更新，持续优化电池的充电策略、热管理等，提升用户体验并延长电池使用寿命。

通过上述一系列创新举措，特斯拉成功将电池成本大幅度降低，使其电动汽车产品的价格逐渐接近甚至低于某些同级别燃油车，极大地推动了电动汽车在全球范围内的普及。特斯拉的电动汽车也因此成为全球市场上兼具高性能和高性价比的选择。

****

上例体现的就是典型的要素拆分重构思维。在实践应用中要注意的是，在拆解要素时要保持维度的一致性，否则有可能出现有重叠和遗漏的问题。例如，某图书馆可以按楼层维度来划分为一楼、二楼、三楼等。也可以按功能分为办公区、休息室、阅览室、藏书区等。这里面按楼层维度还是按功能维度是重要的分类切入点，不同的切入点会得到不同的分析结果。

下面我们主要介绍两种典型的要素拆分重构方法：公式法与要素框架分析法。

公式法是找到核心的变量关键词，再确认相互之间关系的分析方法，一般用加减乘除四种基本模式架构属于自己的专属公式。

例如，利润＝收入－成本，其中，收入＝单价 × 销售量，成本＝单个成本 × 销售量，单个成本＝单个固定成本＋单个可变成本。

又如，管理专家杨国安认为，组织能力的培养，需要由外向内地思考，而且要有与战略相关的组织能力。杨国安基于自己多年的思考与丰富的管理实践，提出了著名的"杨三角"理论：

企业持续成功＝战略 × 组织能力

即正确的战略以及合适的组织能力构成了企业的持续成功。战略和组织能力是相乘关系，二缺其一，企业将注定无法成功。这是典型的公式思维。

除了公式思维外，我们再看一下咨询公司常用的要素框架分析法。3C 战略分析模型（见图 2-8）是由日本战略研究的领军人物大前研一（Kenichi Ohmae）提出的。

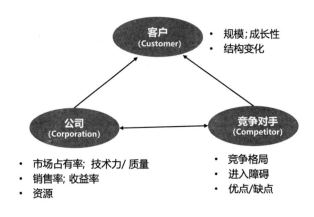

图 2-8 3C 战略分析模型

大前研一强调成功战略有三个关键因素，即客户、公司及竞争对手，在制定任何经营战略时，都必须考虑这三个因素。三维结构清晰地展示了企业战略考虑的重要因素。

我们在作市场营销策略时使用的 4P 营销策略分析法，也是典型的要素框架分析法。

4P 营销策略指的是 4 种基本策略的组合，分别是产品（Product）、价格（Price）、渠道（Place）和促销（Promotion）。营销以产品为核心，消费者购买的是产品的使用价值。这个产品应该卖多少钱（价格），在哪里卖（渠道），用什么样的促销 / 推广方式等构成营销的闭环。4P 营销策略分析框架（见图 2-9）是分析呈现营销问题的常用框架。

要素框架分析法已经逐渐成为企业经营管理人员必须掌握的一个思维分析方法。

掌握了以上这些有助于把握经营活动整体情况、高效解决问题和作出决策的思考工具，企业管理者就能提高工作效率，取得优异的成果。

图 2-9　4P 营销策略分析框架

二、绩效管理问题的调研与分析

管理者所遇到的问题通常都不是彼此独立的，而是相互影响、动态变化的，尤其是在由一系列复杂系统构成的动态情境之中。我们在作企业绩效管理问题调研的时候，需要系统思考问题的解决，一般首先需要思考如何获得真实信息，其次是如何更全面地系统分析绩效管理。

（一）绩效管理问题信息收集

信息收集要明确收集信息的目的、收集信息的类型。我们进行问题分析的目标，是找到绩效管理的核心问题，从而利用资源优势集中解决关键问题。绩效管理的本质是提升企业经营绩效，完善企业治理体系。这需要我们从五个方面去探寻需要收集的基本信息。

1. 企业绩效指标体系与经营相关内容

• 企业组织绩效年度经营考核指标体系；

• 各团队绩效年度与阶段性指标考核评价；

• 团队专业指标考核评价体系；

• 公司与各团队经营业绩数据。

2. 企业关键目标策略类相关内容

• 企业年度经营策略与关键措施；

• 各团队年度重点目标任务；

• 各团队年度与月度重点目标任务考评体系。

3. 员工绩效管理运营

• 绩效经理人的年度考核目标责任书；

• 各团队员工月度绩效计划书与评价结果；

• 员工年度绩效考核结果评定与应用；

• 员工绩效奖金核算与应用。

4. 制度、方法、工具

• 员工绩效管理制度与流程；

• 绩效管理工具；

• 绩效管理方法：KPI、MBO、OKR 等。

5. 绩效管理运营的基础

• 组织职位管理体系；

• 职位说明书与任职资格体系；

• 绩效文化；

• 经理人员绩效管理知识与技能。

为了更好地获取有效信息，需要我们通过多种方式按一定的要求去获取信息。在这方面我们常用绩效管理问卷调研、现场访谈与观察、资料数据等方式收集领导层、管理层、一般员工三个层面的有效信息。收集信息是整个问题解决的开始，一定要先明确其目的，再思考具体步骤。我们需要巧妙地归纳整理信息，以提高信息的价值，有效的信息收集步骤如图 2-10 所示。

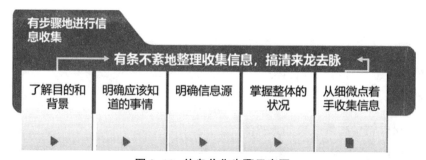

图 2-10 信息收集步骤示意图

（二）绩效管理问题系统分析

获取基本信息后，我们需要系统地呈现绩效管理问题，并加以分析。

1. 构建整体分析框架

分析问题，就需要借助（构建、改善）框架，然后能够明晰关键点，找到解决问题的关键因素。框架思维在本质上是一种系统思维，框架是对系统的一种简化。系统思维是将认识对象作为系统来思考的，使用框架，用框架进行思考，可以让我们的思考更快、更系统。

这里我们呈现的是绩效管理中常见的分析框架（见图 2-11）。主要包括绩效管理循环系统、绩效管理指标体系、绩效管理保障体系三大部分。

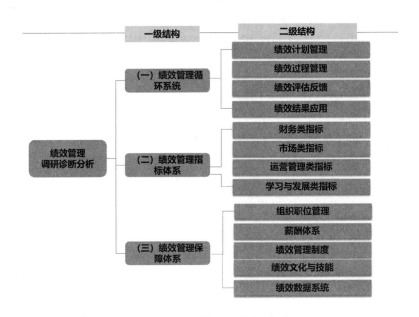

图 2-11　绩效管理系统分析框架

2. 善用企业运营绩效指标体系分析框架

彼得·德鲁克讲过一句非常经典的话："如果你不能衡量，那么你就不能有效增长。"构建企业运营绩效指标体系是分析企业经营运营质量的好坏，发现经营管理问题的重要手段。

企业运营绩效指标体系是对运营结果与运营过程管理质量评价的重要方式，主要包括企业经营业绩指标体系与经营管理质量指标体系（见图 2-12）。

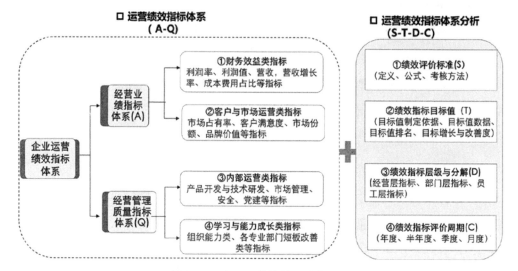

图 2-12　企业运营绩效评价体系图

经营业绩指标主要是以关键业绩指标（主要以 KPI 结果导向的指标体系）呈现，例如运营收入指标、利润类指标、市场占有率指标、服务满意度指标等。

经营管理质量指标主要是目标管理重点工作措施完成过程与结果类指标，例如一级安全事故发生率、党建考核分数、员工人效提升比、全员任职能力考核通过率。

企业运营绩效指标分析包括从绩效评价标准、绩效指标目标值、绩效指标层级与分解、绩效指标评价周期四个维度进行重要分析。通过绩效指标体系分析可以看到企业运营绩效指标历史数据在对标行业、对标标杆企业中的指标位置与差距。

3. 企业运营绩效保障体系框架

我们在企业运营中发现，企业的绩效管理发挥效益不能只是单纯考虑指标与绩效管理循环系统，还需要有强有力的绩效保障体系建设。企业绩效保障支撑体系（见图 2-13）主要包括组织职位体系、薪酬体系、绩效制度保障体系、绩效文化认知技能、绩效数据系统五个要点。

图 2-13　企业绩效保障支撑体系图

第一，组织职位体系。该体系是绩效管理运行的前提条件。组织职位体系是基于企业战略落地的职能体系，通过职位分析，明确界定各职位的权责利，保障职位与职位之间的工作流程衔接顺畅；梳理和分析组织结构和业务流程，确保组织效率，消除组织和流程之间的空白地带。这是明确部门与岗位的权责归属与职能定位的重要手段，有了这个基础才能让组织绩效管理有"用武之地"。

第二，薪酬体系。绩效评价的结果通过绩效奖金分配的模式，评价和激励团队与员工，这是绩效结果的应用，也是薪酬体系的重要内容。没有薪酬体系的支持，绩效管理没法真正实施。

第三，绩效制度保障体系。绩效制度体系不仅强化了企业绩效管理的工具、方法、流程、绩效与职位薪酬的应用关系，更强化了绩效管理机构与各级绩效经理人的权责与任务，通过制度的制定让绩效管理运营有了实质性的保障。

第四，绩效文化认知技能。企业绩效是否健康运行与各级经理人的绩效操作技能、对绩效管理的认知以及组织绩效文化息息相关，这是一个软性管理系统，没有思想意识层面的高度统一，很难让绩效管理运营有效。高绩效的企业文化，能够带动员工树立与组织一致的目标，并在个人奋斗的过程中与企业目标保持步调一致，能为员工营造出一种积极的工作氛围、一个鼓励创新的工作环境，会对企业的绩效产生强大的推动作用。因此，要成功实施绩效管理系统，必须致力于建设一种与企业的绩效管理系统相融合的高绩效的企业文化。

第五，绩效数据系统。该系统从数据的产生、记录、统计、整理、稽查、传递、提报及存档等全过程进行管理，保证绩效数据真实准确。企业运营的关键指标可以通过周与月度经营数据报表的方式，快速呈现并传递到各级绩效经理人，起到了过程监督管理、过程激励的作用。另外，绩效管理系统平台的建设，提升了绩效管理操作的便利性、时效性；通过系统中绩效大数据的分析，提升了对组织绩效评价的准确性与时效性。

（三）绩效管理问题分析呈现

我们不仅要分析问题，更需要呈现问题，而在这方面需要掌握基本的呈现技巧。让图表说话是一个解决问题的思维方式。图表分析与 SCQA 模型呈现技巧，能让分析更直观，更有说服力；通过 SCQA 模型的结构呈现，让我们重新审视问题分析的逻辑与合理性，在理性与感性中更能打动决策层，达成共识，提升解决问题的效果。

1. 使用图表分析呈现绩效管理问题

图表是通过图形或流程图等概念图的形式，将信息视觉化的结果，能让此前罗列在自己面前的那些数字或定性信息、那些自己怎么也看不懂的数据一下子变得容易理解起来。其主要有三个方面的分析呈现。

第一，绘制图表，用图表说话。所谓绘制图表，其实就是将事实数据以视觉化的方式进行思考分析的过程，从而产生合理的疑问。而一旦有了疑问，就能更清晰地知道前期还应收集哪些数据信息。要用图表化的方式进行思考，这样才能更有效地理解收集到的数据。

绘制图表还能让我们简洁清晰地呈现分析的问题。一般来说，我们通过数据图表可以了解问题主题的"趋势、变化量、比例"。我们常用数据图表对绩效指标进行分析，主要是包括营收、利润、客户规模、市场份额的占比变化等。

例如，图 2-14 清晰直观地呈现了某公司的产品销量与增长情况。

图 2-14　某公司 2015—2020 年化妆品销量及增长率变化

第二，掌握常用的图表类型。

用图表呈现分析问题是常见的信息分析表现形式。图表类型主要涉及两类图表（见图 2-15），一种是数据类图表，常见的有柱形图、条形图、饼形图、线形图（折线图）、散点图、表格；另一种是概念类图表，常见的有组织结构图、流程图、甘特图、树形结构图、矩阵图。

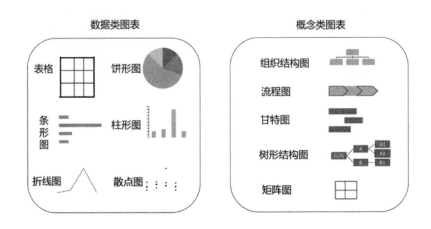

图 2-15　图表类型

第三，基于三个步骤表达呈现信息。

用图表进行分析时，主要基于三个步骤完成你对问题的分析与表达呈现。

第一步，明确你想要表达的具体信息。你的目的与主题，决定了你需要呈现的图表类型。例如，你的表达主题是 A、B 两家公司销售区域的占比与对比情况，可以用饼图呈现（见图 2-16）。

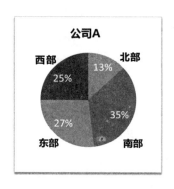
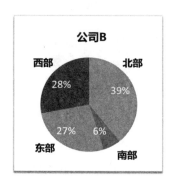

饼图强调的是 A 公司和 B 公司的销售构成占比与差异对比

图 2-16 A、B 两家公司销售区域占比对比图

如果想表达 A、B 两家公司哪个区域销售占比最高，可以用条形图对比（见图 2-17）。

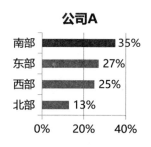
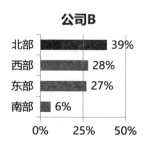

A 公司销售占比是南部最高，B 公司销售占比是北部最高

图 2-17 A、B 两家公司销售最高区域对比图

第二步，选择图表表达的相对关系。

不同的图表类型表达的相对关系有成分、排序、时间序列、频率分布、关联性 5 种关系，反映数据的变化、趋势、对比情况等内容。透过视觉化的符号能更快读取原始数据想表达的大意，提升人对数据的理解能力。常见的图表类型与相对关系类型如图 2-18 所示。

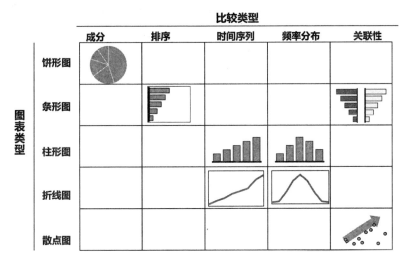

图 2-18 图表类型相关图

明确表达相对关系，可确保表达重点信息，例如用柱形图表示时间序列关系（见图 2-19）。

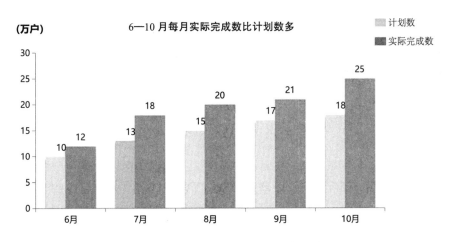

图 2-19 6—10 月每月计划数与实际完成数对比图

第三步，用图表关键信息触点传递你的观点，让他人信服。

让人们从数据中理解你的想法是件好事，但让人们因为他们所见而改变自己的想法就不那么简单了。你必须积极地将人们的目光和思想转移到你想让他们去看到的地方。我们在绘制图表时，可以通过添加辅助线的方式，让表达的意思更明确或让信息的传递更准确。有时候还需要对最重要的信息进行量化处理，以让他人集中注意力关注这个重要信息。

下面我们通过一个员工绩效管理满意度调研分析图（见图2-20）来更好地理解辅助线、信息点，这有助于我们对问题解决的重点更好地理解。

图2-20　员工绩效管理满意度调研分析

图2-20中问卷统计表明，有73.93%的员工对该公司绩效管理体系的构建与运行表示满意，说明公司绩效管理体系搭建已经基本完善，并得到员工的普遍认可。这一目标高于行业标准69%的比例。另外，相比绩效计划、绩效过程管理、绩效评估，绩效反馈与绩效结果应用的满意度最低，均为71.37%。通过访谈与资料分析反馈来看，其问题主要表现在对现行的评估沟通与反馈工作不是很规范，员工对绩效分数与奖金的挂钩情况不甚清楚，对绩效管理结果的应用感知比较模糊或微弱。通过数据图表的分析与信息触点的传递，我们对该公司绩效管理的问题就有了比较清晰的判断。

2. 使用SCQA模型分析呈现绩效管理问题

SCQA模型是一个结构化表达工具，是麦肯锡咨询顾问芭芭拉·明托在《金字塔原理》中提出的。它是一个思考发现问题，也是表达呈现的重要框架模型，被广泛应用在商业路演、探讨问题、广告文案、演讲、讲故事、写作等需要给用户表达的场景中。SCQA模型由四部分组成，即Situation（情景）、Complication（冲突）、Question（问题）、Answer（答案）（见图2-21）。

SCQA模型

图 2-21　SCQA 模型图

我们先用著名诗人拜伦的故事来对 SCQA 结构有一个初步的了解。

故事情况：在浪漫之都巴黎的大街上，一位盲人在乞讨，身上挂着一个牌子，上面写道："自幼失明，沿街乞讨。"可是他手上的那个破盒子里却是空空如也，没人愿意解囊帮助他。

这时拜伦路过看见这一幕，便在盲人的牌子上写上了一句话："春天来了，可是我却看不见。"

下午诗人再次路过时，这位盲人已收获丰厚。原来，拜伦改的句子，已然把人们的感情融入其中，使过路的行人纷纷解囊。

思考：为什么改了一句话就能让路人慷慨掏钱？

因为诗人拜伦用了 SCQA 结构法来进行了表达呈现。

①情景铺设——春天来了 [直接把路人带入情景（S）]。

②设置悬念——我却看不见 [为什么看不见（C）]。

③出人意料——原来老人是盲人 [问题是什么呢（Q）]。

④解决方案——大家纷纷表示同情 [献上爱心（A）]。

通过 SCQA 结构叙说一个故事，引得路人心软掏钱，这就是结构的力量。

第三节 企业绩效管理运营实践

——以电力企业和通信企业为例

一、电力企业绩效管理发展与问题分析

随着市场竞争的加剧和能源结构的转型，电力企业在绩效管理方面正面临着新的机遇和挑战。一方面，许多电力企业正致力于健全和完善绩效考核制度，这些制度在员工的绩效评价方面起到了关键作用。另一方面，其绩效管理水平还停留在绩效考核阶段，考核模式还亟待完善。例如，有些考核内容可能过于笼统，无法深入员工工作的具体细节，会导致奖罚不公平的情况出现。考核过程中还可能存在一些主观因素；同时，有些企业在考核管理上尚不科学，未将企业的绩效与员工个人绩效紧密融合，未能有效激发员工为企业利益主动、自觉奋斗的动力。

在本节我们以一家标杆电力企业（以下称 GWDL 公司）为例对其绩效管理的发展与存在问题进行深入分析。

（一）绩效管理运营现状与特点

GWDL 公司绩效管理工作开始于 2005 年，经过多年不断推进和完善，已建立健全了全员绩效管理制度体系，并且在推进的过程中不断探索适合本单位特点的全员绩效管理模式，其方法体系已渐趋完善和多样化。

2015 年《关于深化国有企业改革的指导意见》印发，这是新时期指导和推进国有企业改革的纲领性文件。该意见提出"推进全员绩效考核，以业绩为导向，科学评价不同岗位员工的贡献，合理拉开收入分配差距，切实做到收入能增能减和奖惩分明，充分调动广大职工积极性"。企业内部管理机制的市场化变革拉开序幕，岗位管理、绩效管理、薪酬激励、福利保障等工作协同推进。

GWDL 公司主动适应新形势新变化，深入推进全员绩效管理，形成了分级分类、覆盖全员的"多元化、强激励"绩效管理体系，以考核更精准、激励更直接、

约束更有力为目标，通过"放管服"改革打破工资"大锅饭"现象。企业绩效管理体系形成了多元化的绩效考核模式，针对不同对象灵活选用"关键业绩制、目标任务制、工作积分制"三个主要的考核激励模式（见图2-22）。

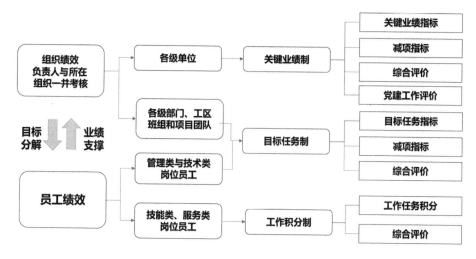

图 2-22　多元化的绩效考核模式

1. 关键业绩制

（1）关键业绩指标是对公司发展战略、年度重点工作和公司考核指标的细化和分解，重点反映企业年度主要经营业绩成果。关键业绩指标实行百分制考核，指标考核评价可结合目标完成和同业排名情况进行综合考量。

（2）党建工作评价是指对基层党建、领导人员队伍建设、党风廉政建设等方面工作情况的考核评价。

（3）专业工作考核由各部门从本专业规范管理、完成重点工作任务、专业管理创新等方面按百分制考核，其中，专业规范管理和重点工作任务采用扣分方式考核，对本专业管理创新作出重要贡献的给予加分。

（4）"红线"指标重点对安全生产事故、党风廉政、依法依规治企等方面重大违规违纪事件以及严重影响公司形象的负面事件进行扣分考核，扣分累计计算。

（5）公司领导评价是由公司领导班子成员依据公司年度重点工作任务（结合公

司重点工作项目考核相关内容），综合考虑各部门在同业对标、科技进步、电网建设、价值创造、管理创新、履行社会责任等方面的突出贡献，予以加分；对造成不良社会影响和重大经济损失等情况，予以减分。

其中，供电单位重点考核经营效益、投入产出、市场竞争、内部运营四个方面，引导企业提升价值创造能力、投入产出效率、市场竞争能力、电网运营水平等；运营保障单位重点考核核心业务和成本控制两个方面，引导企业提升专业化支撑能力、科技创新能力和管理效率；支撑服务单位重点考核核心业务和经营效益两个方面，引导企业提升支撑服务水平和价值创造能力；集体企业重点考核价值创造能力、企业盈利能力、市场竞争能力以及风险防范能力。

2. 目标任务制

目标任务制是对组织、员工所承担的经营、管理、生产目标和重点工作任务进行量化评价的考核方式。

（1）目标任务指标是对上级组织考核指标和重点工作任务的细化分解以及对组织、员工的管理职能、岗位职责、业务流程的分析提炼。目标任务指标依据重要程度可分为"单位级""部门级""岗位日常工作级"三个级别，一般从量、质、期、成本四个维度设置考核目标和评价标准，完成考核目标的指标分值。目标任务指标采取季（月）度与年度相结合的方式进行考核。季（月）度重点考核可分解量化的目标任务或事项，年度重点考核工作业绩成果、季（月）度考核结果可按一定权重计入年度考核得分。

（2）减项指标是对组织、员工在安全生产、依法治企、优质服务、队伍稳定、反腐倡廉等方面发生的不良影响和违规违纪事件，以减分方式进行考核。

（3）综合评价对组织重点考核管理（技术）创新、配合协作、服务效能、绩效经理人履职成效等方面情况，对员工重点考核工作纪律、工作态度、能力素质、团结协作等方面情况。可采用上级组织评价、民主测评等方式进行考核。

3. 工作积分制

工作积分制是对一线员工工作数量和工作质量完成情况进行量化累积计分的

考核方式。考核内容包括工作任务积分和综合评价两部分，采取月度和年度相结合的方式进行，月度主要考核工作任务积分，年度考核以年度工作任务积分和综合评价加权计算得分。

（1）工作任务积分主要以工分为度量单位进行累计积分，1个工分即为1个中等技能水平的员工在一般作业条件下操作或工作1小时的劳动价值。绩效经理人应按日审核、记录员工工作任务积分，并对员工在考核期内的积分进行汇总统计。对员工违反劳动纪律、工作纪律、安全规程、优质服务等规定以及工作质量不合格的，以扣减积分的方式进行考核。

（2）综合评价重点考核员工工作态度、工作能力、团结协作等方面，可采用绩效经理人评价、民主测评等方式进行，一般每年评价一次。员工在科技发明、技术革新和合理化建议等方面作出重要贡献的，可在年度考核中给予积分奖励。工作积分制绩效考核将一定时期内员工完成的工作从数量和质量两个层面进行量化累计，进行综合考虑后对员工的工作作出评判。

（3）建立工时积分标准与管理流程。工时积分作为用于衡量一线班组及其员工任务绩效的量化方法，是以标准工时（工分）为度量单位，以作业工时为计量基础，辅以角色系数修正的工作积分。在实施时，需要建立统一制度和流程，采用统一的工时记录与工分审核表单，确保作业小组或任务团队负责人能够规范、准确、及时地记录和计量每个成员的作业工时或劳动耗时。

（4）优化标准工时定额，建立积分库。构建同价计酬体系，统一积分价值标准，不断完善"工作量＋工作质量"二维工时积分量化评价体系。以月度为周期按照个人实际工作情况量化累积积分，并严格兑现绩效工资，持续完善绩效激励机制建设。

（二）绩效管理运营亮点

电力企业在绩效管理运营时各有自己的特点与亮点。总体来看，主要表现在以下三个方面（见图2-23）。

图 2-23　绩效管理运营亮点

1.明确"绩效经理人"的责权与履职评价

绩效经理人是各级组织完成经营业绩的第一责任人,各单位要实行绩效经理人分层分类管理。单位负责人是所在单位的绩效经理人,部门(工区、站所)负责人是所在部门(工区、站所)的绩效经理人,班组长是所在班组的绩效经理人。

绩效经理人的角色与职责主要是设定目标时,承接任务、分解指标;签署协议时,答疑解难、唤醒责任;绩效辅导时,提供指导、解决困难;实施考评时,沟通面谈、精准评价;反馈改进时,突出激励、促进发展。其有相应的绩效考核权、绩效工资分配权与员工发展建议权。

各级单位绩效办公室每年对本单位绩效经理人进行一次履职成效评估,评估内容分为执行过程和执行结果两个维度。对执行过程的评估重点关注绩效管理工作流程,尤其是绩效协议书是否签订、双方是否达成共识并签字认可、绩效经理人全年沟通辅导次数、绩效看板是否构建、员工是否存在绩效申诉、等级评定结果是否公平公正等。对执行结果的评估分为组织绩效、员工成长、团队建设三个方面,重点关注组织绩效提升情况、考核结果应用情况、员工综合素质能力提升情况、团队建设成效、员工对绩效文化的认同感等。绩效经理人履职成效评估结果纳入各级组织绩效考核内容。

2. 构建绩效管理成效评价模型

绩效管理运营成效评价模型有对应的指标名称、指标定义和计算公式、评价标准，通过模型的执行可以有效评价绩效运营情况。

【模块一】制度规范与执行。

①考核机构履职率；

②绩效合约签约率；

③各类员工考核周期规范率；

④考核结果分级偏差率；

⑤配套制度健全率。

【模块二】指标体系建设。

①关键业绩指标数量达标率；

②关键业绩指标评价量化率；

③管理机关重点工作任务计划书编制率；

④一线员工积分标准覆盖率。

【模块三】绩效沟通与辅导。

①绩效看板覆盖率；

②绩效看板更新率；

③绩效改进计划贬值率；

④绩效改进计划评定率；

⑤沟通辅导人均次数。

【模块四】考核结果应用。

①绩效薪金占比；

②绩效薪金高低倍数；

③绩效结果表彰奖励引用率；

④绩效结果岗位晋升应用率；

⑤绩效结果培训应用率。

【模块五】基础工作。

①绩效信息化系统应用率；

②绩效管理培训覆盖率；

③绩效管理基础资料完备率；

④绩效管理信息报送及时率和准确率；

⑤绩效管理经验做法宣传率。

【模块六】业绩提升。

①业绩考核综合排名提升率；

②劳动生产率提升率。

【模块七】综合评价。

3. 构建完整的组织绩效指标评价体系

组织绩效指标评价体系指各上级单位对下属组织实施的年度关键业绩考核指标评价体系。

（1）构建完整与科学的指标体系。不同单位的定位与层级以及年度的重点工作方向决定了当年组织考核指标体系，其一般以年度目标任务为核心，建立定量考核与定性评价相结合的绩效考核体系，明确指标定义、考核内容与目标值。

某省供电公司对下级单位组织考核指标示例如表2-4所示。

表 2-4 组织考核指标示例

指标类型	指标
经营效益指标	可控费用
	成本费用总额
	内部概念利润
	线损率
运营效率指标	发展投资效率
	电网运行优质率
	人力资源规范指数

续表

指标类型	指标
优质服务与市场竞争	市场占有率
	获得电力指数
	新能源消纳率
年度重点工作	泛在电力物联网建设

（2）构建组织绩效评价、团队绩效工资核算与组织绩效应用的综合管理体系。通过组织绩效与团队绩效工资总额的管理，让组织绩效评价得到了激励与执行的保障。

如下示例：

各单位月度绩效工资总额＝全口径人员绩效工资基数 × 月度考核得分 ÷100+ 超缺员工绩效工资调整额

各单位年度绩效工资总额＝全口径人员年度绩效工资基数 × 年度考核得分 ÷100

（3）对不同单位的组织绩效等级评定以及加减分数的设置，让组织绩效管理的活力得到激发。

一是开展组织绩效等级评定。每季度，根据月度绩效考核结果得分排序，将单位和部门按规定比例划分为 A、B、C、D 级。其中：A 级占比不超过 20%，C 级和 D 级占比合计不低于 15%。单位评级结果直接关联单位负责人的等级。凡考核期内出现以下情况之一的单位，组织绩效直接认定为 D 级，并直接关联年度组织绩效等级：单位发生电力生产人身事故的；单位发生违规违纪问题，单位负责人或员工受到党纪政纪处分的；单位发生违反政治纪律、廉洁纪律、劳动纪律问题，对公司形象造成不良影响的。

二是通过加减分数，强化组织绩效的牵引力。

加分项指标主要包括表彰奖励、典型经验、竞赛比武、内部对标等方面，以加分的方式进行奖励。表彰奖励类主要指对取得公司及以上表彰奖励的单位给予加分，一般以表彰通报文件为准。典型经验类指对各单位撰写的典型经验、管理创新成果、科技创新成果、质量控制成果入选本单位或上级单位给予加分。竞赛比武类指对参加本单位或上级单位的技能竞赛、技术比武获得前三名的给予加分。内部对标类指在公司内部月度专业对标中获得前三名的给予加分。

减分项指标主要包括对各单位发生被公司、地方纪检部门以及上级公司通报的违规违纪事件或在优质服务工作中出现性质恶劣的违规违纪行为，视影响程度扣减相应分数；对各单位在队伍稳定、舆情管控方面，发生员工非正常越级上访和市级及以上媒体曝光的舆情事件，视影响程度扣减相应分数；对各单位在业绩指标上弄虚作假的，经公司查实，视影响程度扣减相应分数；对各单位在绩效考核工作中考核结果未与员工薪酬挂钩的，经公司查实，视影响程度扣减相应分数。

（三）绩效管理需要关注与持续优化的问题点

GWDL 公司作为能源电力领域的国有重点骨干企业，连续多年获得国资委业绩考核 A 级，连续多年入围中国最具价值品牌 500 强，也是具有行业引领力和国际影响力的创新型企业。

GWDL 公司的战略任务是以"一体四翼"高质量发展全面推进具有中国特色的国际领先的能源互联网企业建设，在双碳战略以及对标一流的双重要求下，持续加强管理体系和管理能力建设，全面提高企业管理水平。管理能力的提升体现为人力资源管理能力的升级，高标准、制度化、健全的人力资源管理体系对 GWDL 公司的发展至关重要。企业人力资源管理的核心是绩效管理。通过绩效考核来充分了解、提升每位员工的工作能力，根据员工的差异化、个性化，结合实际工作能力有目的、有针对性地实施激励机制，充分调动员工的积极性，让其自觉地发挥主动性，显然是 GWDL 公司的管理重点所在。

目前，在企业绩效管理体系建设中有三个方面的问题还需要持续优化（见图2-24）：一是员工绩效与组织绩效的衔接与执行落地问题；二是绩效激励多元化与有效性；三是绩效评价大数据信息系统操作平台建设。

图 2-24 绩效管理体系优化方向

1. 员工绩效与组织绩效的衔接与执行落地

从组织发展和人员管理来看，公司绩效管理体系可分为组织绩效和员工绩效管理，两者既相互区别又相互结合，共同组成完整的企业绩效管理体系。员工作为组织单元的任职者，首要任务是履行组织赋予的岗位职责，对所任职岗位的工作业绩负责。组织绩效的完成有赖于员工绩效执行，员工绩效的目标与方向要来源于组织绩效，但在实际工作中发现组织绩效与员工绩效的衔接存在如下一些典型问题。

表现一：单位关键业绩指标没有落实到班组、岗位，目标达成缺乏有效支撑。员工不清楚上级单位的主要考核指标，也不清楚自己的工作结果对完成单位业绩指标的关联与影响程度。

表现二：缺乏绩效看板。部门/班组月度的重点任务没有落实到个人且过程难以追踪。

表现三：重绩效考核评价，轻绩效计划管理，因此在源头上没有思考如何主动去完成规划与管理绩效。

表现四：绩效管理技能缺失，缺乏绩效管理认知，比如绩效沟通在基层很难做到位，大部分只是对绩效打分结果的反馈。

2. 绩效激励多元化与有效性

由于企业各级单位的属性与定位不同，不同层级的目标与工作性质存在差异，不同层级人员的需求也不一样，这就决定了考核激励模式需要多元化与强激励，深入推进全员绩效管理，形成分级分类、覆盖全员的"多元化、强激励"绩效管理体系，这样考核才能更精准、激励更直接、约束更有力。但在实际工作中，我们还是存在一些需要持续提升的地方。

表现一：工作性质不同、岗位不同，但考核相对雷同。

表现二：激励导向不明确，薪酬设计缺方法，薪酬分配"吃大锅饭"，员工评级轮流坐庄。

表现三：绩效薪酬"上升"容易，"降低"难，"拉开差距"更难。

3. 绩效评价大数据信息系统操作平台建设

目前基层一线员工主要采用"工作积分制"考核，这种模式对积分库的建设、积分标准、积分与工作的关联性要求高。积分制的特点是种类多、数据多、数据更新快。没有一个好的数据操作录入、统计、分析系统，会耗费大量的数据统计时间，同时会影响数据的准确性，对员工绩效激励性的及时性。另外，工作派单系统与积分系统的数据对接也是一个需要通过系统建设进行优化的内容。目前，这方面的问题主要表现在以下几点。

表现一：工作票单仍有采用纸质工单布置分发现象，工作票单的统计工作量较大，员工对工作票单管理的接受度低，存在数据不真、滞后的情况，这样会使绩效管理所需的数据不能得到有效的支撑。

表现二：员工不能通过自己的手机 App 等应用程序直接看到本日、本周或本月的工作积分数据，这会影响基层员工的工作绩效激励效果。

表现三：缺少大数据的信息数量处理，让年度工作评价与月度绩效沟通评价变得主观，增加了绩效等级评价的难度。

二、通信企业绩效管理发展与问题分析

一般来说，通信业是涵盖通信生产和消费全过程的所有参与者的集合。通信产业链最基本的元素是通信设备制造商、通信运营商。在通信产业链中，通信运营商是指提供固定电话、移动电话和互联网接入的通信服务公司。其中，基础通信运营商居于产业链的核心地位，是连接产业链上下游的纽带。中国四大通信运营商分别是中国电信、中国移动、中国联通、中国广电。尤其是前三大运营商均为固移融合全业务经营，产品替代程度高，即使推销策略、技术更新有一时之先，也容易被模仿，从而回到同一起跑线上。在大型央企中，前三大运营商市场竞争激烈，推动了企业市场化的发展，也推动了自身服务与产品技术的不断升级，企

业管理水平得到快速提高，整体管理运营水平走在央企前端。

5G建设、千兆光网覆盖、算力建设等方面，运营商拥有网络、云计算、大数据等构筑国内数字经济大动脉的三大关键性资源，中国电信、中国移动、中国联通三大运营商的"第二曲线"业务，即数字化业务均保持了高速增长，发展势头强劲，集体呈现快速增长，占主营业务收入比逐年提升，数字化业务正悄然取代传统电信业务，成为运营商强劲的增长驱动力。另外，运营商顺应"提质增效"的改革要求，向管理要效益，提升企业运作效率和核心竞争力，加速企业数字化组织能力建设，这也加强了企业管理提升的动力。

综上，以上市场、技术、战略管理等因素推动了通信企业绩效管理的长远发展。

整体来看，通信企业绩效管理数字化建设走在前端。随着信息技术的飞速发展，许多通信企业正积极采用数字化工具和平台来优化绩效管理流程。这包括使用数据分析软件来跟踪关键绩效指标，引入人工智能算法来自动化数据收集、分析和反馈过程。这些技术的应用有助于提升绩效评估的准确性和及时性，同时也使管理者能够更加专注于员工发展和策略调整。

同时，通信企业绩效管理体系具有灵活性与个性化。面对快速变化的市场环境和多样化的工作需求，通信企业开始重视绩效管理体系的灵活性，采用更加个性化和动态的评价方式。

本文以一家标杆通信企业（以下称ZGYD公司）为例分析其在绩效管理方面的建设与发展。

ZGYD公司从2001年开始进行导入绩效管理试点，早期启动的"职位、绩效、薪酬"三项改革，推动了企业的快速发展。其在不同单位分别逐步推进绩效管理，形成了"经营业绩考核"与"员工绩效管理"相结合的绩效管理操作模式，对ZGYD公司的高速发展起到了有效的促进作用。ZGYD公司绩效管理的务实创新，发挥了绩效管理作为连接组织与员工的纽带作用，带动了企业内部运营管理的效能提升，对企业核心竞争力的提升起到至关重要的作用。

（一）绩效管理运营现状与特点

具体来看，ZGYD公司在前期通过管理咨询公司"华信惠悦"的咨询构建了企业职位绩效薪酬的基本管理框架。这是一种基于关键业绩指标（KPI）与工作目标设定（GS）、基于绩效合约书实现对组织员工进行绩效管理的方法。通过其绩效管理运营特点图（见图 2-25），我们可以更进一步了解它的运行特点。

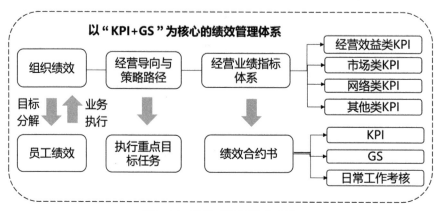

图 2-25 绩效管理运营特点图

通过不断地优化实践，ZGYD 公司构建了具有自己特点的、有效的绩效管理模式，我们可以通过图 2-26 对其运营有更深的理解。

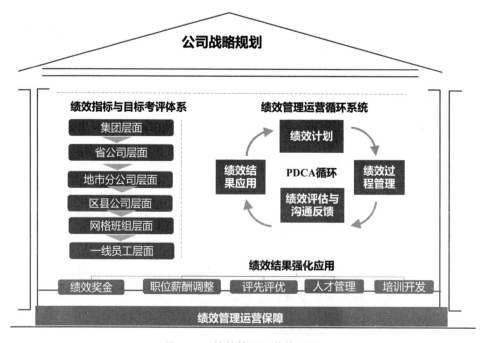

图 2-26 绩效管理运营体系图

1. 通过员工绩效合约书构建员工绩效计划

绩效合约书通过明确岗位的 KPI、GS（工作目标）模式，明确了员工当期重点工作任务、工作目标、考核方法以及各项目权限，为后期绩效评估提供了管理评估依据。

2. 强有力的经营业绩考核指标管控体系

依据移动战略规划与上市企业经营业绩管理的需要，ZGYD 公司每年下达各省经营业绩考核指标；各省基于实际情况优化与组合，分解下达各地市分公司；各地市分公司基于各地市的特点与工作重点，分解到各部门与区县分公司。整个链条清晰透明，体现了集团管控的力度与战略导向。

3. 通过绩效管理循环执行对绩效的管理

ZGYD 公司一开始接触到绩效管理，就从绩效计划、绩效过程管理、绩效评估与沟通反馈以及绩效结果应用的闭环管理进行全过程管理，真正围绕工作目标计划来执行工作。

4. 强绩效结果应用模式

绩效管理失败的缘由是多方面的，其中，企业没有重视绩效考核结果的作用是其中主要缘由之一。ZGYD 公司的绩效结果强应用让全体员工对绩效管理更加重视，也推动了绩效管理不断优化完善。绩效结果应用首先是绩效奖金激励，基于绩效结果，不同部门、不同岗位、不同月份的绩效薪酬差距是明显的。其次，绩效结果在评先评优、薪酬职位调整、培训发展、人才管理等方面均得到了有效的应用。

（二）绩效管理运营亮点

绩效管理体系运营 20 多年，已经构建了完整的绩效管理方法，也在实践中不断创新，形成了自己的特色，主要亮点表现在"全过程"的绩效、"一张皮"的绩效、重"绩效改进"的绩效（见图 2-27）。

图 2-27　绩效管理运营亮点

1. "全过程"的绩效

整体来看，ZGYD 公司经过多年的管理、提升、改善，已经形成了"全过程"的绩效管理。它以组织文化为环境，以组织战略为起点，通过"绩效目标—绩效计划—任务管理—绩效考核—绩效结果应用"形成绩效管理的"主循环"，通过"绩效目标—结果评估—绩效改善"形成目标管理的"小循环"，通过"员工管理"和"绩效跟踪"对绩效管理过程进行控制，帮助组织实现业绩目标并推动组织绩效持续改进。它明确了企业"战略—预算—考核—薪酬"四个关键环节，通过预算与激励落实支撑了企业"全过程"的绩效管理。

组织战略是绩效管理的起点，而绩效管理是组织战略落地与执行的有效工具。ZGYD 公司绩效管理的全过程管理，从本质上来看是对组织战略执行落地与优化改善的全过程管理。ZGYD 公司先后提出了"双领先""新跨越""可持续发展""大连接""力量大厦"战略，为企业整体发展确立了目标、指明了方向，战略与考核的衔接，是战略管理驱动业绩管理的关键，能够保障各部门各项业务的工作不偏离战略方向，使战略重点得以真正落实。ZGYD 公司基于战略规划对目标措施分解，通过将规划形成的战略目标体系与所有实体运营单位（包括总部各部门、省公司、专业机构等）的业绩考核紧密衔接，有效传递组织的战略目标，实现压力分解，即"千斤重担千人挑，人人身上有指标"。同时，建立配套激励机制，推动各单位的战略执行行动与战略目标紧密结合，并通过强化制度约束来确保战略执行责任落实。

2."一张皮"的绩效，绩效计划执行考核内容与实际工作任务一致

我们看到很多企业的绩效考核内容与实际工作不一样，总是到了月底才想到本月做了什么，写一个工作总结再进行考核评估，有的没有完整记录，有的没有工作重点与排序，有的没有考核评分依据，让考核工作与实际工作成了"两张皮"。ZGYD 公司通过绩效计划明确工作重点与成果要求，明确考核的权重与考核方法，通过绩效计划这一载体，让实际工作与考核内容得到了统一。ZGYD 公司绩效计划的执行评估，能真实反映员工工作成绩与能力水平。绩效计划也成为员工高度"自我管理"、提升工作自我驱动的重要工具。

3.重"绩效改进"的绩效，通过绩效反映问题，不断进行管理改善

企业绩效考评最根本的目标是改进绩效，而若要实现绩效改进，就必须明确改什么，即明确问题。只有明确了问题是什么，才能通过对问题的处理，最终实现绩效的改进。而对于绩效考评结果的应用，首当其冲的自然就是发现问题。绩效评估的结果就是我们发现问题的重要途径。在针对绩效考评结果发现问题环节，员工自评并分析原因，提出改善措施，主管也需要对员工绩效的完成结果进行评估，并提出自己的分析与改善措施，这样为绩效沟通创造了条件。在 ZGYD 公司的绩效结果反馈环节，员工定期与上级进行沟通。绩效评估沟通是对绩效进行改进的重要方式。能依据员工绩效考评结果，鉴别员工的绩效问题是员工能力不足所致还是态度不端正所致，并实施对应的措施。针对能力不足，可通过绩效辅导和针对性的培训，改善学问、改善技能和改善员工的阅历，进而达到提高员工的素质，从而最终改善绩效；针对态度不端正，通过更多的激励、惩处措施，转变员工的态度，最终改善绩效。

（三）绩效管理运营问题点与持续提升的内容

企业绩效管理运营需要结合当前企业战略与当期人才特点和需求灵活选择合适的绩效运营管理模式。目前 ZGYD 公司践行央企职责使命、锚定"世界一流信息服务科技创新公司"发展定位，加快推进"两个转变"："从数量规模领先到质量效益效率领先转变""从注重中短期业绩完成向注重中长期价值增长转变"。在企业发展中 ZGYD 公司还主要在构建灵活的"绩效激励"模式、世界一流企业的

"绩效管理标杆"评价体系以及创造有利于绩效目标达成的"自我驱动与问题解决"绩效提升与改善机制方面发力（见图2-28）。

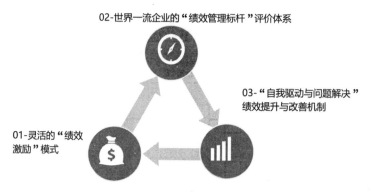

图 2-28　绩效管理提升方向

1. 基于场景与对象，构建灵活的"绩效激励"模式

绩效管理是企业经营落地的管理模式与手段，绩效管理的核心是人和事，最终目标是通过人即员工，把事即工作目标圆满地完成，在这个过程中最大限度地发挥员工的主动性和创造性，同时发展员工的能力。用一句话来概括，绩效管理的核心是做好员工的激励，绩效管理的目标就是牵引员工工作方向与激发员工内驱力。ZGYD公司在发展中对一线员工运用量化绩效薪酬激励、积分制评价激励、网格化"小CEO"模式评价激励、项目获取分享制等绩效激励模式；对经理层面成员实施任期制和契约化管理，启动了履职考核与任期绩效激励模式。我们可以看到ZGYD公司在绩效管理实施中不断地结合场景与对象，围绕绩效目标与员工需求进行灵活的绩效激励（见图2-29）。这个过程没有终点，是一个动态的过程，起点是绩效目标，终点是员工人才激励，资源是筹码，绩效激励是管理模式。

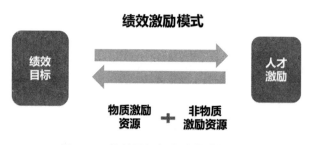

图 2-29　绩效目标与人才激励相关图

企业人才在职场中表现出来的激励需求也是多样的，包括绩效薪酬、绩效评估结果的认同、文化氛围、人际关怀、能力成长、职业发展、荣誉激励等均是员工表现的需求。在资源有限的前提下，企业需要通过绩效激励模式的设计与不断创新，设置有挑战性的目标和期望，有效激发人才的内在驱动力，激发员工活力，提升激励效果，最终提升绩效目标。同时，探索和运用多种激励管理手段，让想干事的有舞台、能干事的给机会、干成事的有回报。

2."做高、做深、做柔、做细、做精"，树立央企绩效管理标杆

ZGYD公司在绩效管理方面积累了丰富的管理经验，需要思考的是如何构建世界一流企业的绩效运营管理水平标杆体系，这需要在"做高、做深、做柔、做细、做精"五个方面构建自己的管理标杆体系。

第一，"做高"，重视战略绩效。

将绩效管理与组织战略进行有效衔接，围绕战略进行绩效管理。绩效管理在日常运行过程中，随着考核的不断精细化，各个部门会围绕部门或者岗位的日常工作设计绩效考核指标，容易出现"战略稀释"的现象；ZGYD公司日益复杂的考核指标体系也容易让管理者与员工患上"指标综合征"，即短期指标论。而围绕组织战略，通过有效的战略梳理与恰当的分解，能够更好地优化目前的绩效指标体系，形成更具有针对性的"战略绩效管理"。这方面需要做到指标"精简""重要"，切忌指标"多、杂、无重点"。笔者在管理咨询过程中发现基层指标越来越多，有的区县一个网格团队就有40多个考核评价指标，这会稀释企业战略重点，让绩效管理只是成为综合评价考核。

第二，"做深"，重视组织与员工能力建设。

绩效管理不但要与经营目标结合，而且需要与员工能力成长与发展结合。绩效管理是通过人来实施，组织绩效的提升，需要组织能力的提升才能最终达成。通过绩效导向注重组织能力建设是深化绩效管理的重要手段。我们不仅要构建各层级各序列能力素质模型，而且要明确组织能力的发展方向，将专业能力与岗位关键行为要求纳入绩效评估，还要引导员工重视能力建设。绩效背后的问题最终会体现在能力建设方面，我们应更好地推进以业绩与能力并重的绩效管理。

第三，"做柔"，塑造高绩效文化。

打造企业的绩效文化，将绩效管理更好地融入员工的思想与行为层面。绩效管理的难点在于组织内部是否形成了统一的绩效管理共识，是否认为组织实施的是绩效管理而非绩效考核，是否理解和接受绩效评价，是否认可绩效对组织运营管理的作用，是否认可绩效对个人成长的价值作用。组织应通过绩效管理形成良性、积极的绩效文化氛围，例如沟通、分享、价值、结果导向的绩效文化氛围。企业在组织内部从统一标示、制度渗透到行为表现，融入绩效文化，有效地支撑组织的文化形成，才能达到绩效管理的最高境界，更好地实现组织目标。

第四，"做细"，设计差异化绩效。

结合不同岗位的特点、不同团队的职能定位、设计差异化的绩效管理运营模式。不同岗位员工的工作性质差异较大，例如市场口的客户经理工作，灵活性较强，自主性也较强；职能口的专业人员工作创新性要求高，工作稳定性较强，两类岗位设计绩效管理考核评价模式需要有较大差异。差异化的绩效管理能够更有效地发挥团队负责人绩效领导能力，提高内部运营的效率。

第五，"做精"，重视数字化绩效。

作为数字中国建设的主力军之一，ZGYD 公司系统打造了以 5G、算力网络、能力中台为重点的新型信息基础设施，构建了"连接＋算力＋能力"新型信息服务体系；通过数字化的能力建设，让经营业绩指标与组织、员工绩效能得到更好的衔接；通过绩效数字化平台的建设，提高团队与员工的绩效操作效率，提升经营指标分析与员工业绩评价的准确性与便利性；通过绩效数据模型，构建世界一流企业的绩效运营评价指标体系，为企业长远可持续发展提供成长动力。

3. 创造有利于绩效目标达成的"自我驱动与问题解决"绩效提升与改善机制

ZGYD 公司已经具备了比较完善的绩效管理办法、工具和流程，具备与子公司业绩考核结果相挂钩的人工总成本管理机制。如何能够持续构建高绩效的企业，这些均离不开员工的创造力与工作主动性，更离不开团队协同解决问题的绩效改进机制。

第一，创造激发人才绩效"内驱力"的绩效管理模式。

以往的绩效管理模式主要是基于"大棒加胡萝卜"模式的绩效考核评价，忽略了员工完成工作需要具备的能力与工作环境资源等，也没有考虑不同员工的自我创造力的主动激发，重点是通过外在指标压力牵引行为。如果能转变为以员工内在驱动力为主，员工主动与上级沟通达成的绩效工作执行模式，将能激发员工对工作目标任务的认同与工作执行的意愿度，也能激发员工的创造力与主动性。

ZGYD 公司的一些省地市公司在绩效管理实践中创新的绩效管理操作模式就体现了对员工的内在驱动力的激发，同时对员工达成绩效提供了必要的沟通支持等管理行为，让员工有信心、有意愿去接受新的挑战。这些创新把目前英特尔等使用的 OKR（目标关键成果法）与 ZGYD 公司推行的"KPI+GS"很好地结合与内化，让组织绩效与员工绩效得到有效的衔接与执行。

表 2-5 给出了某技术岗位月度工作目标与考核（部分内容）示例。

表 2-5　工作目标考核示例

目标类型	工作目标	绩效标准（时效、数量、质量、成本）	权重/分	自评完成情况	自评得分
部门重点工作	依据省公司百日会战要求，组织开展日常终端、质差路段整治工作，及时发现并解决网络问题	完成特殊场景 30 个测试结果指标，达标得 20 分，一个点未达标扣 2 分	30		

从表 2-5 来看，技术部工作目标设定清楚，目标成果与考核标准也很清晰。

我们再看表 2-6，表中给出了优化后的工作目标考核重点，明确了完成结果的关键策略与时间计划，激发员工主动思考工作目标如何完成，并得到了上级主管的肯定与支持，提升了绩效结果完成的概率，比单纯从结果考核更能激发员工的内在驱动力与创新能力。

在表 2-6 中，为了获得高绩效，上下级对工作需要达成的工作目标、工作成果的界定非常清楚；绩效评分标准也非常规范、容易操作；明确了需要完成目标的关键成果，绩效过程的关键步骤与要求也经上下级沟通达成了共识。这些达成目标的关注步骤是激发员工自我驱动力与创造力的重要手段，有效的关键步骤不仅保证了目标达成，同时也是对员工工作过程的认同，极大地提升了员工的内在工作驱动力。

表2-6　优化后的工作目标考核示例

目标类型	工作目标	绩效标准（时效、数量、质量、成本）	权重/分	自评完成情况	自评得分
部门重点工作	依据省公司百日会战要求，开展日常终端、质差路段整治工作，及时发现并解决网络问题	【关键结果】（18分） 特殊场景30个测试优化并确保测试结果指标达标；以提交测评报告为准。（完成得18分，一个点未达标扣2分） 【关键步骤/措施】（12分） ① 15日前完成第一轮特殊场景的测试并对标分析测试结果，提出优化重点项目。（完成得4分，未完成不得分） ② 20日前就网络测试问题与优化中心探讨解决具体策略并完成新设备配置准备。（完成得4分，未完成不得分） ③ 28日前完成网络问题场景的优化更新工作并确保测评报告符合规范要求。（完成得4分，未完成不得分）	30		

第二，创造"绩效提升与绩效改进"的问题分析与解决管理机制。

绩效管理是以提高业绩水平为目的，不是以简单的达成结果为目的。当然，也要关注解决影响绩效目标达成和提升的那些问题。

"绩效提升与绩效改进"是指为了消除当前和期望绩效水平之间的差距而有目的性解决问题的程序与方法。绩效提升是基于理想问题，绩效改进是针对已经发生的事进行分析找到能够对其改善、提升的措施，它们均遵循问题分析解决的逻辑。问题类型多样，解决问题的能力与技术水平的差异性、资源与管理能力水平的有效性，决定了绩效管理问题终究要回到业务本身的问题解决路径上来，绩效问题就是解决工作难题的问题。

一般企业的关注点在绩效体系的构建与运营，优秀企业已经构建了完整的管理体系，完善了企业价值链体系，其经营问题不在价值评价与价值分配，而应将重点放在企业价值创造，也就是如何提升企业经营业绩与改善业绩方面（见图2-30）。

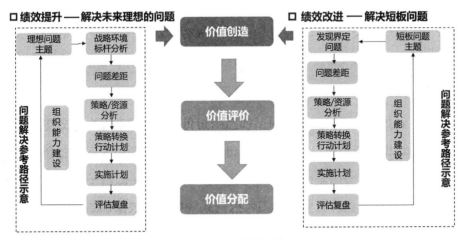

图2-30 价值链管理体系

**本课堂
小结**

1. 绩效管理常见的四个经典误区是"扣钱观""考核观""责任观""指标观"。

2. 绩效管理问题的调研与分析，要系统思考问题的解决，一般首先需要思考如何获得真实信息；其次是如何更全面地系统分析绩效管理。绩效管理分析框架系统主要包括绩效管理循环系统、绩效管理指标运营体系、绩效管理运营保障系统三大部分。

3. 电力企业绩效管理是一个持续发展和完善的过程。随着市场竞争的加剧和能源结构的转型，电力企业在绩效管理方面正面临着新的问题和挑战。一方面，许多电力企业正致力于健全和完善绩效考核制度，这些制度在员工的绩效评价方面起到了关键作用。另一方面，绩效管理水平停留在绩效考核阶段，考核模式亟待完善。

4. 通信企业基于市场、技术、战略管理等因素推动了绩效管理的长远发展。绩效管理数字与智能化建设走在前端，呈现了绩效管理的个性化与灵活性等特点。

第三堂课

战略绩效管理

导读：

  竞争战略就是要做到与众不同。它意味着有目的地选择一整套不同于竞争者的运营活动以创造一种独特的价值组合。

——迈克尔·波特

  战略性绩效体系是能够将战略转化为可操作的行动，从而推动绩效目标达成的绩效体系。

——罗伯特·卡普兰

  经营管理者的使命之一是完成组织战略目标。战略绩效管理是一种将组织的战略目标与绩效评价体系相结合，使战略得以落地执行的管理方法。

  在本课堂中，我们将对战略绩效管理作分享。

  首先，我们分享战略绩效落地的问题，确保战略通过战略绩效落地"运营六环"模型有效执行。

  其次，我们分享战略定位与战略解码，明确企业战略并转化为战略地图。

  再次，我们分享战略绩效目标分解方法与组织能力建设，确保战略绩效能落实到具体的组织绩效目标与关键项目任务。

  最后，我们分享组织绩效评估考核、复盘与激励，形成战略绩效闭环管理。

第一节 战略绩效管理的问题解决与运营模型

企业战略是对企业的谋略，是对企业整体性、长期性、基本性问题的计谋，是一定时期内对企业发展方向、发展速度与质量、发展着力点及发展能力的重大选择、规划及策略。企业战略的有效执行离不开战略绩效管理。

一、战略绩效管理与组织绩效管理

战略绩效管理是一种将组织的战略目标与绩效评价体系相结合的综合管理方法，旨在确保企业的长期战略目标和短期行动之间形成协同，并通过持续的绩效目标计划、监控、评估和反馈过程来实现组织的持续改进。它是连接组织愿景、战略规划与日常运作的重要桥梁，旨在提升企业的执行力和竞争力。

战略绩效管理不仅关注短期成果，更重视组织的长期成功和持续发展。通过战略绩效管理，企业能有效应对市场竞争，优化资源配置，提高决策质量，强化核心竞争力；能提升员工的参与度和满意度，促进组织整体效能。

战略绩效管理主要强调绩效目标来源于其战略，强调基于战略的角度进行绩效管理。而组织绩效管理则基于企业的战略与经营目标进行目标设定与执行管理。战略绩效管理与组织绩效管理相辅相成，前者设定方向，后者执行落地，通过绩效反馈，两者互动，形成组织的持续改进和成功。

****

案例

某科技公司的战略转型与绩效管理实践

某科技公司是一家专注于智能穿戴设备、病毒防护预防装备的科技企业，曾因其创新产品符合市场需求而快速崛起。但随着市场竞争加剧，公司面临产品同质化严重、利润率下滑的挑战。

CEO张某决定启动战略转型，将重心转向健康管理领域，开发具有医疗级监测功能的智能穿戴设备，重点定位中老年健康管理服务，以差异化战略寻求新的增长点。

公司决定深化战略绩效管理与组织绩效管理的融合与优化，以支持战略转型的成功。在战略转型中，无论是高层的战略规划，还是基层的日常运营，都围绕着"成为健康管理智能穿戴领导者"的核心目标展开，力争通过调整产品线、研发创新、市场定位等在宏观层面实现战略转型。例如，公司的战略转型目标设定在未来三年内占据健康管理穿戴市场 20% 份额。

相比之下，组织绩效管理则侧重于微观层面，关注部门、团队乃至个人的工作效率、流程优化、任务完成情况等。组织绩效管理更关注短期目标和日常运营，如提高生产效率、降低次品率、如何保证收入等月度或季度、年度目标。

在转型过程中，公司通过战略研讨会明确了转型方向和目标，并设计了战略绩效指标体系。随后，通过平衡计分卡将战略目标分解至各部门，形成组织绩效指标。人力资源部门在组织绩效管理中引入 OKR（目标与关键结果法）体系，确保每位员工的日常工作与公司战略对齐，建立跨部门协作机制，确保战略目标在执行层面的协同一致。

最终，通过持续的绩效评估、反馈与调整，公司成功提升了产品创新速度，有医疗级监测功能的智能穿戴设备市场占有率逐步上升。

该公司定位中老年健康管理服务深得客户认同，员工对新战略的认同感和参与度也显著提高，展示了战略绩效管理与组织绩效管理有效结合的实践价值。

****

通过以上案例，我们看出战略绩效管理的价值以及其与组织绩效管理的关系，两者的共性与差异性如图 3-1 所示。

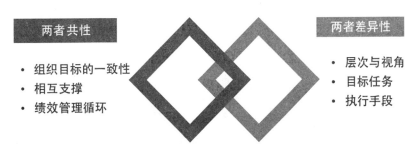

图 3-1 战略绩效管理与组织绩效管理的关系

（一）战略绩效管理与组织绩效管理的共性

组织目标的一致性：两者都是为了提升组织的整体绩效，战略绩效管理设定方向，组织绩效管理确保执行，两者相辅相成，共同推动组织经营与管理目标实现。

绩效管理循环：两者均需要进行绩效目标设定、明确目标完成策略与措施，进行绩效管理执行、绩效评估、绩效结果反馈形成管理循环。

相互支撑：战略绩效管理为组织绩效提供方向，使绩效管理有目标导向，而组织绩效管理执行结果为战略绩效提供执行反馈，检验战略的有效性，两者相互支撑。

（二）战略绩效管理与组织绩效管理的差异性

层次与视角：战略绩效管理更侧重于高层次，关注组织的整体方向、长期目标和竞争优势，它从战略出发，确保所有活动与公司长远发展对齐；而组织绩效管理则更侧重于年度短期经营目标，关注日常运作、流程和员工的效率，确保短期目标的实现，关注如何通过优化工作流程，提高当前绩效。

目标任务：战略绩效管理目标在于实现组织的长远愿景、使命，通过战略规划、执行、评估和调整，确保战略落地，达成战略目标；组织绩效管理目标在提升具体任务的完成，确保工作、部门、员工的绩效，通过绩效指标，提高效率、质量，完成短期业务目标。

执行手段：战略绩效管理依赖于战略规划、战略地图、平衡计分卡、OKR 等工具，侧重战略分解、沟通、战略执行和评估；组织绩效管理运用 KPI、目标管理、360 度评估、反馈机制等，侧重于任务设定、执行、监控、反馈、改进、激励。

（三）企业实践中的认知差异

在企业实践中，大型企业集团总部经营者更关注战略绩效管理，将战略绩效目标的设定转化为年度组织经营目标，并下发到各下属企业进行执行，通过组织绩效的执行评估，来衡量战略绩效管理的效果。而下属企业的管理者更多地关注年度组织经营目标，并通过组织绩效与员工绩效管理模式完成企业的年度经营目标任务，因此关注的焦点与执行的是组织绩效管理。

而许多中小型企业没有制定战略或者战略不清晰，其所谓战略绩效管理在本质上其实就是组织绩效管理。

二、企业战略执行的难题与障碍

企业经营者常面对的问题与难题是什么？

首先，作为一家企业的经营者，最朴素最基本的想法是让企业活下去，好好地活下去，好好地持续地活下去。企业活下去的本质是企业所从事的商业活动能够获取商业价值，简单来说，就是能赚钱、有利可图。这是企业解决当下的生存问题。

其次，企业经营者如何让企业按规划、有策略地、持续地谋取更大竞争优势，获取更大的商业价值与更好地履行社会责任。这是企业解决长期发展与竞争优势的问题。因此，一定规模的企业常基于行业环境与自身优势，制定三年、五年战略规划作为企业经营纲领。但战略落地执行是一个难题。企业战略执行难主要表现在四个层面的障碍问题（见图3-2）。

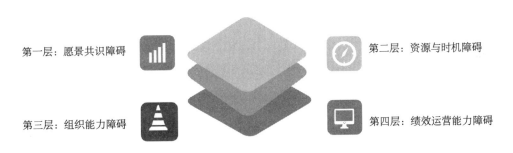

第一层：愿景共识障碍　　　　　　第二层：资源与时机障碍

第三层：组织能力障碍　　　　　　第四层：绩效运营能力障碍

图3-2 战略执行四大障碍

（一）愿景共识障碍

企业的核心团队人员对于企业的战略重点缺乏共识，未能达到"一个愿景，一个声音"。由于人与人之间思维的差异性、社会背景的差异性、需求的差异性以及认识的差异性，很难在多数人里形成一种广泛的共识，如果大家对于做什么事情缺乏共识，四处使力，甚至会出现南辕北辙的结果，我们的战略执行第一层障碍就出现了。

对于一个组织而言，战略共识的达成并不是一件很容易的事情，需要经过不断的研讨与沟通来实现。

(二) 资源与时机障碍

战略比拼的是资源，资源的持续投入是战略能够落地实现的保证。即便是对于一个蓝海市场而言，似乎市场上缺乏竞争者，但是客户消费习惯的改变仍然需要资源的持续投入。大家以前不习惯叫外卖，那么美团等领军企业就得不断投入，改变人的消费习惯。大家以前习惯乘出租车出行，那么滴滴就要不断地提供补贴让消费者习惯叫网约车而不是出租车。

因此，战略的推进是需要大量的资源投入的。而如果资源无法获得持续投入，很可能一家战略正确的企业就会倒在黎明前的黑暗中。也就是说，有的企业选对了方向、看准了大潮，但这件事却不是它能够操作的，因为它没有这么大的能量。

缺乏足够的资源就决定了有些事情是无法做成的。还有一种资源缺乏却不是由于资源少而引起的，而是由于企业在战略执行时的三心二意引起的。

有的企业由于对战略的不确定，对战略的犹豫，使企业家在战略投入时总想留一点后手，防止战略上的一败涂地。这种缩头缩尾的战略投入难以聚焦，很难在市场上形成整体优势，最终无法达到战略效果。集中优势兵力既是军事战略上的要求，也是企业战略上的要求。

(三) 组织能力障碍

财务资源是企业战略实现的重要支持，但绝对不是唯一的支持，甚至不是排在第一位的支持力量。而组织能力才是战略落地最重要的支持。一家具有强大组织能力的企业，即便在资本上与一家组织动员能力比较差的企业相差很多，仍然可以在一定程度上击败对手。

组织能力的核心是体制机制问题，即这种机制能否使企业形成一个有效的整体，奋发向上地实现企业的战略目标。而这种机制主要就是企业的激励机制或者说是奖罚机制。

企业的激励机制要识别出企业战略的核心关键资源与能力，同时利用一种机制让企业内部的员工都与这种所需求的资源能力相匹配。这就要求企业能够利用一种工具对内部员工作出准确的评估，识别出公司所需要的人才特点，并且找到他们。

组织能力通过有效的机制激发组织内部的各类潜能，形成组织核心竞争能力。这些潜能可能蕴含在人力资源中，可能蕴含在财务资源中，还可能蕴含在市场资源甚至政策资源中。只有机制才能激发出这些资源中蕴含的潜质，使其成为现实的力量。可以说，正是这种机制才是组织能力的核心。

（四）绩效运营能力障碍

在绩效运营能力方面，绩效目标与责任缺失会导致不能有效地促进战略规划与年度经营计划、财务预算、绩效管理的有效对接，无法建立"战略执行责任机制"，从而造成"战略与绩效两张皮"的现象。

从存在形式来看，战略在企业管理中属于较为虚化的部分。由于战略的非具象特征，中基层管理人员很难知道自己每天的日常工作与公司发展战略之间究竟具有什么样的具体联系。这就需要企业管理者应以一种可执行的目标计划与任务，让员工的工作与公司的战略之间建立起有效的联系，而这种联系就是组织绩效管理。

没有科学合理的组织绩效管理即是战略无法落地的具体障碍。

三、战略绩效管理如何解决战略落地的难题

战略绩效管理是帮助企业将战略目标转化为具体行动和结果的一种管理工具与方法。它通过一系列的流程和方法，明确目标、设定指标、持续沟通、激励调整、进行文化建设和系统优化等，解决了战略与执行之间的鸿沟，确保企业战略得到有效落地。

基于多年的项目实践，我们总结了战略绩效落地"运营六环"模型，确保企业战略与经营目标等得到有效执行。整个环节实施就是战略绩效管理。

（一）战略绩效落地"运营六环"模型

战略绩效落地运营最关注的是战略定位、战略解码、战略绩效目标考核分解、组织能力建设、组织绩效评估复盘、组织绩效激励六个环节，我们把它称为战略绩效落地"运营六环"模型（见图3-3）。

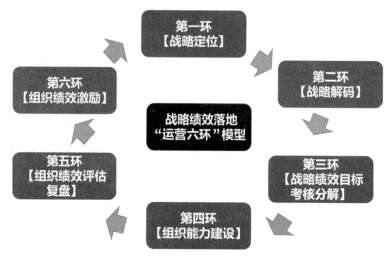

图 3-3　战略绩效落地"运营六环"模型

战略绩效落地"运营六环"模型分为三个层面。

第一个层面是战略定位与战略解码：明确组织的战略定位，厘清战略愿景、经营方向与商业模式形成战略地图的过程，解决企业组织方面是否清晰的问题。

第二个层面是战略绩效目标考核分解与组织能力建设：根据战略定位与战略地图、商业模式要求，转化为组织执行目标与策略，通过组织能力建设，解决企业组织有能力执行的问题。

第三个层面是组织绩效评估复盘与组织绩效激励：根据设定具体组织绩效目标的考核与复盘，总结评估战略绩效的达成效果，推动持续改善，并对组织团队成员进行激励，解决企业组织成员有动力持续提升改善的问题。

（二）战略绩效落地"运营六环"模型关注焦点

第一环，战略定位。基于企业愿景、使命、价值观，通过企业战略洞察与分析、商业模式分析，进行战略决策，形成战略定位。

战略定位是企业经营管理者的头等大事。战略定位关注的焦点是战略方向的选择问题，关注的是细分市场领域选择以及明确战略愿景目标。也就是主要回答"战略三问"中的"我是谁？我要去哪儿？"的问题。

战略定位是企业发展过程中的关键因素，如果选错了战场，选择了一场打不赢的战争，那么再怎么努力也很难取得胜利，也会使优秀员工的才能无从发挥。

第二环，战略解码。战略解码是将组织长期战略定位及愿景目标，转化为核心成员的共识与分解转化为组织年度经营绩效目标的过程。这个过程涉及对战略目标年度分解、组织执行的关键策略与行动，以确保组织战略的有效实施和达成。战略解码关注的是企业战略愿景执行共识、组织战略能力执行的问题。

组织在解码过程中，应不断研讨组织的战略路径地图即目标路径选择、完成目标的逻辑。要明确基于企业的核心业务技术能力、机制、人才等要素，需要突破哪些障碍，实施哪些关键策略与任务工程。同时，要让组织的长期战略目标转化为年度企业经营绩效目标，这是组织绩效考核分解的前提。

第三环，战略绩效目标考核分解。这是把企业年度经营目标通过绩效分解的方式转化给各级团队年度经营目标考核的过程，是明确各层级组织的目标考核内容与落实到团队负责人的过程。战略绩效目标考核分解是一个双向沟通的过程，通过组织研讨，最终由上级组织分解落实到下级组织。战略绩效目标考核分解关注各级组织的年度经营考核目标与方法确定的问题，需要基于现有组织机构的层级、定位、经营管理重点方向、人员配置、历史经营管理情况进行合理的分解，最终确定战略绩效目标考核的方法与内容。

第四环，组织能力建设。组织能力建设是通过绩效目标驱动关键因素分析，对组织职能的重组与优化。组织核心业务流程梳理与优化、组织绩效文化塑造、组织人才的盘点优化配置、组织人才队伍培养提升等组织能力建设为战略绩效执行奠定坚实的基础。组织能力建设解决的是各级组织如何更好地协同完成组织绩效目标，关注的是为更好地完成战略绩效目标，当前最需要提升的是哪方面的组织能力，目标测试与资源是什么以及如何落实到年度重点工作任务中。

通过组织能力建设，可以评估团队建设和管理的水平与提升改善方向，促进业务拓展、专业技术发展等。组织能力的建设与完善就是不断完成战略绩效的过程。

第五环，组织绩效评估复盘。这是通过约定的考核标准评估组织绩效执行的情况，同时通过复盘总结经验与教训，启发思考创新解决问题。组织绩效评估复盘关注的组织绩效水平现状与达成目标的情况、组织绩效经验总结与组织绩效改善、组织团队的知识管理等内容。

第六环，组织绩效激励。一切经营活动最终落实到组织人员的执行，组织人员的驱动力是实现战略绩效的重要保障。组织绩效激励有效激发组织活力与潜力，解决的是组织的能动性与员工对组织的认同度的问题。组织绩效激励关注团队的物质激励与精神激励是否合理、公平、有效的问题。这也是最能衡量企业管理者的领导与管理水平的问题。

组织绩效激励在企业实践中需要结合企业的资源、企业的以往激励模式，不断共创优化形成组织当前需要的组织绩效激励模式。无论何种激励模式，最终都需要结合组织员工的实际进行激励管理。

以上就是让战略绩效落地"运营六环"模型的六个环节，它们将绩效管理与企业战略紧密结合，帮助企业更好地实现其战略目标。

（三）战略绩效落地项目情景案例：某能源科技公司的绩效管理转型实践

1. 项目背景

某能源科技公司（以下称 XN 科技公司）作为一家专注于新能源技术研发与应用的高科技企业，正处在行业快速发展的风口浪尖。面对新能源市场的激烈竞争、技术迭代加速以及内部管理复杂度提升，该公司重新明确定位，作出 3~5 年成为"新能源利用与储能技术领域的高精尖企业"的战略规划。同时，公司领导层意识到，传统的绩效管理模式已难以适应公司快速创新与规模化发展的需求，尤其是在技术研发效率、市场快速响应以及成本控制、组织执行、员工激励方面。

XN 科技公司现行绩效考核体系暴露出诸多不足，如指标设置过于笼统、缺乏与公司长远战略的紧密对接以及绩效激励机制不够灵活和透明。为此，XN 科技公司决定借鉴行业内外的前沿管理实践，全面革新绩效管理体系，以促进资源高效配置、加速技术创新、提升市场竞争力。其启动了"战略绩效管理"落地项目，希望通过项目管理推动、培训、沟通策略等手段，帮助企业克服阻力，确保战略落地。

2. 问题诊断与策略制定

（1）问题识别。通过内部调研发现，绩效管理问题主要在于战略对齐不足、技术创新乏力、员工激励缺失以及考核机制的僵化。例如，绩效奖金分配规则不够透明，导致员工对绩效管理的公平性产生怀疑。

（2）策略规划。借鉴特斯拉在电动汽车领域的创新策略，XN 科技公司采用战略绩效落地"运营六环"模型，结合新能源行业的特殊性，制定一套更为精准、灵活和具有前瞻性的战略绩效管理体系，让企业的战略绩效管理成为战略目标"新能源利用与储能技术领域的高精尖企业"的落地管理与统一经营层认知、提升组织执行力效率的方法。

3. 改革措施与实施

（1）战略定位与目标设定。明确公司定位为新能源解决方案的创新领导者，聚焦于提高光电转化效率、优化储能技术、降低成本、拓展应用场景等核心战略目标，将之转化为具体可量化的 OKR 指标，确保每个层级的绩效目标与公司战略紧密对齐。

（2）战略解码与指标优化。通过战略研讨会，将战略目标细化为研发效率提升、市场占有率增长、成本控制等关键策略，并设计出包含技术突破次数、专利申请量、客户满意度等在内的绩效指标体系。

（3）绩效目标分解与执行。采用敏捷绩效管理方法，将年度目标分解至季度、月度，确保快速响应市场和技术变化，同时引入项目制管理，强化跨部门协作，提升运营效率。

（4）组织能力建设与优化。重点提升技术研发能力、市场洞察能力和成本控制能力，通过建立研发创新中心、市场情报系统和精益生产流程，加速技术商业化进程，优化成本结构。

（5）绩效评估与复盘机制。建立动态绩效跟踪系统，结合月度回顾、季度评估和年度复盘，及时调整策略；引入数据驱动的决策支持系统，确保绩效评价的准确性和公平性。

（6）多元化激励机制创新。除了传统的薪资与奖金外，引入期权激励、技术创新奖、绿色绩效奖等，激励员工在技术创新、新能源研发保护方面的贡献，同时设立学习基金，支持员工参加国际会议、专业培训，促进个人与组织能力的共同提升。

4. 实施效果与反馈

改革措施实施半年后，XN 科技公司在技术创新、市场占有率、成本控制等方面取得了显著成效，技术专利申请量大幅增长，产品开发周期缩短，市场反应速度加快，成本控制效率提升、客户服务效率、满意度同步上升；公司业绩显著提升，销售收入增长率超过原定的 25% 目标；员工认同新的绩效管理体系，认为其更加公平透明、激励性更强，团队协作精神和创新氛围显著增强；公司的组织能力、职能管理、流程制度得到系统优化和提升。

通过精准对接新能源高科技企业特点的绩效管理转型，XN 科技公司成功打造了一套高效、灵活、激励性强的战略绩效管理体系，通过战略绩效落地"运营六环"模型的系统化思考与执行，不仅有效解决了原有问题，还极大提升了公司的战略执行效率和市场竞争力。两年后，企业进入当地城市的高精尖企业名列。

第二节　企业战略定位与战略解码

管理大师明茨伯格从五个不同角度对战略给出了定义，即战略是计划、计谋、模式、定位和观念。战略是计划，是有意识的、正式的、有预计的行动程序，计划在先，行动在后；战略是计谋，是威胁和战胜竞争者的计谋和谋略；战略是模式，是企业已经做什么和正在做什么；战略是定位，是企业在市场环境中找到一个有利于生存与发展的"位置"；战略是观念，是深藏于企业内部、企业主要领导者头脑中的感知世界的方式。这些均反映了不同企业的战略形态。

在现实中我们发现企业战略制定的环境有高度的不确定性，企业做的3~5年战略计划往往在实施的时候变得面目全非，战略环境不确定性给企业战略制定带来了挑战。同时，战略的计谋、观念难以描述，让战略缺乏对未来变化的判断。

战略定位这个论述关注的是企业在现在与未来的存在价值，可以说是企业为哪些客户提供什么样的产品和服务，提供什么样的价值，也就是说，明确企业做什么和不做什么的问题。战略定位的观念让我们确定了什么是"正确的事"。这也很考验我们的企业家与经营决策者。

一、如何战略定位

企业战略定位以波特在 1980 年和 1985 年分别出版的两部著作——《竞争战略》和《竞争优势》为代表，其思想集中反映在其提出的"五种竞争力量"分析模型中。他认为企业可以在行业和市场中通过隔离机制来获取独特的竞争地位，一旦企业占据了这样的位置，就能取得竞争优势和更高的利润。在这样的思想主导下，波士顿咨询公司的竞争地位—市场潜力模型、麦肯锡公司的 SWOTD 模型等被广泛应用。

战略定位强调战略应能使组织在一定环境中正确确定自己的位置，从而使产品开发、顾客选择、市场策略等各项企业行为在正确的定位之下进行。这种意义上的战略成为企业与环境之间的纽带，使企业的外部环境和内部环境更加融洽。

企业战略中最应该明确企业总体战略定位，即明确企业的整体发展方向与业务范围，应该选择什么业务，进入哪些业务领域，满足客户／消费者、股东、员工的需要与期望，从而获得更高的市场份额和品牌忠诚度。而作为企业的战略定位，需要在战略洞察与分析、商务模式分析、战略决策三个环节作具体分析。

（一）战略洞察与分析

企业需要制定完善的发展战略来指导未来的发展方向。只有对企业环境与经营现状进行洞察与分析，制定准确的战略，企业才能持续地发展下去。企业战略分析要对企业经营的宏观环境、产业政策、服务对象与市场竞争等进行分析，也要对自己的资源与能力进行分析，更主要的是明确愿景目标或标杆进行差距分析。在这些方面可以使用成熟的战略分析工具开展分析，通过战略洞察分析，洞悉企业模式，为战略决策提供依据。常用的三个工具是 PEST 分析模型、SWOT 分析模型、波特五力分析模型。

1.PEST 分析模型

PEST 分析是研究企业外部宏观环境的一种分析方法，分析内容包括影响一切行业和企业的各种宏观力量，其分析模型如图 3-4 所示。

PEST分析　　　　　　　　　　**适应场景：宏观环境分析**

Political(政治)
指一个国家或地区的政治制度、体制、方针政策、法律法规等

Economic(经济)
指企业制定战略中需要考虑的国内外经济条件、宏观经济政策、经济发展水平等

Social（社会）
指组织所在社会成员中的民族特征、文化传统、价值观念、宗教信仰、教育水平、风俗习惯等

Technology（科技）
指不仅包括新发明，而且包括与企业市场有关的新技术、新工艺、新材料的出现和发展趋势以及应用

图 3-4　PEST 分析模型

2.SWOT 分析模型

来自麦肯锡咨询公司的 SWOT 分析模型（见图 3-5），包括分析企业的优势（Strengths）、劣势（Weaknesses）、机会（Opportunities）和威胁（Threats）。因此，SWOT 分析实际上是对企业内外部条件各方面内容进行综合和概括，进而分析组

织的优劣势、面临的机会和威胁的一种分析方法。

通过 SWOT 分析，可以帮助企业把资源和行动聚集在自己的强项和有最多机会的地方。

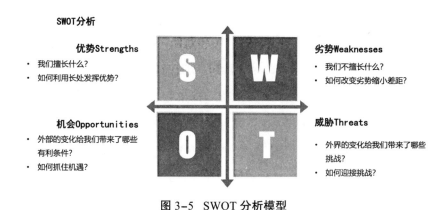

图 3-5　SWOT 分析模型

3. 波特五力分析模型

波特五力分析模型（见图 3-6）是企业制定竞争战略时经常利用的战略分析工具。其可以帮助企业了解所在行业的竞争情况，从而制定相应的战略来应对市场竞争，如选择目标市场、确定差异化战略、选择合适的定价策略等。

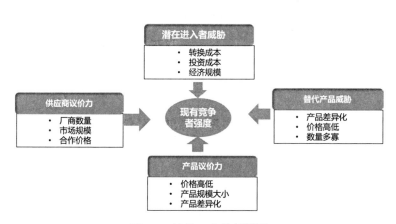

图 3-6　波特五力分析模型

（二）商业模式分析

商业模式分析是从生态系统的角度出发，研究和设计从事业务活动的各利益相关方的交易结构，从而达到聚焦企业价值最大化的目标。商业模式分析有助于战略绩效目标的达成。

商业模式的分析要了解商业是什么，它的发展变化是什么，不同历史时期商业模式的特点是什么，是什么促进商业模式的创新变迁。同一个行业可以有很多很不一样的商业模式，同一个商业模式也可以用于不同的行业。商业是把采购来或生产出的价值提供给他人，以换取同等的价值。这些要素的组合就是商业模式。商业模式不是各个构成要素的简单集合，而是由一组相互关联的要素组成并且旨在实现统一目标的完整的商业模式体系，一般包括定位、业务系统、关键资源能力、盈利模式和企业价值等方面，这些要素相互影响，构成了有机的商业模式结构。

商业模式是企业运行的底层逻辑和商业基础。商业模式的本质是企业创造价值、传递价值和获取价值的商业形式，体现在商业交易结构中。结构决定效率，通过交易结构的重构，对在不同的交易主体之间进行的交易进行重新安排，可以实现多样化的商业模式创新。

商业模式回答了"组织如何持续地获取竞争优势"和"组织如何进行革新"两个关键问题。因此，商业模式的分析与要素重组优化创新是为企业获得竞争优势的重要手段。亚历山大·奥斯特瓦德、伊夫·皮尼厄在他们的著作《商业模式新生代》中提出了商业九要素模型。该模型包括价值主张、客户细分、渠道通路、客户关系、重要伙伴、关键业务等要素，给我们指引了分析商业模式的方法。

对商业模式的选择与分析，我们可以通过商业模型分析系统框架来实现（见图3-7）。

1. 价值主张

这是企业经营管理者在商业分析中思考的问题，是公司希望通过自己的产品和服务向消费者提供的价值。价值主张回答了公司对消费者的实际意义和存在的理由。实际上，使命就是企业的价值主张，愿景是企业发展的长期目标，价值观是企业的商业行为及道德准则。

2. 目标市场

这是企业思考目标客户、市场定位、客户关系管理的问题。细分目标客户是公司选择要瞄准的消费者群体。了解这些群体具有什么样的共性，使企业能够针对这些共性创造价值服务客户。市场定位可确定市场与分销策略，明确企业与消

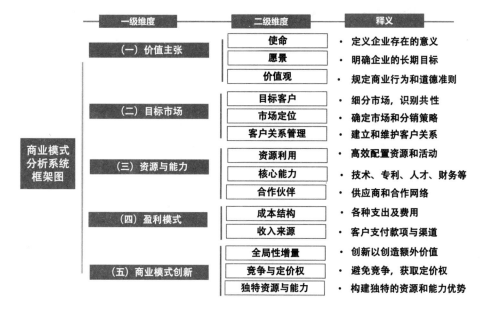

图 3-7 商业模式分析系统框架图

费者接触的各种途径，从而精准开拓市场接近客户。客户关系则是公司与消费者群体之间建立的联系，应像维护朋友关系一样，进行客户关系管理。

3. 资源与能力

企业需要考虑如何高效地利用手中的资源，生产出客户需要的产品或服务。这部分即企业的供应链、技术开发和生产环节。资源利用就是企业如何高效率地配置手中的资源和活动，即如何花钱，把钱花在什么地方。核心能力就是企业运行自己的商业模式需要的各种能力和资格，如技术、专利、商业秘密、人才、财务等。合作伙伴就是供应商及各种合作关系网络，即供应链系统。

4. 盈利模式

企业创造价值，必须获得盈利的回报，才能够持续生存。从财务方面考察，企业的收入高于成本支出就会产生利润。企业的成本结构就是各种支出及费用的开支与比例。收入来源就是客户支付给企业的款项，这部分也叫作盈利模式，盈利模式是商业模式的其中一部分。

5. 商业模式创新

润米咨询创始人刘润对商业模式有独到的见解：如果你想作商业模式创新，必须找到一种东西叫"全局性增量"。一个优秀的商业模式和一个传统的商业模式的最大差别就在于有没有创造全局性增量。从财务上来看，这叫作利润，但是从商业上来看，这不叫作利润，叫作红利。所谓红利，就是短暂的供需失衡。一个企业想要长久经营下去，红利是靠不住的。只有拥有定价权，只有高于社会平均利润，企业挣的才能叫作利润。研究商业模式，核心就是研究如何守住利润。高利润一般来自没有竞争的地方。所以，企业必须创造一个没有竞争的场域，才会有很好利润。保证自己没有竞争的唯一办法，就是让自己手上拥有一种独特的资源和能力。资源和能力是有差别的，只有资源才能带来能力，没有任何一种能力不建立在资源之上。

（三）战略决策

战略就是选择，这个选择能帮你更快、更好地达成目的，用通俗的语言表达，就是解决企业"去哪里"的问题，要明确"为谁、在哪里、提供什么样的产品或服务、自己如何赚钱"。围绕战略规划与目标，企业需要对具体产品、区域、客户、商业模式等进行聚焦和取舍。

同时，我们要思考为什么"我能赢，而且能持续赢"，即要解决"如何去"的问题。围绕战略规划，企业要明确打造的核心竞争力或者说护城河是什么。

首先，战略决策者需要思考三个战略决策的要素。

一是如何形成差异化或者取得优势。一般来说，这要看资源禀赋，即你的企业擅长什么，如何有效发挥企业的资源优势。

二是如何权衡利弊，坚信你是最优的选择。此即思考你决策的逻辑。

三是如何衡量企业战略选择方向的成功。此即考虑能够衡量你的战略决策成功与否的指标。

其次，战略决策者需要持续保持战略决策方向整体正确。

知名产品人梁宁曾经提到，战略决策的好坏 = 决策模型 × 信息环境。战略决策者会对一个领域的商业发展方向有自己的一套思考模型，这套思考模型再加上其掌握的信息环境，就成就了一个个投资决策。战略决策能力考量战略决策者的头等能力与素养。

最后，一个好的战略决策，需要做澄清，形成高管共识与凝聚团队士气。

战略澄清是指对组织战略的明确和清晰化的过程，其通过对战略目标和实施路径的讨论和分析，消除战略模糊和不确定性，提高战略的执行效果和效率，包括战略意图和目标的澄清与战略路径和策略的澄清。企业通过战略澄清能解决企业战略定位模糊问题，厘清发展方向；明确企业主要战场的构建、战略控制点的明确、战略成长阶梯的规划。

二、如何进行战略解码

对于战略这样一个抽象的东西，我们需要把它翻译成团队和员工能够理解的语言，即要将战略自上而下，层层分解，变成员工看得见、摸得着的绩效指标。这样，各团队、员工才能保证明确方向，步调一致，力往一处使，最终实现公司战略目标。战略解码指的就是通过可视化的方式，将企业的战略转化为全体员工可理解、可执行的行为的过程。战略解码的结果通常形成战略地图。

战略地图是一个企业用来明确公司的使命、愿景和目标以及组织内部的流程和活动的一种方法。在平衡计分卡的思想上将组织战略在财务、客户、内部运营和学习成长四个层面展开，在不同的层面确定组织战略达成所必备的关键驱动因素，我们往往称之为战略重点或者战略主题。在明确战略重点或主题的同时，建立各个重点或主题之间的必然联系，形成相互支撑关系，从而明确战略目标达成的因果关系，将其绘制成一战略简图，我们称之为战略地图。

战略地图的构成文件主要是"图、表"。所谓"图、表"是指"战略地图"与"战略绩效目标表"。一张图表将战略定位与战略目标清晰地展现出来。通过制定战略地图与战略，内部管理人员可以更好地了解企业的使命、愿景和目标。通过战略绩效目标表，让战略的结果，成为可以可衡量的、可达到的目标，帮助企业实现其愿景和战略，提高企业的整体效率和绩效。

（一）企业为什么要做战略地图

战略地图是对企业愿景的描述，是对企业经营成果的总结，通过这个图能清晰地看到企业的经营成果、达成路径以及达成结果。

战略地图是战略制定和执行的路线图，通过战略地图可以发现战略执行的关键路径，可以看出其中的关键驱动因素，也可以发现其中存在的问题和风险，便于及时调整战略方向。

企业实施战略地图的主要原因如下。

（1）很清晰地看到企业未来3~5年的发展方向以及达成的路径。

（2）可以找到企业内部的关键资源和能力，并明确自身需要提升的能力以及资源等。

（3）可以了解到公司内部哪些是优势，哪些是风险。

（4）可以很好地了解企业内外部环境变化，为企业制定发展策略提供依据。

（5）可以对企业内部所有关键绩效指标进行梳理，有效地将企业内部和外部相关部门联系起来，帮助企业实现整体目标。

（二）战略地图如何绘制

战略地图是一种用于描绘企业战略目标完成的逻辑，并以战略目标执行为核心的重要绩效管理工具，可以清晰地反映战略实现的逻辑。

战略地图是实现战略制定者与执行者有效沟通的载体，是以平衡计分卡的四个层面（财务、客户、内部运营、学习成长）目标为核心，通过分析这四个层面目标的相互关系而绘制的企业战略因果关系图（见图3-8）。

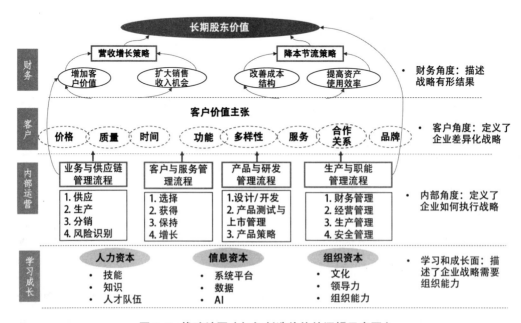

图3-8 战略地图（如何创造价值的逻辑示意图）

战略地图的核心内容包括企业通过运用人力资本、信息资本和组织资本等无形资产（学习成长），建立战略优势和效率（内部运营），进而使公司把特定价值带给市场（客户），从而实现股东价值（财务）。

在战略地图上，需要定义成果，并且是在"赢"的逻辑上的成果，而不是任务。成果能够定义出来，战略地图的表达才可能是对的。只要"赢"的逻辑没变，一般来说战略地图就不用变。这个成果我们一般用衡量关键成功因素的核心结果指标来确定。

****

案例

美国西南航空公司战略解码

美国西南航空公司实施的是成本领先战略。其以成本控制为关键点，通过战略和战术的协调，在航空业中站稳脚跟并处于领先地位。从其战略地图（见图3-9），可以清晰地看到其是如何实现低成本战略。

战略"赢"的逻辑		关键成功因素	关键结果
财务	提升获利能力 增加客户　降低成本	· 获利能力 · 增加客户 · 降低成本	· 市场价值 · 座位收入 · 飞机租赁成本
客户	低价　准时	· 准时 · 低价格	· 美国联邦航空局（FAA）航班准点率排名 · 客户排名（市场调查）
内部运营	减少飞机地面停留时间	· 快速的地面周转	· 地面停留时间 · 按时离港率
学习成长	地勤人员培训与激励	· 地勤人员培训与激励	· 地勤人员培训率 · 地勤人员股票持有率

图3-9　美国西南航空公司战略解码

首先，美国西南航空公司通过集中采购、长期租赁等方式降低成本，同时精简机构、减少管理层级，提高运营效率。其次，采用低成本、低价格的营销策略，通过提供高性价比的服务吸引更多乘客。最后，注重提高服务质量，通过培训和激励措施让员工提供优质服务，提高客户满意度。

通过这些措施，美国西南航空公司实现了低成本、高效率、优质服务的良好经营模式，取得了巨大的成功。

****

（三）如何将战略地图解码为组织经营管理目标

将战略地图解码成具体可执行的目标与行动策略，一般采用"战略解码表"。表3-1给出了某企业的战略解码表示例。

表 3-1 某企业的战略解码示例

维度	战略主题目标	核心衡量指标	年目标值	关键策略任务
财务	F1：保持高于行业水平的销售收入增长	销售收入增长率	25%	营收增长项目
	F2：控制成本费用率低于行业水平	成本费用比率	40%	成本费用降低项目
客户	C1：提高国际市场销售比重，提升国内市场占有率			
	C1.1：提升国际市场销售占比	国际市场销售收入占比	40%	国外市场拓展项目
	C1.2：拓宽产品线，提高重点产品销售比重	重点产品销售收入占比	60%	重点产品收入提升项目
	C2：强化对渠道客户的合作与管控			
	C2.1：保持与渠道客户的良好关系	渠道客户份额占比	40%	渠道份额提升项目
内部运营	I1：产品与技术创新			
	I1.1：高效的研发与工艺技术创新	技术研发计划达成率	100%	技术研发项目
		重大工艺与质量改进率	100%	工艺与质量改进项目
	I1.2：产品标准的完善与制定	产品标准制定达成率	100%	产品标准修订项目
	I2：卓越生产运营			
	I2.1：提升生产训练效率	流程制度优化率	80%	流程与制度优化项目
	I2.2：质量管理体系	产品质量改善率	100%	6S体系建设项目
学习成长	L1：提升人力资源管理水平	人均产值（万元／人）	350	关键岗位人才培养项目
	L2：实施信息化战略，提高内部运行效率	信息化评价指数	80%	信息化建设项目
	L3：推动企业文化的认知与认同度	企业文化认知度	95%	企业文化重塑项目

将战略地图转化为可执行的经营管理目标，帮助经营管理者把公司战略转化为具体行动，有三个关键步骤。

第一步，将战略地图的关键成功因素转化为具体的战略主题目标。

首先，基于战略分析的结果，确定对企业成功至关重要的因素；其次，基于财务、客户、内部运营、学习成长四个维度，将关键成功因素转化为具体的战略目标。

示例："创新驱动增长"主题目标

• KPI1：新产品上市成功率，定义为一年内成功推向市场的创新产品占总开发产品的比例。

• KPI2：研发投资回报率，定义为研发投入与新产品的市场收益之比。

第二步，将基于主题目标的关键成果转化为可衡量的关键指标，并分析确定可衡量的目标值与考核方法。

示例："创新驱动增长"关键指标

• 新产品上市成功率：目标值设为70%。

• 研发投资回报率：目标值设为20%。

以上定量指标：直接采用数据统计和财务报表，采用目标考核法。

第三步，将基于战略主题的目标与核心指标，转化为可执行的关键策略和具体任务与项目。

制定实现这些目标与指标的具体策略。策略应具有针对性、可行性和创新性，旨在解决实现目标与指标的关键障碍或利用潜在机遇。

示例："创新驱动增长"策略

• 策略1：建立跨部门创新小组，加速产品开发周期，明确年度具体创新项目。

• 策略2：实施开放式创新平台，鼓励外部合作与创意输入，明确年度具体的外部合作项目。

第三节　战略绩效目标分解与组织能力建设

战略解码后，我们需要考虑如何进行"排兵布阵"与"目标分解"以及盘点组织能力与实施能力建设，让组织更有能力执行战略。

一、战略绩效目标如何考核分解

战略绩效目标分解，就是围绕战略绩效目标确定本公司的年度目标，同时确定为了达成年度目标需要做的重要事项，并落实下属单位组织执行。

（一）战略绩效目标分解要点

首先，考虑纵向自上而下分解。公司战略目标自上而下垂直分解到各下属责任部门，并体现部门主管的直接责任，保证绩效目标承接的垂直一致性。

其次，考虑战略目标达成的协同性，确保对业务流程的支撑。以公司端到端业务流程为基础，建立起部门间的连带责任和协作关系保证横向一致性。

再次，指标选取应考虑均衡性。指标选取可结合平衡计分卡的四个维度，也可以考虑发展与改善度、经营目标与管理目标等指标的平衡性。

最后，考虑战略目标的实施责任团队。需要通过绩效目标责任书或合约的方式，明确战略目标达成的责任性，落实到责任人。

（二）战略绩效目标分解方法

战略目标的分解离不开相关性、重要性、可控性三个核心因素，最终还要结合目标与指标类型进行有效分解。常见的指标分解方法有三种（见图3-10）。

图3-10　常见的绩效指标分解法

1.直接分解法

直接分解法是公司的年度经营管理目标与评价指标通过高层—中层—基层进

行组织分解，最终明确执行单位的年度具体经营管理考核指标与目标值以及年度具体重点目标任务（见图3–11）。

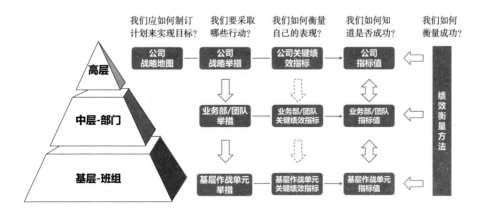

图3–11 年度经营目标分解图

战略目标的分解需要研讨明确各层组织年度具体的工作目标，简单来说，就是要回答各层组织"做什么""做到什么程度""如何做"。

举个例子：今年公司的总体战略是高速增长，总体目标是增长30%。

首先，要明确指标的定义与目标值。明确增长30%是收入、利润、现金流、用户量、合同额，还是特定市场的增长？通过理性的分析来验证目标的合理性，并使公司上下达成一致。思考目标做到什么程度是卓越，什么程度是优秀，什么程度是可以接受的底线？

其次，思考目标达成的具体策略与关键措施。思考增长30%究竟应该从哪些方向上可以获得，是扩展渠道，还是开发新品，抑或是兼并收购新业务？这些方向上当前的现状是怎样的，存在哪些机会？哪个方向应该是决定今年总体目标的关键战役？在这个环节上，可能存在大量的讨论和不同意见。我们需要注意的是，首先不要否定各种意见，应该鼓励大家敢于突破、敢于创新，找到可能的突破点；其次通过几场讨论会，将公司上下的思想聚焦到少数的几个方向上来。

2. 转化分解法

转化分解的方法有很多种，常用的有"价值树模型"法。用价值树模型进行指标分解的核心思路是构建战略主题之间的价值模型关系。组织层面的绩效指标需要形成一个相互联系的指标网络，网络中的指标之间存在某种"因果"关系，而组织的战略则通过这个网络得到了有效诠释（见图 3-12）。

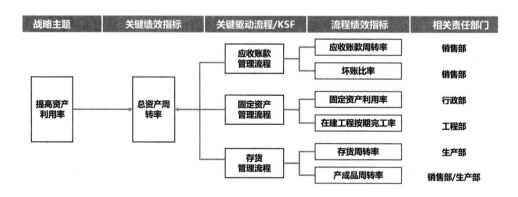

图 3-12　指标分解示意图

公司层面的战略主题"提高资产利用率"的核心指标"总资产周转率"，经分解后到各部门转化为更符合部门可控的其他关键绩效指标。

3. 关联分解法

关联分解法是指公司的年度经营管理目标与指标基于业务与管理支撑流程的角度，考虑组织协调性，依据目标达成的负责部门与协同部门的担当责任的重要程度进行考核指标占比的一种分解方法。本方法通过指标与关键任务的关联性分解，确保组织的协同性与组织绩效考核的公平性。

在实际工作中可以将指标分为重点指标、一般指标、共性指标三种。其中重点指标是指公司领导明确下达主抓的重点工作或承担主要责任的业绩指标；一般指标是指承担次要责任的业绩指标，起到协同完成作用；共性指标是指所有部门共同承担的业绩指标。指标的分类有助于区分业务与关联指标的责任归属。

例如：某电网基层供电所年度经营管理指标通过关联分解性分解落实到各班组，重新赋予各班组年度考核指标。依据指标与工作职责的关联性，该所划分了主要责任、次要责任、协同责任，分别赋予每个指标 3 分、2 分、1 分后，重新修正各班组考核指标的权重（见表 3-2）。

表 3-2 指标关联分解示例

指标类别	指标名称	供电所年度经营考核指标权重占比（%）	外勤 1 班（重要性：分值）	外勤 1 班年度经营考核指标权重占比（%）	外勤 2 班（重要性：分值）	外勤 2 班年度经营考核指标权重占比（%）
生产指标	停电检修作业计划执行率	10	3	11.8	3	10.7
效益指标	电费回收率	10	3	11.8	2	7.1
	售电均价	15	2	11.8	3	16.1
运营指标	综合线损率	10	3	11.8	2	7.1
	台区日均同期线损率	15	3	17.6	3	16.1
	台区月度同期线损率	10	3	11.8	3	10.7
	10 千伏月度同期线损率	10	2	7.8	3	10.7
安全指标	10 千伏线路跳闸次数同比下降率	20	2	15.7	3	21.4
合 计		100	21	100.0	22	100.0

总之，无论何种分解方法，应做到使公司的战略目标在各级组织和员工中上下沟通、达成共识、层层分解和传递。更重要的是，通过充分沟通，达到团队在横向层面上的分工协作、纵向层面上的支撑服务，均衡地推动整个团队绩效的进展，避免因个别组织过于优秀或过于落后导致公司整体作业失衡而引致协同失效。

二、组织能力建设

组织能力是企业员工与组织业务生态系统的一种整体战斗力，是组织活力、创造高绩效的能力以及为客户创造独特价值的核心能力，体现为企业组织战略的执行力与市场竞争力。

组织能力建设有助于组织生命力的维持、竞争优势的塑造、自我绩效短板的改善与超越和盈利能力的提升。组织能力不是个人能力，而是一个团队所发挥的整体战斗力，是一个团队（或组织）竞争力的 DNA，是一个团队在某些方面能够明显超越竞争对手、为客户创造价值的能力。

（一）组织能力建设的重点

组织能力建设是一项系统工程，旨在提升组织的战略执行能力，实现企业长期发展目标。组织能力体现为组织充满活力和效能、运行效率高、人均效能高、组织内部信息沟通流畅和人才价值创造的交易成本低等。具体来看，组织能力建设表现在八个重点方向。

1. 战略导向与目标设定

组织能力应与组织的长远目标和战略紧密相连，确保所有活动都朝着共同的方向努力。需要设定可量化、可达成的短期与长期目标，形成清晰的路线图。这是能力建设的首要问题。

2. 组织结构与治理优化

一个科学、高效、合理分工的组织体系是提高行动效率和效果的重要保证。优化组织架构，包括权责明确、流程优化和信息流通，确保组织决策高效和沟通渠道顺畅，减少内耗。建立健全内部管理制度，包括绩效管理、财务管理、人力资源管理等，确保组织运行规范有序。尤其是应注重针对企业员工的激励机制建设，这是解决员工治理的关键问题。

3. 人才发展与团队建设

组织能力的提升需要依靠人才，特别是关键岗位上的专业人才，应构建员工任职能力体系，通过培训、发展计划、职业路径规划等提升员工技能和职业素养。要强化团队合作，培养跨部门协作能力，建立高绩效团队。这主要是解决员工是否有能力执行的问题。

4. 创新与学习能力

鼓励创新思维，尝试与实施建立支持新想法的机制，如建设创新实验室、失败容忍文化等。建立学习型组织，持续引进新知识、新技术，鼓励员工学习与分享，保持组织的适应性和竞争力。这主要体现组织竞争力的重要内容。

5. 流程优化与数字化建设

通过流程标准化与优化，消除浪费，提高效率。推动数字化转型，利用信息技术提高管理效率。这是提高组织效率的重要手段。

6. 风险管理与合规

建立健全风险管理体系，识别、评估、监控并控制各类风险。确保组织行为符合法律法规要求，维护企业声誉。这是确保组织的稳定性与健康发展。

7. 文化与价值观塑造

塑造积极向上的企业文化，强化组织的核心价值观，提高员工的归属感和忠诚度。引导员工的行为模式，形成良好的工作纪律与行为准则。构建企业的荣誉管理、多媒体宣传平台等，营造开放、包容的工作氛围，鼓励沟通与反馈，形成良好的组织生态。这是构建组织精神文明，凝聚组织的战斗力。

8. 供应链与合作伙伴关系管理

强化供应链管理，确保资源的高效整合与利用。建立稳定的合作伙伴网络，共同提升供应链的响应速度和灵活性。这是构建企业的整合资源与业务能力。

综上所述，组织能力建设的重点在于构建一个既稳固又灵活的体系，该体系能够适应外部环境的变化，同时内部能够持续学习、创新，确保组织在竞争中保持领先地位。

（二）组织能力建设如何通过组织绩效管理有效执行

组织能力建设需要纳入战略绩效管理系统，才能确保落到实处，发挥实际效果。组织能力建设的"内容与成效"是以组织绩效"目标设定"与"组织考评"的形式落实到组织绩效管理工作中的。

我们通盘考虑组织绩效达成的关键成功因素，需要设定组织能力建设指标与目标设定、达成组织能力建设的关键举措与任务，通过绩效管理的运营确保组织能力建设目标的达成，从而确保企业战略执行到位。可以看出，组织能力建设是确保组织绩效达成的重要手段。

组织能力建设与组织绩效管理的关系如图3-13所示。

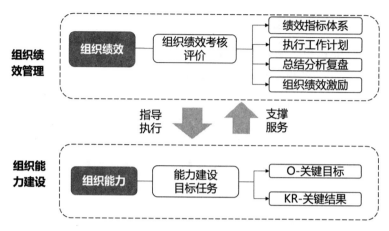

图 3-13　组织能力建设与组织绩效管理关系图

首先，我们需要明确哪些能力建设项目纳入组织绩效目标计划。

• 组织能力现状如何、短板优势是什么？

• 组织能力建设的重点内容是什么？

• 组织能力建设项目是否与企业战略方向一致？

• 当年度能力建设的关键目标是什么？

• 当年度能力建设目标的关键项目是什么？

• 当年度能力建设目标的关键结果是什么？

其次，组织能力建设成效需要通过组织绩效评价检验与优化调整。

组织绩效评价是衡量组织目标实现程度、检测组织能力提升效果的重要工具。通过绩效评价，识别组织能力上的强项和弱项，深入分析造成差距的原因。通过问题分析，制定具体的优化措施和调整策略，确保组织能力建设有助于企业战略绩效目标的达成。

总之，组织绩效管理是组织能力建设落地的关键与保证。

第四节 组织绩效评估考核、复盘与激励

组织绩效评估考核、复盘与激励是战略绩效执行落地的关键一环，也是评估组织运营成效、总结组织绩效经验、激励团队、激活组织活力的重要工作。

一、组织绩效评估考核

组织绩效评估考核是对组织价值创造的结果进行客观评价的过程，通过对组织价值创造过程的客观评价与分析，评价一个团队的价值创造与贡献。对各团队在一定时期内的工作成果、效率、能力等方面进行的全面、客观、公正的评价，不仅有助于了解战略绩效执行的效果，还为组织的改进和发展提供有力的依据。对评估的目的、方法、操作流程等进行管控，有助于保证组织绩效评估的客观、公正。

（一）组织绩效评估考核的基本理念

1. 明确评估考核的目的和原则

评估考核的目的包括了解组织的运营状况、识别组织的优势和不足、为组织的改进和发展提供依据等。评估考核的原则是确保评估考核的公正性、客观性、全面性和可操作性。

2. 评估考核数据收集与监控

在确定了评估考核指标、标准和方法后，就可以开始实施评估考核并收集相关数据。数据收集过程中应确保数据的真实性、完整性和准确性，以避免评估考核结果失真。同时，应关注数据的时效性和可比性，以便更好地反映组织的运营状况。绩效评估考核不是一次性的活动，而应是一个持续的过程。在实施改进计划的过程中，应定期监控和评估组织的运营状况，以确保改进措施的有效实施和组织的持续发展。应根据组织的发展和市场环境的变化，适时调整评估考核指标、标准和方法，以确保评估考核结果的准确性和可靠性。

3. 组织绩效改善

在完成数据收集后，应对评估考核结果进行深入分析，识别组织的优势和不

足。在此基础上，制订具有针对性的改进计划，明确改进措施、责任人和时间节点。改进计划应关注组织的长期发展，确保改进措施的有效性和可持续性。

4. 组织绩效结果

组织绩效评估考核结果一般采用分类排名的模式，团队成员的绩效等级比例与组织绩效考核等级挂钩，建立联动机制，在优秀级和良好级单位或部门中，对应的优秀级员工数量比例数偏多。

（二）组织绩效评估考核方法

组织绩效评估考核方法有很多，常见的是年度绩效目标责任制。

1. 签订年度绩效目标责任书

年度绩效目标责任制是通过与组织负责人签订"年度绩效目标责任书"的方式明确责任与激励，进行干部管理与战略绩效执行落地的一种有效管理手段。

目前大多数企业对企业经理层成员实行任期制和契约化管理模式，就是通过明确经理层成员的任职期限、任期要求，签订聘任协议和经营业绩目标合同等契约，以强化经理层成员的责权利对等。

年度绩效目标责任书的签订是任期制和契约化管理的关键。任期制考核结果不仅影响收入的"能增能减"，更影响岗位的"能上能下"。

2. 年度绩效目标责任书的内容

年度组织绩效目标责任书对于生产单位一般采用"经营业绩目标责任书"的形式，明确经营单位的经营业绩指标与运营管理目标管理要求；对于职能与研发等管理与支持单位一般采用"部门（中心）年度绩效目标责任书"的形式。无论是何种考核形式，其考核内容重点均包括以下几个方面。

首先，设置考核指标的目标值。指标的设置应遵循定量与定性相结合的原则，并以定量为主，确保目标的可衡量性和可达成性。目标值应科学合理、具有一定挑战性，一般根据企业的发展战略、规模、经营预算、历史数据、行业对标、重点工作等情况分解设置。

其次，设置考核指标的计分规则与考核实施细则。这需要基于组织历史绩效完成情况与战略管理要求灵活设置。

总之，年度绩效目标责任书明确了组织经营目标与关键任务、薪酬收益预期，使经营层与管理层达成共识。表 3-3 给出了某企业年度绩效目标责任书示例。

表 3-3　某企业年度绩效目标责任书

单位 / 部门		目标期限			
单位负责人		上级主管部门			
第一部分：组织年度经营业绩目标（权重）					
KPI	目标值	权重	指标定义	考核方法	数据来源
第二部分：组织年度管理目标（权重）					
经营管理目标任务	目标值 / 关键结果	权重	目标考核说明	考核方法	数据来源
第三部分：组织能力建设与短板改善目标（权重）					
能力建设与改善重点目标任务	目标值 / 关键结果	权重	目标考核说明	考核方法	数据来源
第四部分：风险管控、创新等加减分指标					
加分项项目与指标	目标值 / 关键结果	权重	目标考核说明	考核方法	数据来源
减分项项目与指标	目标值 / 关键结果	权重	目标考核说明	考核方法	数据来源
第五部分：绩效激励					
组织绩效奖金激励政策					
组织荣誉激励政策					
单位负责人签字		主管领导签字			
签约时间		签约时间			

二、组织绩效复盘

组织绩效复盘是对组织绩效完成的整个过程中组织经历的事件、项目、活动或策略进行全面回顾、分析和总结的行为，目的是从过去的经验中学习、识别成功的关键因素和潜在的改进领域以及为未来制定更明智的决策。

（一）组织绩效复盘的基本理念

1. 复盘"战略绩效差异"，确保战略绩效执行到位

我们通过复盘，检验战略绩效目标达成与方向是否正确。重点关注结果指标差异、策略行动差异、目标方向差异。通过对焦目标、作节点性的回顾和展望，检验战略执行成效。

2. 复盘"组织能力成长"，确保组织保持持续的健康和活力

复盘是组织对过去回顾、反思、重构的结构化学习过程。复盘是基于"接纳过去，直面当下，探索未来"的学习成长方式，鼓励个人及团队向经历学习，向自己学习，向团队学习，向反思学习，向探索学习。复盘是让我们"打一仗进一步""吃一堑长一智"，把成功转化为能力，把失败转化为财富。通过复盘，我们可寻找事物发展、变化的规律，总结规律，固化流程，传承经验，提升组织能力。

3. 复盘"组织绩效改善"，追求组织绩效的持续提升改善。

无论绩效结果好坏，都已是过去时，复盘要着眼下一个绩效评价周期能否持续保持良好的绩效表现，如何持续构建高绩效、高活力、高认同度的团队。让优秀成为一种习惯，是我们复盘思考的方向。复盘需要创造与培养一种持续改进的文化氛围，让所有人员都意识到复盘是组织绩效提升改善的必要手段。

（二）组织绩效复盘流程

组织绩效复盘是运用科学的方法，对组织以往的工作进行回顾，发现其在以往工作中的优点和不足，进而为未来的目标和行动计划做好准备。一般组织绩效复盘按照5个步骤组织开展（见图3-14）。

图3-14 组织绩效复盘流程

第一步：回顾目标（Review）

组织绩效复盘是战略绩效管理循环的终点，也是下一轮绩效管理循环的起点。绩效复盘从回顾目标开始，企业组织各绩效负责部门人员一起回顾其关键举措和评价指标，回想最初设定的战略意识是什么、目标期望是什么以及工作计划和行动方案的原始想法是什么，并形成回顾文件，以此确定组织绩效复盘的第一步。

第二步：评估策略（Evaluate）

基于组织绩效目标达成的关键策略与关键结果，评估工作的实际开展情况，对照期初的目标和计划，评估实际工作是否与计划出现了偏差、工作结果与预期目标是否存在差距，并描述工作偏差和目标差距产生的情景。同时，发现各组织的绩效管理工作开展中存在的问题与不足。

第三步：分析原因（Analysis）

对比工作目标和实际成果以及各策略的不足之处，各组织成员一起找出影响业绩优秀或业绩不理想的原因，尤其是对与历史标准或者计划不相符的指标，通过鱼骨图或头脑风暴法寻找这些异常指标的关键驱动因素，从业务运作的流程、人才管理等因素中寻找导致异常的关键所在。

第四步：反思总结（Reflection）

反思本绩效周期内绩效运营工作的全过程，总结各项经验与教训，提炼工作亮点与改善之处。同时，反思组织人才能力成长过程和组织人才心智素质成长过程，包括我们的思维模式、心灵成长和意志力等成长历程。

复盘总结实质是获得洞察力，获得深刻的认识，总结模型规律。对于各类原因的分析，要形成分类的成果，成为组织内部的知识沉淀，并且把最关键的要素进行提炼，在团队内外作专题性的分享、讲解、推演，将复盘的价值最大化。

尤其重要的是，总结提升组织绩效的规律，并建立同类工作开展的经验模型，为后续任务的完成提供指导借鉴和监督规范。

第五步：绩效改进（Improvement）

绩效改进主要是设定目标与落实改进计划。任何复盘的成果如果没有落实到行动上，就很难产生持续的绩效。组织绩效复盘通过改进的模式设定改进新目标计划，也是不断激发组织创新、开展组织能力建设、激发组织战斗力的重要手段。在本环节一般会设定新的激励政策激励团队成员。绩效改进一般会基于一定周期设定改善目标、具体任务；落实到责任人、监控与督导人、绩效辅导反馈人，改善评估结果与激励政策。

（三）组织绩效复盘方法

通过绩效复盘，团队成员可以及时发现问题，理解问题背后的原因，从而提升对业务、市场、客户的认知能力；帮助组织成员对工作中的成功和失败进行总结，从而在未来的工作中避免犯相同的错误，同时也能够从成功经验中学习，不断提升组织的整体能力。

绩效复盘提供了有价值的信息，会帮助管理者作出更好的决策。通过对过去绩效的回顾和分析，管理者可以更准确地预测未来的趋势和可能的问题，从而作出更加科学的决策。绩效复盘不仅是对过去工作的总结，也是对未来工作的规划。通过绩效复盘，可以激发员工的积极性和创造力，增强组织的活力和竞争力。

绩效复盘的方法取决于复盘针对的群体对象与复盘的目的，主要有三种常见的复盘模式（见图3-15）。

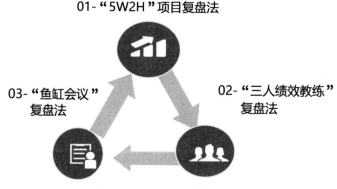

图 3-15　组织绩效复盘三法

1. "5W2H" 项目复盘法

战略绩效的执行，主要通过一个个项目的组织实施推动绩效的达成。通过项目的 5W2H 分析，可结合组织者的互动提问"触发思考"，对项目执行进行反思。这种方法通过提出一系列问题来帮助团队成员理解项目的各个方面，从而找出成功和失败的原因，为未来的项目提供经验教训。

以下是"5W2H"项目复盘法的主要步骤。

（1）准备阶段。明确复盘分析会的目的、议程和参与者。确保所有参与者都了解复盘分析会的目的和期望结果。

（2）会议开始。

首先，项目负责人基于绩效目标与执行计划，描述目标绩效达成情况，进行项目陈述。What（什么）：项目的主要目标是什么？项目完成了哪些具体任务？项目的主要成果和产出物是什么？

其次，项目负责人介绍项目团队的分工与协同情况。Who（谁）：谁负责项目的各个部分？谁在项目中扮演了关键角色？谁对项目结果有影响？When（何时）：项目的推进进度如何，时间表是怎样的？哪些阶段或任务是在预期时间内完成的？哪些阶段或任务出现了延误？

最后，项目负责人介绍Where（哪里）：项目的主要工作地点在哪里？项目实施的主要工作场景是怎样的，项目的哪些环节出现了问题或挑战？

（3）反思与讨论。这个阶段主要基于差距问题，从绩效目标执行策略的成效、绩效、组织能力建设、资源与支撑、商业环境等要素进行反思与解剖。会议负责人组织全员进行研讨，可以研讨项目的优点、存在的问题以及改进的建议等。主要从Why（为什么）的角度进行提问分析：为什么选择这个项目？为什么采取这种方法和策略？为什么成功或失败？

（4）成长赋能。这个环节主要是组织管理者对项目执行团队进行项目改善与能力提升的赋能辅导。主要基于How（如何）的角度，从组织绩效短板如何持续改善、组织能力如何提升、团队如何分工协作形成合力等角度进行赋能指导。再从How much（多少）的角度，确定我们需要再投入多少时间、多少成本预算、多少人力等资源达成改善目标。

"5W2H"项目复盘法具有结构化与全面性的特点，通过一系列问题的提问，确保复盘过程有条不紊，不遗漏重要信息。通过回答这些问题，团队成员可以对项目的各个方面进行全面的回顾和分析。这种方法有助于识别出项目中的成功因素、问题所在以及改进的机会。

2."三人绩效教练"复盘法

"三人绩效教练"复盘法是通过明确复盘三大角色——绩效负责人（管理者）、观察者、绩效教练，对绩效负责人进行组织绩效复盘的方法，其通过绩效复盘解决绩效负责人的认知、心智、能力短板等方面的盲区，帮助绩效负责人总结绩效经验、激发绩效动力、提升管理领导力。

在三大角色中，绩效教练负责引导和支持复盘过程，确保复盘的目标明确、流程顺畅；负责提出关键问题，引导团队成员进行深入思考，确保讨论聚焦在复盘目标上，避免偏离主题。绩效负责人负责分享自己的绩效实施情况，思考与回答绩效教练的问题。观察者负责记录讨论过程中的关键信息和观点，整理和呈现讨论成果，确保信息的准确性和完整性，协助教练和提问者确保复盘过程的顺利进行。

"三人绩效教练"复盘法的核心是"洞见与成长"，不仅要反思回顾上一阶段具体的行为动作，也要深入分析行为背后的思维方式和底层的心态、信念、价值观。以下是"三人绩效教练"复盘法的主要操作要点。

（1）准备阶段。绩效教练需要了解组织绩效实施的基本情况，设计提问卡，并安排合适的沟通场所与赋能环境等。

（2）开始阶段。绩效教练简要介绍复盘的目的、流程和角色职责，并提出关键问题，确保讨论聚焦在复盘目标上。

（3）提问与反思回答阶段。借助"ORID 聚焦对话""U 型理论"等绩效教练方法，探索组织绩效增长与个人成长之道。

ORID 聚焦对话会促动绩效负责人经历一种发散与聚合结合的发现对话，帮助其不断地反思。

"O——Objective"，指客观事实，观察到的客观事实、现象、数据；

"R——Reflective"，指主观感受，事实引发的情绪、联想等内在感受；

"I——Interpretive"，指底层认知，解读事实，构建为意义、价值、重要性等；

"D——Decision"，指决定，对未来作出选择并付诸行动。

（4）记录与行动阶段。观察者负责记录讨论过程中的关键信息和观点。在提问引导结束后，观察者整理并呈现讨论成果，包括亮点、问题和改进建议与行动计划。

3．"鱼缸会议"复盘法

"鱼缸会议"是一种以组织会议的形式进行的促动技术，是运用团队力量，通过分享各自的观点和资讯，对"鱼"（部门或个体）进行诊断和反馈的过程。由于这时被诊断的人或部门就像鱼缸中供人观赏的鱼，所以这种会议被称为"鱼缸会议"。

"鱼缸会议"能够帮助我们提升自我认证与反思能力，包括对自己的感知、思维、意向等方面的觉察，对自己的工作想法、内在动力、行为及人格特征的反思，是自我思维与人格调节与完善的重要手段，常用在组织绩效复盘与以绩效提升为导向的行动学习项目中。

在"鱼缸会议"中，每个参与者都被视为鱼缸中的一条鱼，他们身处一个透明的环境中，能够观察到其他人的行为和互动。这种环境设计有助于打破沟通壁垒，促进信息的自由流动，使参与者能够更加开放和坦诚地分享自己的观点和想法。

通过组织绩效的实施，项目团队成员之间相互构建了良好的工作与信任关系，对参与者的能力、行为认知有充分的了解。通过"鱼缸会议"复盘法，每个人在行动学习中能得到心智模式的启发思考，打破自我认知的局限性，激发自我潜能。"鱼缸会议"复盘法是通过团队的视角帮助团队成员提升实践能力素质的重要方法，其四个关键流程步骤如下（见图3-16）。

第一步，会议准备。明确问题与目标，组建"鱼缸会议"团队。

第二步，观察与反思。在"鱼缸会议"中，参与者通过观察他人的行为和互动，反思自己的思维方式和行为习惯，从而发现可能存在的问题和改进空间。基于观察和反思的结果，团队成员共同提出解决问题的方案或建议。

第三步，系统化处理。组织完成对评论意见的分类与结构化处理。

第四步，会议后。会议后将提出的解决方案付诸实践，通过实际行动来验证其可行性和有效性。同时，不断收集反馈并进行调整和优化。

通过"鱼缸会议"复盘法，团队成员可以更加深入地了解彼此的观点和想法，打破沟通壁垒，促进团队合作，推动组织的持续发展和进步。更为重要的是，通过组织绩效复盘，团队成员给予自我反馈以及自我反思促动，强化了自我对组织绩效完成中的责任与担当，明确了自我角色与使命，团队成员的综合能力素质在实践中得到了锻炼与提升。

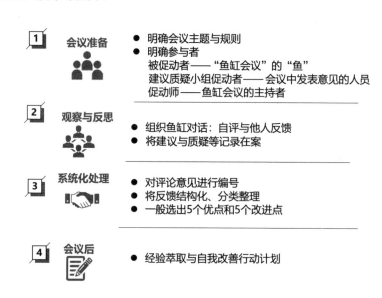

1 会议准备
- 明确会议主题与规则
- 明确参与者
  被促动者——"鱼缸会议"的"鱼"
  建议质疑小组促动者——会议中发表意见的人员
  促动师——鱼缸会议的主持者

2 观察与反思
- 组织鱼缸对话：自评与他人反馈
- 将建议与质疑等记录在案

3 系统化处理
- 对评论意见进行编号
- 将反馈结构化、分类整理
- 一般选出5个优点和5个改进点

4 会议后
- 经验萃取与自我改善行动计划

图 3-16 "鱼缸会议"复盘步骤图

三、组织绩效激励

组织绩效激励是对组织完成战略目标成效的评估，是对整个团队进行的物质与非物质激励手段，是通过满足员工的需要而使其努力工作，从而实现组织目标的过程。组织绩效激励是战略绩效落地的最后一个环节，也是激发组织动力持续推动下一个绩效价值创造的关键环节。

（一）组织需要什么样的绩效激励

组织绩效激励是指通过设计适当的物质与非物质的奖酬形式，以一定的行为规范和惩罚性措施，激发、引导、保持和约束组织成员的行为，以有效地实现组织及其成员目标的系统性活动。组织绩效激励的目的在于激发员工的正确行为动机，调动员工的积极性和创造性，以充分发挥员工的智力效应，作出最大成绩。

组织绩效激励从内容的角度分为物质激励和精神激励；从激励作用的角度分为正向激励和负向激励。

1. 组织绩效低效的问题

（1）公司业绩增长缓慢，人均效率低下，薪酬没有竞争力，不足以吸引和保留优秀人才。

（2）部门团队的绩效工资上限是固定的，根据绩效得分一般只会扣团队绩效工资。

（3）奖金是事后"授予制"，而不是事前"获取分享制"，主管把奖金仅理解为分钱而不是牵引挣钱。

（4）奖金激励在短期内有感知，但一般在3个月后激励感知性变弱。

（5）组织缺乏非物质性激励考虑，欠缺正确的价值观牵引以及长远的目标驱动力。

2. 组织绩效激励的基本理念

任何组织绩效激励都离不开激励导向性、激励资源、激励效应三个方面。

首先，组织绩效激励具有激励导向性。组织绩效激励应该与组织的发展目标相一致，通过设定明确、可衡量的目标来引导组织员工的行为，实现组织经营目标提升。同时，关注持续性与发展性：组织绩效激励应该具有持续性和发展性，即激励措施应该根据员工的不同阶段和需求进行调整和优化，以确保激励效果的持续性和员工的持续发展。

其次，激励资源方面要物质与精神并重。激励不仅包括物质奖励，如薪酬、奖金等，还包括精神激励，如荣誉、尊重、晋升机会等。物质与精神激励应该相辅相成，以满足组织员工不同层次的需求。

最后，在激励效应方面应重点关注公平与公正。激励体系应该公平、公正，确保各组织成员都有平等的机会获得激励，避免因为不公平而产生负面影响。同时，激励要以人为本：关注员工的需求和成长，尊重员工的个体差异，通过满足员工的合理需求来激发其工作积极性和创造力。激励效应具体体现在组织效能与组织活力的激发。

3. 组织绩效激励的基本手段

员工的激励需求在不断发生变化，激励维度与内容在不断增加，常见的组织绩效激励手段如图 3-17 所示。

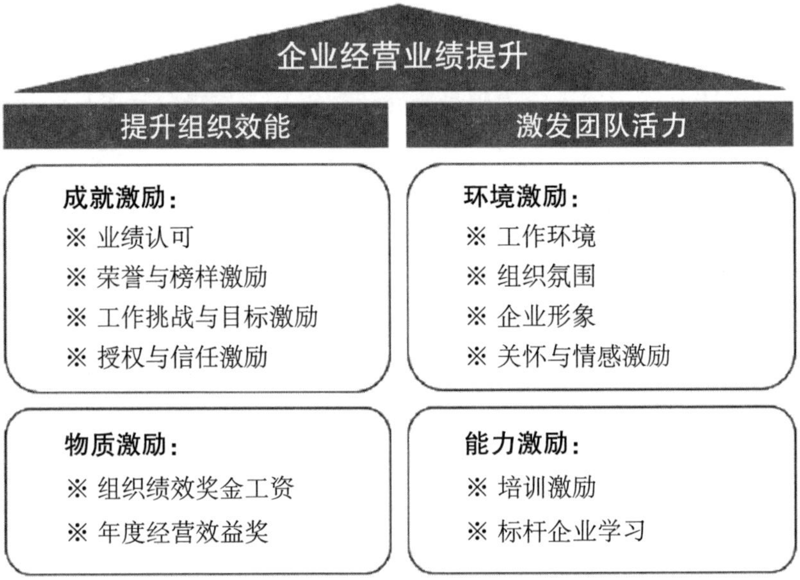

图 3-17 常见的组织绩效激励手段

（1）成就激励。

业绩认可：组织员工的工作创造的价值得到上级 / 组织的肯定，常常以口头表扬等无形方式或荣誉称号等有形方式体现，是组织员工成就感的主要来源之一。

荣誉与榜样激励：是授予组织群体的崇高评价，代表着组织和社会的认同，是满足个人自尊心和体现个人价值的一种重要途径，也是价值观彰显、塑造的重要过程。

工作挑战与目标激励：提供令人振奋的激励目标，让员工感到工作本身变得具有更高的挑战性，在工作中充分发挥自己的才能达到挑战目标，从而获得成就感。

授权与信任激励：组织被赋予相应的权力，代表着对组织能力的认同，使组织成员获得成就感。

（2）物质激励。

组织绩效奖金工资：指企业或组织为激励员工提高工作效率和质量，根据其绩效表现而设立的奖金工资。这种激励模式将员工的薪酬与他们的绩效目标紧密挂钩，以激励员工积极工作，并为组织创造更多的价值。组织绩效奖金工资包括基本工资与绩效奖金，绩效奖金的多少取决于员工或团队的工作成果、工作效率等因素。

年度经营效益奖：根据企业或组织在一年内的经营效益情况而设立的奖金。这种奖金旨在激励员工积极参与公司的经营活动，为提升公司的整体经营效益作出贡献。

（3）环境激励。

工作环境：主要是指舒适的办公环境以及高效的工作流程、办公软件等，能有效帮助员工提高工作效率，在工作中获得必要的支撑。

组织氛围：组织成员之间的关系，包括上下级关系、同事关系。组织氛围直接影响到员工之间的沟通以及工作压力的大小。

企业形象：企业的社会形象，能够强化组织内部成员对企业目标的认同，也能够促进组织成员的影响人群对企业的认可。

关怀与情感激励：如慰问、带薪休假、旅游等，让员工感受到组织的关怀；及时关心了解员工的生活、工作、心理情况，使员工觉得受到重视。

（4）能力激励。

培训激励：通过培训、进修让组织员工获得知识、技能、能力上的水平提高，一方面帮助他们提高工作效率、减轻工作压力，另一方面让他们获得自我提升的成就感。

标杆企业学习：通过向优秀企业互相学习、拓宽知识面、分享最佳实践和经验，达到提升企业绩效和管理水平的目的。

（二）组织绩效激励模式

组织绩效激励模式是指企业或组织为激发员工的工作积极性和创造力，根据员工的绩效表现而设计的一系列激励措施和机制。这些激励措施旨在通过提供物质和精神上的奖励以及创造良好的工作环境和发展机会，来推动员工积极工作，提高工作效率和质量。现主要介绍以下常见的组织绩效激励模式。

1."经营效益与战略目标挂钩"激励模式

以下以某国有企业市场化薪酬改革为例进行分析。

（1）背景现状。该企业基于国企改革的需求，面对僵化的薪酬体系和日益激烈的市场竞争，决心打破常规，构建一个让员工与企业共同成长的绩效激励新模式，员工也期待年度薪酬能基于企业"效益"好时有明显的提升。

（2）问题聚焦。该企业的薪酬体系仍遵循着传统的岗位绩效工资模式，员工的绩效工资占年薪的一半，生产部门的年终奖直接与组织年度考核等级挂钩。然而，即便是最高评级 A 级的团队，奖金提升的天花板也仅为 10%，这显然未能充分激发团队的潜能和热情，改革的迫切性呼之欲出。

当前组织绩效的现状是，基于岗位绩效工资模式，员工的绩效工资占年度工资的 50%，整个生产部门工资是基于年度组织考核的等级实施组织激励，组织考核等级与系数关系如表 3-4 所示。

表 3-4　组织绩效考核等级与系数对应表

序号	年度组织考核等级	绩效考核系数
1	A	1.2
2	B	1.0
3	C	0.9
4	D	0.7

生产部门常向人力资源部反馈组织绩效奖金太少，年度绩效为 A 时年度绩效奖金虽然可以获得 1.2 倍的绩效奖金，但也只相当于年工资总和增加了 10%。

问题的核心在于如何设计一套既能反映企业经营实绩，又能有效激发员工积极性的薪酬激励方案。生产部门的呼声成了改革的先声，他们渴望一种更能体现个人贡献和企业效益紧密相连的激励方式。

（3）组织绩效激励设计。人力资源部设计了一套全新的"效益共享"薪酬激励方案。这套方案摒弃了单一的考核等级决定奖金的旧模式，除了组织年度绩效考核等级与考核系数变动奖惩激励外，人力资源部还制定了公司经营效益与管理指标完成共享激励模式，基于企业经营效益指标与战略指标超额完成，设置奖惩比例与权重进行年度绩效奖金激励设计。

其计算公式如下：

目标超额组织激励奖金 = 基准工资 ×（营业收入超额完成率 × 0.4+ 利润超额完成率 × 0.4+ 战略目标市场业务占比超额完成率 × 0.2）

各指标超额完成率 =（考核年度完成值 − 考核年度目标值）÷ 考核年度目标值

同时，考虑到人工成本的可控性，年度目标超额组织激励奖金控制在年度人工成本预算总额的 40% 以内。

（4）组织激励效果分析。在组织绩效激励指标选择上，考虑了对企业年度经营超额完成收入与利润、重要市场化业务占比等三个关键指标，同时基于人工成本预算，将激励奖金控制在年度人工成本预算总额的 40% 以内。一方面，组织绩效奖金总额与企业营收、利润、市场占有率三个核心指标相关联，确保企业经营的好坏与员工绩效工资的多少息息相关，让全体员工关系企业的核心指标；另一方面，通过对人工成本 40% 的控制，确保员工绩效工资的奖惩幅度在可控范围内，确保激励政策的可行性与合理性。

通过该激励模式，该企业不仅顺利达成上级关于市场化薪酬改革的目标，而且员工的薪酬认可度和工作热情显著提升，市场效益指标也节节攀升，企业内部形成了一股向上的动力。

2."保障性工资 + 效益性工资"激励模式

组织绩效激励设计时，要考虑员工的保障性工资与效益性工资两种类别，建立健全企业员工工资与效益同向联动、能增能减机制，充分发挥市场在资源配置中的决定性作用，实现员工整体工资水平与劳动力市场价位相适应、与增强企业市场竞争力相匹配的目标。

（1）组织绩效激励设计：薪酬激励模式在保障性工资的基础上，重点着眼企业的效益性工资的设计，工资总额构成如图 3-18 所示。

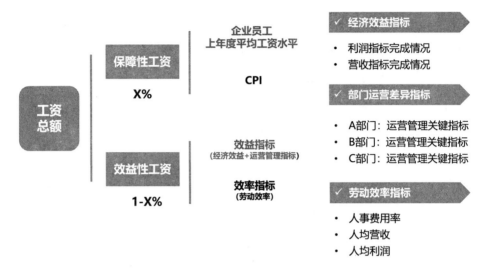

图 3-18　工资总额构成影响因素

（2）组织绩效激励设计分析：保障性工资也称固定工资或基本工资，是员工薪酬中相对稳定的部分，通常不随企业的业绩或个人的工作表现而变动。这部分工资主要用于满足员工的基本生活需要，保证员工有稳定的收入来源。保障性工资通常是根据员工的职位、工作经验、技能水平等因素来确定的，并在合同中明确约定。

效益性工资又称浮动工资或绩效工资，是与企业的经济效益和个人的工作表现紧密相关的部分。效益性工资的目的是激励员工更好地完成工作任务，提高工作效率和质量，从而推动企业的整体效益提升。效益性工资的具体数额通常是根据企业的业绩指标（如销售额、利润等）以及组织效率指标来确定的，具有一定的浮动性。

3."获取分享制"激励模式

获取分享制是一种激励机制，是组织中的员工根据个人或团队对企业创造的价值与贡献来分享企业的一部分经营成果，获取物质激励的一种模式。"作战"部门根据经营结果获取利益，后台支撑部门通过为"作战"部门提供服务分享利益。获取分享制最早由华为提出并实施，最大的作用是在内部传递市场的经营压力，这是一种奖金与经营结果联动的机制。

获取分享制有三个特点：一是按劳分配，多劳多得；二是打破平衡，拉开差距；三是从重视被分配到重视人如何将饼做得更大。

（1）"获取分享制"激励模式的设计逻辑。

获取分享制的核心是确定薪酬总包以及各团队的价值贡献比例。薪酬奖金包一般是直接用收入、利润、人效、回款等关键指标按一个合适的比例直接生成。不同部门的人员配置数量不同，职能定位也不一样，为了解决分享的相对公平性，企业会考虑人效等指标进行核算与平衡。同时，需要考虑不同行业与组织特点进行设计，其设计逻辑如图 3-19 所示。

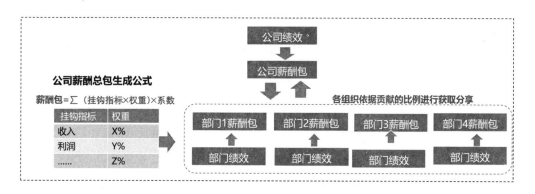

图 3-19　"获取分享制"设计示意图

（2）"获取分享制"激励模式分析。

首先，先获取，再分享绩效奖金；先做大蛋糕，再看要分多少钱。这里主要需要考虑利润、营收、人效、回款等影响员工收入的核心指标。

其次，分享经营责任，分享危机感，福祸同享。员工的利益与公司的利益捆在一起，形成真正的利益共同体。

再次，获取分享强调组织协同，强化后台对前台一线的支撑力度，加强前后台岗位配合和流程效率提升，实现前后台业绩挂钩。

最后，获取分享制实行"自下而上"的物质激励方式，更倾向对基层业务单元的直接激励。

本课堂
小结

1. 企业战略无法落地执行的问题，主要表现为愿景共识障碍、资源与时机障碍、组织能力障碍、绩效运营能力的障碍。

2. 战略绩效落地"运营六环"模型是指战略绩效落地运营最关注的是战略定位、战略解码、战略绩效目标考核分解、组织能力建设、组织绩效评估复盘、组织绩效激励六个环节。

3. 组织绩效激励是对组织完成战略目标成效的评估，是对整个团队进行的物质与非物质激励手段，是通过满足员工的需要而使其努力工作，从而实现组织目标的过程。组织绩效激励是战略绩效落地的最后一个环节，也是激发组织动力持续推动下一个绩效价值创造的关键环节。

4. 组织绩效激励模式除传统的组织绩效等级评定外，通常还有"经营效益与战略目标挂钩"激励模式、"保障性工资＋效益性工资"激励模式、"获取分享制"激励模式。

第四堂课

员工绩效管理

导读：

　　对于任何企业而言，人力资源是推动企业成功的关键动力。员工绩效管理是一种战略性的工具，旨在通过激发员工的潜力、提升工作效率，并推动组织持续发展，从而确保员工的积极性和组织的整体绩效。

　　经营管理者作为员工绩效管理的直线经理人，组织员工完成战略绩效执行落地，指导与激励每个岗位的人员完成绩效目标、赋能员工、提升员工工作绩效。

　　在本课堂中，我们将对员工绩效管理作分享。

　　首先，我们分享员工绩效管理体系与方法。系统地了解员工绩效管理循环与绩效管理运营基础，能掌握并选择适合自己的绩效管理方法。

　　其次，我们分享绩效计划制订要点与实践案例。提升员工的目标计划制订能力、具体任务的策略分析能力。

　　再次，我们分享绩效过程管理的方法与实践案例。提升绩效达成的管控能力与组织协同能力。

　　复次，我们分享绩效评估反馈的方法与实践案例。提升绩效反馈沟通、评估实操能力。

　　最后，我们分享绩效结果应用的方法与实践案例。提升员工绩效激励的效果，促进人才管理的良性发展。

第一节　员工绩效管理体系与方法

员工绩效管理体系是企业实现企业价值创造、价值评估、价值分配的重要机制，是通过员工绩效管理循环运营实施企业经营管理的体系。

一、员工绩效管理体系

（一）员工绩效管理常见的情景问题

以下以 ZHFD 新能源发电公司的员工绩效管理挑战为例进行分析。

1. 背景介绍

ZHFD 新能源发电公司作为一家致力于绿色能源发展的行业先锋，近年来在新能源发电领域取得了显著成就。然而，该公司业务的迅速扩张和新领域拓展、电力交易模式的变化，对公司的组织能力与员工工作主动性提出了更高的要求。该公司原有的以月度绩效薪酬核算为主的考核模式逐渐显现出其局限性，绩效奖金缺乏激励性。

其员工也常反馈说，很少关注月度绩效考核，每月的收入差异不大，也就是100 元之内的差异。而年度绩效考核因为影响年度奖金，所以很受关注。但年度考核多是民主打分，最终结果是由领导把握，员工也不知道最终结果到底是如何计算出来的。还有一个典型的问题是，做得多的扣的分也多，因此员工在接受任务时，能少一个就少一个。

2. 问题调研

（1）员工绩效目标问题。生产部门大多围绕短期的发电量、设备可靠性、日常安全运行等具体指标，职能部门主要围绕部门下达的日常工作任务；在公司长期发展战略目标方面，如新能源技术创新、生产提质降效、供应链共生管理、可持续发展目标、安全预防保障体系、合规与流程体系建设、人才队伍建设等均没有系统考虑。在每个月员工一般是等着主管下达当月的工作任务，就形成了这个月的绩效考核评价表。

（2）绩效评价侧重于基于月度考核评价表，由主管打分确定。表 4-1 给出了该企业具体岗位的月度绩效考核计分示例。

表 4-1　该企业具体岗位的月度绩效考核计分表

部门：设备部	岗位：电气继保班点检
考核项目	考评细则
设备检修维护管理	设备缺陷处理未完成，每条扣 2 分；处理不及时，每条扣 2 分。所辖区域月度设备消缺率 100% 加 2 分，及时率 100% 加 2 分
	每周未按时完成所辖设备区域巡检、完善点检记录，每次扣 2 分；设备区域巡检覆盖不全，每次扣 1 分。每周设备巡检完成情况较好的，加 1~3 分
	设备检修维护质量不高（因自身失误、疏漏导致重复返工、问题未能得到彻底处理），根据造成的影响及后果，经班组认定每次扣 1~5 分。个人负有责任的按事件分析报告落实考核，不再进行扣分
	机组检修及时，完善各种措施、规范、文件包、方案、规程等技术资料，执行不到位，每项扣 1 分；未按时完善，每项扣 2 分
	设备台账记录（设备检修、日常缺陷异常处理）未按时完成（日常维护 2 日内完成，设备检修 1 周内完成），每项扣 2 分；设备台账记录不详细、质量不高，经班组认定每项扣 1 分

3. 问题分析

通过以上调研，我们可以看到，该企业存在以下问题。

（1）目标不明确：员工不清楚自己的工作目标和期望成果，导致工作方向不明确、重点不突出，难以有效达成组织目标。

（2）内部沟通不畅：员工绩效管理体系是内部沟通的重要桥梁，没有它，管理层与员工之间难以就工作表现、期望和改进措施进行有效的沟通，导致工作误解和隔阂。

（3）组织效率低下：没有有效的员工绩效管理体系，组织难以识别并解决工作流程中的瓶颈和问题，导致工作效率低下，资源浪费。

（4）员工积极性降低：若组织无法提供明确的绩效评价、绩效反馈和绩效激励，优秀员工的工作积极性就会降低。

因此，构建员工绩效管理体系是企业或组织实现可持续发展和提高竞争力的关键一环。

（二）如何构建员工绩效管理体系

员工绩效管理体系的构建，目的在于确保员工的工作目标与组织的目标相一致，并激励员工通过高效工作取得良好业绩，从而推动组织的发展。员工绩效管理是组织绩效到员工绩效执行落地的过程，是基于绩效管理运营基础，通过绩效计划、绩效过程管理、绩效评估与沟通反馈、绩效结果应用循环对员工进行价值创造、价值评价、价值分配的过程，整个体系主要由绩效管理循环系统与绩效管理运营基础两部分构成（见图4-1）。

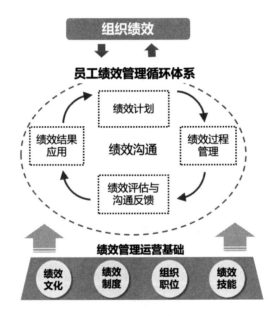

图4-1 员工绩效管理系统

（三）员工绩效管理循环

员工绩效管理循环是通过绩效计划、绩效过程管理、绩效评估与沟通反馈、绩效结果应用四个环节进行绩效运营管理。员工绩效管理循环是一个持续的过程，旨在提高员工的工作效率和生产力，同时实现组织的目标。

1.绩效计划

在这个阶段，管理者与员工一起设定明确、可衡量的绩效目标。这些目标应该与组织的整体战略和目标相一致，要考虑到员工的职责和能力。设定目标时，双方应该进行充分的沟通和讨论，确保目标具有挑战性和可实现性。

2. 绩效过程管理

在这个阶段，员工开始按照设定的目标计划开展工作。管理者提供必要的支持和资源，通过绩效赋能辅导的方式帮助员工实现目标。同时，管理者还要密切关注员工的工作进展，通过绩效会议、绩效督导等模式，及时发现问题，并促进员工绩效目标的达成。

3. 绩效评估与沟通反馈

管理者基于绩效管理周期对员工的工作绩效进行评估。评估应该基于之前设定的目标和实际的工作成果进行。评估结果应该客观、公正，并且要与员工进行充分的沟通和讨论。同时，要向员工提供反馈和建议，帮助他们改进工作。反馈应该具体、明确，并且要关注员工的优点和不足。管理者还要与员工一起制订改进计划，明确改进的目标和时间表。通过反馈和改进，员工可以不断提高自己的工作能力和绩效水平。

4. 绩效结果应用

绩效管理的目的不仅是评估员工的工作表现，更重要的是通过结果的应用来推动员工的个人发展和提升企业的整体绩效。

首先，将绩效结果与员工的薪酬和奖金挂钩。优秀的绩效带来更高的薪酬和奖金，以此激励员工继续努力。这也是对员工工作的一种公平回报。

其次，绩效结果可以作为员工晋升和职业发展、岗位调整的重要依据。通过评估员工的工作表现，企业可以识别出那些有潜力、有能力的员工，为他们提供更多的发展机会和晋升空间。

最后，绩效结果还可以用于识别员工的培训需求和发展方向。对于绩效不佳的员工，企业可以提供有针对性的培训和支持，帮助他们提升能力，改进工作表现。

（四）员工绩效管理运营基础

员工绩效管理运营基础是指确保绩效管理循环能够发挥效果，支持与支撑组织与员工实现绩效目标的管理内容，主要包括企业的绩效文化、绩效管理制度、组织职位与职能设置、管理人员的绩效操作技能。

1. 企业绩效文化

企业文化对绩效管理有着重要的影响。积极向上的企业文化可以激发员工的工作热情，提高员工的绩效水平。同时，企业文化也需要与绩效管理体系相契合，确保绩效管理的顺利实施。企业绩效文化主要表现为对绩效管理重要性的认知，优秀的企业推荐"高绩效文化"，以组织与员工绩效结果的应用为激励组织与员工的重要依据。

2. 绩效管理制度

制定科学规范的绩效管理制度可明确各级管理者的责任与权利、明确绩效管理的考核周期与方法、绩效管理的流程、绩效管理结果的应用等，确保绩效评估结果全面、公平合理，绩效结果应用更能激励员工。

3. 组织职位与职能设置

通过优化组织职位设置，确保组织分工合理，岗位职能清晰，这是绩效管理的基础。完善合理的组织职位管理更有利于员工绩效管理的执行，也有利于对各职位进行合理考核、提升员工的工作绩效。

4. 管理人员的绩效操作技能

管理人员要掌握绩效管理计划制订、绩效辅导、绩效评估、绩效面谈、绩效改进等操作技能。企业也要为员工提供绩效管理培训，帮助员工提升职业素养。

二、员工绩效管理方法

员工绩效管理方法是指组织为实现其战略目标，通过一定的手段和工具对员工的工作表现进行绩效计划制订、考核评估、激励的管理方法。包括目标管理法（MBO）、KPI考核法、OKR、360度反馈法、行为锚定等级评定法、关键事件法、积分制考核、对标管理等方法（见图4-2），不同企业或企业在不同的发展阶段会基于自己的特点选择适合自己的一种或几种方法组合的绩效管理方法。

员工绩效管理无论是量化考核还是非量化考核，无论不同企业采用何种考核方法，本质上都是通过制定明确的目标和评估标准，对员工的工作表现进行持续、公正、客观的评估，并提供相应的反馈和激励，以促进员工个人和组织整体绩效提升的过程。它强调目标导向、员工参与和持续改进，旨在帮助组织实现其战略目标，并促进员工的职业成长和发展。

图 4-2　绩效管理方法

（一）目标管理法（MBO）

这是一种以目标为导向的绩效管理方法。组织与员工共同制定明确、可衡量的目标，并定期评估目标的完成情况。目标管理法的概念是由彼得·德鲁克提出的，是以目标为导向，以人为中心，以成果为标准，而使组织和个人取得最佳业绩的现代管理方法。它是一种参与式、民主式、自我管理式的，上级与下级共同参与目标的制定，彼此沟通协商，达成共识，形成目标责任协议，并以此作为经营、管理、考核的依据的方法，是当下企业主要的绩效管理办法之一。

（二）关键绩效指标考核法（KPI 考核法）

该方法通过设定关键绩效指标（KPI）来衡量员工的绩效表现。这些指标通常与组织的目标和战略密切相关，有助于组织确定员工的绩效和贡献。其理论基础是意大利经济学家帕累托提出的二八原理，即抓关键价值驱动要素，抓主要矛盾。KPI 考核法因指标的设定与企业的战略目标紧密相关，能够反映企业的核心价值观和关键成功因素，并且考核指标"明确、简单、具体、可操作、可量化"，成为企业核心的绩效管理方法之一。

KPI 实际上是对企业战略成功关键要素的提炼和归纳，KPI 考核法是通过将战略目标层层分解，细化出具体的战术目标及行动方案，来达成战略绩效目标的有效工具。KPI 是事先确定和认可的、可量化的、能够反映目标实现度的一种重要的考核指标体系。KPI 的本质是抓关键，不追求系统、全面和完美的指标设计，其特点非常明确。KPI 必须符合 SMART 原则，即具体性、衡量性、可达性、现实性和时限性。

（三）360 度反馈法

这是一种全方位的绩效评估方法，通过上级、下级、同事、客户等多个角度来评估员工的绩效。它是一种行为导向的绩效评估方法，早在第二次世界大战时期就开始应用于士兵的战斗力评估与选拔。20 世纪 50 年代，它逐渐被应用于管理者的选拔与能力发展中。

为了实现评价信息的客观、全面、可靠，360 度评估反馈的来源包括三个层次：一是周边反馈，包括上级、同事、下级、内外部客户；二是组织反馈，正式任务环境下的团队评价；三是自我反馈。通过对被评价者全方位、多维度的评估，将结果反馈给员工后，帮助员工了解自身在哪些绩效维度存在不足，以开发员工潜能，塑造员工行为，提高工作绩效。

信任、坦诚、开放的组织氛围是 360 度评估反馈成功运用的基础。360 度反馈法属于定性评估的手段，常与 KPI 结合应用。360 度评估反馈有利于构建内部协同机制，让不同部门和员工之间能够加强沟通，增进信任。它打破了传统的由上级考核下级的考核模式，使考核结果更加全面和客观。它也是全员参与的管理方式，从一定程度上增加了员工的自主性和积极性，提高了员工的满意程度。

（四）平衡计分卡法（BSC）

这是一种综合性的绩效管理工具，将组织的战略目标分解为具体的可操作指标，包括财务、客户、内部运营、学习成长四个维度。通过这种方法，组织可以更好地评估和管理绩效，实现长期发展目标。

平衡计分卡法打破了传统的单一使用财务指标衡量业绩的方法，在财务指标的基础上加入了未来驱动因素，即客户因素、内部运营因素和学习成长因素。这四个方面分别代表了企业的四个不同维度，财务方面代表了企业的经济效益，客户方面代表了企业的市场地位，内部运营方面代表了企业的管理效率，学习成长方面代表了企业的创新能力和发展潜力。该方法一般是战略绩效的重要方法，在员工绩效管理中主要是通过该方法明确岗位绩效评价指标。

（五）目标与关键成果法（OKR）

这是一种目标管理方法，由英特尔公司创始人安迪·葛洛夫发明。该方法的主要目的是明确公司和团队的"目标"以及每个目标达成的可衡量的"关键结果"。这是一套定义和跟踪目标及其完成情况的管理工具和方法。

目标与关键成果法强调挑战性的目标设定，关键步骤包括建立目标、确定目标关键成果、目标及成果的层级分解等。目标与关键成果法主要通过设定激进而聚焦的目标，强调目标比能力重要，强调过程比结果重要，强调员工要积极参与并提出有野心、挑战性的目标。目标与关键成果法希望通过提出足够鼓舞人心的目标，来激发员工心中的潜能，鼓励员工提出完成度能达到 60%~70% 的目标。

目标与关键成果法强调设定可衡量的关键结果。关键结果用于衡量指定目标的达成情况。如果目标要回答"我们想做什么"这个问题的话，关键结果要回答的就是"我们如何知道自己是否达成了目标的要求"。

目标与关键成果法强调员工的参与。员工参与从制定目标到目标实施的全过程，同时员工要进行自查和回顾，看看制定的目标是否与公司的战略总体目标相吻合、每个人的目标是否对齐了别人的目标、目标是否有利于分解等。

该方法的最大价值在于信息透明、激发潜能、过程动态调整、全员参与和目标对齐。

（六）关键事件法

这种方法是对某一岗位在执行职责过程中所发生的重大事件及其对组织的影响进行评判，从而对员工的绩效进行评价。其由美国学者弗拉赖根和贝勒斯在1954 年共同创立，主要通过记录和分析工作中的关键事件来评估员工的绩效。这些关键事件通常是员工在工作中做出的特别好或特别坏的行为。

在关键事件法中，上级主管者会记录员工在工作中的关键事件，利用这些记录与员工讨论相关事件，为绩效考核提供依据。这种方法针对性比较强，对评估优秀和劣等表现十分有效。但这个方法只能作定性分析，不能作定量分析，也不能具体区分工作行为的重要性程度，因此在员工之间进行比较存在困难。在实施过程中，需要注意其局限性和可能的偏差，以确保评估结果的准确性和公正性。

（七）强制分布法

强制分布法有一个假设前提条件：员工工作表现和结果优劣情况呈现"两头小、中间大"的正态分布规律。在此条件下，公司会在员工绩效管理制度中，明确划分出若干绩效等级以及每个等级中员工的数量或占比，并根据员工绩效和能力的表现情况，在绩效考核打分环节控制员工的整体绩效考核结果，以实现按照既定比例将员工的绩效考核结果列入对应等级。例如，根据员工绩效考核管理办法规定，要求公司的中基层员工需分出 A、B、C、D 四类，且强制分布比例为：A 级占 10%，B 级占 40%，C 级占 30%，D 级占 20%。通过以上描述，我们可以明确强制分布法的价值至少包括：能将优秀员工、不合格员工挑选出来，为后续员工奖惩、员工培养、员工选拔与配置等管理工作提供支持。

（八）标杆基准法

这是一种评估和改进组织或企业绩效的管理方法。它通过识别并学习行业内最佳实践者的行为或方法，帮助企业或组织提高效率和竞争力。通过比较本企业的绩效和行业里面最优秀的企业之间的差距，研究这些优秀企业为什么能创造高绩效、它们有哪些最优实践，然后去学习它们、模仿它们，并最终超越它们。这种方法的核心在于寻找并学习最佳实践者的行为或方法，通过确定标杆对象、收集对标数据、分析比较、制订改进计划、实施改进，进行绩效提升管理工作。通过学习和借鉴最佳实践者的行为或方法，企业或组织可以更快地提高自己的绩效水平，实现战略目标。此外，标杆基准法还可以用于确定目标设定，以便企业或组织将其表现提高到最佳水平。

（九）行为锚定等级评定法

这是一种将同一职务工作可能发生的各种典型行为进行评分度量，建立一个锚定评分表，以此为依据，对员工工作中的实际行为进行测评级分的考评办法。这种方法是由美国学者史密斯和德尔于 20 世纪 60 年代提出，通过一个等级评价表，将关于特别优良或特别劣等绩效的叙述加以等级性量化，从而将描述性关键事件评价法和量化等级评价法的优点结合起来。其需要进行岗位分析，获取关键事件，以便对一些代表优良绩效和劣等绩效的关键事件进行描述，能够为员工提供一个明确的行为标准，使考评结果更加公正、客观。

（十）积分制考核

积分制考核是一种以量化为基础、以激励为目的的绩效管理方法，可以帮助公司更好地管理员工，提高工作效率和质量，促进公司的长期发展。该方法将员工的工作表现、行为、贡献等以积分的形式进行量化，并以此为基础进行考核和奖励。这种考核方法旨在激励员工积极工作、提高工作效率和质量，通过设置积分的模式量化员工工作绩效。它通过积分标准制定、积分目标设定、积分记录和统计、积分评估和反馈、积分奖励和激励等积分管理手段，评价员工工作成绩，并给予相应的奖励和激励，如量化薪酬、晋升、加薪、奖金、培训等。积分制考核需要公平、公正、透明，避免主观性和偏见。同时，积分标准和目标应该根据公司的实际情况进行调整和优化，以适应不同的发展阶段和业务需求。还要加强沟通和反馈，确保员工了解考核标准和目标，积极参与考核过程，提高考核效果。

（十一）绩效考核法

这是一种以结果为导向、以员工个人绩效承诺为基础的绩效管理方法。这种方法旨在激发员工的工作积极性和创造力，提高组织的整体绩效水平。员工在制定绩效目标时，需要明确承诺自己要达成的目标和成果。这些承诺应该是具体、可衡量和可实现的，以便员工清楚地了解自己的工作职责和期望成果。员工需要围绕绩效目标展开工作，以实现预期的成果和贡献。这种方法鼓励员工关注工作的实际效果和影响，而非仅仅关注工作过程。强调对员工的绩效进行量化评估，通过制定明确的考核标准和量化指标，对员工的工作表现进行客观、公正的评价。同时，定期的绩效反馈和沟通可以帮助员工了解自己的工作表现和改进方向，促进个人成长和发展。

以上这些方法各有优缺点，组织在选择时应根据自身的情况和需求进行综合考虑，以确保绩效管理体系的有效性和人性化。具体需要把握以下要点。

一是目标明确性。无论采用哪种方法，绩效目标必须具体、可衡量、可达成、与企业战略对齐，确保员工能够清晰理解。

二是员工参与性。员工应参与制定过程，无论是哪种方法，员工的参与都能增加责任感，提升对管理方法的接受度。

三是公正性与透明度。评价体系要能确保考核公平，具有透明度，避免主观偏见，建立信任。

四是灵活性。根据部门、岗位特点选择方法，如研发可能侧重目标与关键成果法，客服适用 360 度反馈法，市场更偏向 KPI 考核法。

总之，企业需结合实际，灵活运用绩效管理方法，平衡量化与质化，注重人本位发展，强化沟通与激励，形成正向反馈文化，以绩效管理促进共赢。

第二节 绩效计划

绩效计划是评估者和被评估者双方针对如何完成组织岗位绩效目标，进行工作重点任务、绩效评估标准沟通，并将沟通的结果落实为订立正式书面协议即绩效计划。绩效计划是双方在明晰责、权、利的基础上签订的一个内部协议。

一、绩效计划的制订原则和基本内容

绩效计划是考核期间关于工作目标和标准的契约。绩效计划作为绩效管理的一个有力工具，体现了上下级之间承诺的绩效指标的严肃性，使决策层能够把精力集中在对公司价值最关键的经营决策上，确保公司总体战略的逐步实施和年度工作目标的实现，有利于在公司内部创造一种突出绩效的企业文化。

（一）绩效计划的制订原则

1. 计划上下一致

设定绩效计划的最终目的是保证公司总体发展战略和年度生产经营目标的实现，所以在考核内容的选择和指标值的确定上，一定要紧紧围绕公司的发展目标，自上而下逐层进行分解、设计和选择。

2. 考核内容突出重点

员工担负的工作职责越多，所对应的相应工作成果也越多。但是在设定关键绩效指标和工作目标设定时，切忌面面俱到，要突出关键、突出重点，选择那些与公司价值关联度较大、与职位职责结合更紧密的绩效指标和工作目标。

通常，员工绩效计划的关键指标最多不能超过 6 个，工作目标不能超过 5 个，否则就会分散员工的注意力，影响其将精力集中在最关键的绩效指标和工作目标的实现上。

3. 目标制定具有可行性

关键绩效指标与工作目标一定是员工能够控制的，要界定在员工职责和权利控制的范围之内，也就是说，要与员工的工作职责和权利相一致，否则就难以实现。同时，确定的目标要具有挑战性，有一定难度，但又可实现。目标过高，则无法实现，不具有激励性；目标过低，则不利于公司绩效成长。另外，在整个绩效计划制订过程中，要认真学习先进的管理经验，结合公司的实际情况，解决好实施中遇到的障碍，使关键绩效指标与工作目标贴近实际，切实可行。

4.考核周期符合业务管控

员工绩效考核周期主要有月度、季度、半年度、年度考核几种。考核周期反映了企业业务管控的需求，要与自身业务特点相匹配，不是越短越好，也不是越长越好。业务成果越是长周期的企业，考核越应该偏向长周期，反之亦然。其也与企业领导者的管控风格和企业文化有关，有些管理者希望时时把握组织业绩与员工绩效情况，所以月月考核；有的企业领导者关注颗粒度更大的成果，所以采用季度与半年度考核。管理成熟度高的企业，有系统平台、管理机制来保证员工的日常工作产出，员工自驱力强，所以考核周期偏长；而管理成熟度低的企业，没有形成很好的绩效管理机制，管理者的绩效管理能力偏弱，员工自主性不强，所以需要借助考核的节点来推动绩效进展，考核周期偏向月度。

（二）绩效计划的基本内容

企业因不同的行业属性、不同的发展阶段、不同的企业管理成熟度因素，会选择适合自己的绩效计划。

绩效计划一般需要明确绩效目标与工作任务、考核标准、工作计划等。表4-2给出了一些代表性企业的绩效计划工具示例。

表4-2 某企业员工绩效计划工具示例

绩效计划制订人：		职位：			直接主管：		
绩效期间：					部门：		
序号	绩效目标任务	产出结果	完成时限	考核标准	考核数据源	权重	评估分值
1							
2							
3							
签约人：			主管签字：		评估分值合计		

从表4-2中可以看出，绩效计划基本上要涵盖以下几个方面的内容：一是绩

效计划制订周期；二是绩效计划制订部门、制订人的职位及其上级主管；三是绩效目标任务、绩效成果；四是绩效衡量标准；五是考核数据来源、绩效考核项目权重。

绩效计划的制订要注意以下几个要点。

一是绩效目标任务方面。一个好的绩效任务目标项目要求任务明确，目标清晰，工作成果具体、可以衡量，有时间要求，符合 SMART 原则。

S（Specific）——明确的，即目标的制定一定要是具体的，要让人知道想达成的情况是什么样的。

M（Measureable）——可衡量的，即目标的成果要可以衡量和准确判断，最好是量化的。

A（Attainable）——可达成的，即目标在具有挑战性的同时又是可以达成的，避免设置不符合现实情况的目标。

R（Relevant）——相关的，即目标的设置要基于公司战略，且目标与目标之间要有一定的关联性，趋于一个大方向。

T（Time-based）——有时限的，即有截止日期，要在一定期限内去完成目标，而不是无限拖延。

二是绩效评估标准方面。对于量化与非量化的评分标准清晰，可以依据考核数据直接评价获得分值，能量化尽可能数字化，不能量化的转化为行为定级评价。

三是绩效沟通方面。绩效经理人和员工要对绩效计划的以下内容达成共识：员工在本绩效管理周期内的工作职责有哪些？员工的具体工作任务目标有哪些？员工的工作任务目标的重要性如何，权重如何？哪项目标是最重要的，哪些是次重要的，哪些是次要的？员工在行动过程中可能会出现哪些主要障碍？达成目标的关键措施是什么？等等。

二、 绩效计划制订操作实践

下面我们选择有代表性行业的绩效计划制订操作案例进行分析。

（一）通信行业的绩效计划制订操作应用实践

某通信企业为了提升绩效计划制订的规范与效果，构建了自己的绩效计划管理规则，确保了绩效计划制订的严谨性、科学性与合理性。

1.绩效计划制订采用"KPI+GS"模式

通过表4-3给出的市场部品牌营销岗位5月的绩效计划书示例，可以看出其实施特点。

表4-3 某通信企业2023年5月员工绩效计划书

部门	市场部	姓名		填写日期		评估主管	
岗位	品牌营销策划	职级					
第一部分 关键绩效指标KPI（A）						权重A'	50%
序号	指标名称	单位	权重	目标值	挑战值	实际完成值	考核标准	自评小结	自评得分	主管意见	考核得分
1	中高端客户保有率	%	30%	70%	80%		拍照中高端客户保有率＝（1－考核年度拍照中高端客户流失数÷上年拍照中高端客户数）×100%。当拍照中高端客户保有率实际完成值不低于目标挑战值时，得20分；当实际完成值不高于目标基本值时，得0分；当实际完成值处于目标基本值与挑战值之间时，线性得分				
A:KPI完成评分											
第二部分 工作目标内容GS（B）							权重B'		50%		
序号	目标类型	工作目标	绩效标准（时间、数量、效果、成本）					权重	自评小结	自评得分	主管意见	考核得分
1	本月度重点工作	组织启动中高端用户网龄营销活动，提升中高端客户保有率	关键结果（15分）： （1）5月12日前完成中高端网龄营销工作方案的审签并下发，指导区县开展中高端用户的网龄营销工作，按时完成得7分，未完成不得分。 （2）活动期间保有客户中高端客户增加1000户，完成得8分，未完成不得分。 关键步骤（15分）： （1）5月7日前完成对模块的测试，目标客户号码提取，按时完成得5分，未完成不得分。 （2）5月8日前完成方案的初稿，以快文下发区县，按时完成得5分，未完成不得分。 （3）5月11日前完成正式文件及相关附件下发区县，协议、宣传物料准备，按时完成得5分，未完成不得分					30%				
B:GS完成评分											

续表

第三部分　加、扣分/否决项（C）				自评得分	主管意见	考核得分
序号	加、扣分/否决项目	考核方法	自评小结			
1	工作创新项目	本评价周期内工作创新项目评为公司十佳者得5分				
加、扣、否决分原因说明			C：加扣分项评分			
绩效评估＝（A×A'+B×B'+C）			绩效总分			
计划书制订时	员工签字	年　　月　　日	计划书评估后	员工意见		
	主管签字	年　　月　　日		主管意见		

2. 绩效计划制订特点分析

该通信企业绩效计划为员工工作提供了方向性的指引，同时是评价价值创造的重要内容。其特点分析如下。

（1）采用绩效管理办法。该企业主要采用 KPI 考核与 MBO 考核，其中 MBO 考核中采用了 OKR 的方法，关注绩效目标达成结果与关键措施。

（2）KPI 考核。KPI 是员工核心价值产出的体现，也是绩效考核的重点。将 KPI 纳入绩效计划书中，可引导员工的工作重心，聚焦核心工作，将员工的精力从不是那么重要的琐事中解放出来。

（3）GS（重点工作目标）。GS 专指阶段性目标或者专项任务，一般是一些相对长期性、过程性、辅助性、难以量化的关键工作任务。GS 是 KPI 完成落地执行的重要工作任务。

（4）关键行动措施。为达成 KPI 和 GS 而采取的关键措施即关键行动措施。这些关键行动措施要能够支撑 KPI 和 GS 的达成，并且有相应的成果产出。

（5）绩效标准。该企业的绩效计划书绩效考核评分标准清晰、可量化，能基于月度数据直接赋予分值，保证了评估的可行性与公平性，避免了评估的主观性。

3. 绩效计划制订要点

（1）KPI 的数量和权重设置要适度。KPI 数量既要有利于工作的分配，也要有利于结果的考核。一般来说，KPI 数量控制在 3~5 个，最多不超过 8 个。过多的考核指标会导致员工分散注意力。此外，应确保指标间不出现重叠，即不应出现重复考核的事项。每个 KPI 权重一般不高于 30%，不低于 5%。过高的权重易导致该员工"抓大头扔小头"，对其他与工作质量密切相关的指标不加关注；而且过高的权重会使员工考核风险过于集中，万一不能完成指标，则考核期奖金薪酬会受很大影响。而权重太低则会对考核得分缺少影响力，也易导致员工"抓大头扔小头"现象。

（2）掌握常见工作目标类型与来源。常见工作目标分为"四个目标类型"，对应的有"四个来源"。

来源一：部门重点工作。例如，上级下达的重要工作或者某项长期专项任务的阶段性产出。也包括为完成 KPI 而计划安排的重要措施任务，如为了提升校园市场 5G 用户渗透率，组织一次 9 月全市校园 5G 入网送终端营销活动。

来源二：本岗位重点工作。例如，自我规划的重点工作，包括为完成 KPI 计划安排的重要措施任务，如当月开展对本市 3 家异网签约的农业银行进行异网挖掘。

来源三：短板改善 / 创新工作。例如，对上月工作短板提出的提升策略，如对上月服务短板进行整改，实施排队等候优化方案，提升服务厅服务排名。

来源四：岗位基础与日常工作。例如，通过对岗位职责中常规性工作制定工作标准、流程关键控制点进行量化考核管理，如每月至少对专营店进行 1 次走访，检查其业务熟悉度、市场经营行为的规范度和店面管理的规范度，若发现问题及时督促整改。

（二）电力行业的绩效计划制订操作应用实践

1. 实施灵活的多元化的绩效计划管理模式

某电力企业提出"具有中国特色国际领先的能源互联网企业"的战略目标，以"国际领先"为战略定位，从硬实力、软实力综合发展出发，将公司战略指标体系分为企业共性、行业特性、国企属性共计 55 个指标。这些具体的、可衡量的指标既为企业发展指明方向，也为各级组织绩效制定和员工绩效计划提供了具体的、可执行的 KPI 与目标。该企业依据不同组织、不同员工的工作性质和业务特点采用不同的考核模式：各级生产单位多采用"关键业绩制"；各级部门、项目团队以及管理类、技术类岗位员工多采用"目标任务制"；技能类和服务类岗位的一线员工多采用"工作积分制"；通过不同层级的考核，因岗制宜、自下而上支撑企业目标达成。

在其各种考核模式中，一线员工"工作积分制"模式尤其体现企业特点，是与业务结合比较好的绩效管理方法之一。表4-4给出了该企业某供电所台区经理的工时积分制绩效计划评估表示例。

表4-4　某电力企业（　）年（　）月度员工绩效计划与评估表

部　门	A 供电所			姓　名			
岗　位	台区经理			评估主管			
序号	工作类别	工作标准	分值（分）	单位	工时标准	评估分值	积分说明
一、日常运维管理							
1	表计轮换、新装（单相）	1. 按安全规程要求，台区经理为工作班成员，做好安全防范措施； 2. 工作单填写完整、工整，用户签字确认； 3. 及时反馈工单至业务流程，旧表资产回退表库	1	只	1 小时		符合安全规程要求，接线正确，加封完整，工作单及时反馈，旧表及时回退，否则该项工作不计分并加扣相应分值
2	表计轮换、新装（三相）	1. 按安全规程要求，台区经理为工作班成员，做好安全防范措施； 2. 工作单填写完整、工整，用户签字确认； 3. 及时反馈工单至业务流程，旧表资产回退表库	2	只	1 小时		符合安全规程要求，接线正确，加封完整，工作单及时反馈，旧表及时回退，否则该项工作不计分并加扣相应分值
3	……						
二、台区整治、用电检查							
1	台区设备、线路巡视	1. 开具派工单； 2. 定期（3个月一次）、特殊巡视（上级通知）、故障巡视（发生故障后）开展对设备、线路的巡视； 3. 做好巡视记录； 4. 巡视情况反馈	4	回	1人/3小时		未填写巡视记录不得分、未巡视到位弄虚作假不得分并加扣相应分值

续表

2	线路除障	1. 开具派工单； 2. 按要求一年对台区线路、设备开展两次除障工作； 3. 保留除障前后对比照片留存	8	台区	1人/天	整治后现场不得有树障，未清理彻底，检查人员酌情扣分，扣完为止
3	……					
合计						

计划书制订时	员工签字：		计划书评估后	员工签字：
	主管签字：			主管签字：

以该企业积分制模式下的绩效计划为例分析，绩效计划主要明确积分标准与积分项目。

（1）积分标准。它指1个中等水平技能的员工在一般作业条件下工作1小时的劳动价值单位。

（2）积分项目。本案例中台区经理的工作分为日常运维管理、台区整治用电检查、配电运行维护、项目管理、优质服务管控和临时性工作共五大方面，使工时积分库做到岗位日常工作的全覆盖，积分能够全面、准确反映员工的工作产出。运用工时积分库，员工能够大致估算出自己的当月收入，实现多劳多得，拉开员工差距。

2. 积分制模式绩效计划制订要点

（1）建立同价计酬体系。建立积分价值统一标准，工时积分作为工区建立的用于衡量一线班组及其员工任务绩效的量化方法，以标准工时（工分）为度量单位。

（2）积分统计与管理。对于工时不易记录或难以记录的非作业性任务，工区可参考经验估算数据，采用评估、协商方式确定该项任务的工分额度给任务团队或作业小组积分。对于环境、条件、对象、内容、方法、程序等要素比较稳定、高度重复性、标准化的作业任务，工区已经颁布了适用的工分定额或标准的，优先套用标准给任务小组或作业团队定额积分。

（3）项目制积分模式。套用工分标准或采取评估协商方式给任务团队赋予定额积分的，由该任务团队负责人负责向团队成员二次分配，计入成员当月工分。如果项目任务的持续时间较长、团队成员变数较多，为保证团队工分二次分配的客观性或公平性，团队负责人应建立规范的每日工时记录与工分表单。

（4）优化标准工时定额。紧扣工作实际和专业管理需求，反复锤炼工时定额库，完善"工作量＋工作质量"二维工时积分量化评价体系。确保出台工时定额库前与员工进行充分沟通并得到多数人的支持认可。

（5）注重沟通协作。各单位在深化工时积分同价计酬机制建设中，要注重团队协调配合。横向协同上，要充分考虑生产、营销等各专业的管理实际，定期开展交流，分享借鉴经验，研讨问题不足，确保同步推进、协调一致。

（三）高科技企业绩效计划制订操作应用实践

1. 采用 OKR 的绩效计划制订模式

在高科技行业，高科技企业重视技术创新、研发投入，拥有大量的技术专利和知识产权，通常具有较高的成长性。高科技企业多是知识密集型企业，企业人才专业性强，通常具备较高的专业知识和技能，具有较强的学习能力和适应能力，能够迅速掌握新技术和新知识；注重团队合作和沟通，能够与其他团队成员协同工作，共同实现目标；人才平均年龄偏年轻化，重视自主性与创新超越。传统的绩效考核方法难以满足高科技企业人才与业务发展需求，而高科技企业文化氛围正是适合推行 OKR（目标与关键成果法）的绩效文化环境。

OKR 与 KPI 的本质区别在于，KPI 是"让我干"，而 OKR 是"我要干"。这两者的出发点和主动性完全不同。在以前的操作方式下，由于直接涉及利益，目标设定变成上下级斗智斗勇的谈判过程，员工有想法也不一定提。而 OKR 评价分数与等级和薪酬不直接挂钩，剥离了直接利益因素，员工只要认为有利于公司发展，就会"敢为人先"。同时，OKR 让团队目标一致、开放透明、同心协力，而在以前的操作方式下，员工只清楚自己的目标或团队目标，不清楚协作成员目标。

OKR 能帮助组织设定明确的目标，量化这些目标的实现，并提供一种有效的方法来追踪和评估进展。OKR 对企业的价值，主要体现在如下五个方面（见图4-3）。

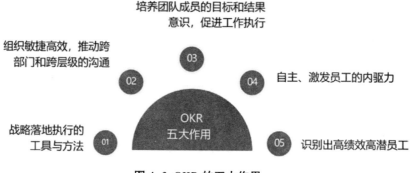

图 4-3　OKR 的五大作用

2. OKR 绩效计划制订特点分析

表 4-5 给出了某高科技企业员工某季度 OKR 绩效计划与评估表。表 4-5 中所提及的某高科技企业新能源事业部有着 OKR 良好的运营环境，其事业部负责人倡导"开放、平等、创新、包容、追求卓越"的绩效文化，这种开放性有助于确保所有员工都能参与到目标制定和实现中，鼓励不断尝试新方法和解决方案。而员工愿意积极参与和共享目标，有助于团队更好地协同合作。

（1）本季度的 OKR 中，"O——Objective，目标"有 3 项。这些目标是对驱动组织朝着期望方向前进的追求的一种描述，它是简洁的、可描述的，符合组织的现实，且具有挑战性，也是鼓舞人心的。例如，一个季度完成年度目标的 30% 对团队的激励作用是明显的；确定 1 家 1000 万元意向合同的新能源新客户以及完成业务流程优化提升业务响应速度等，均是团队共创的目标。

（2）"KR——Key and Results，关键成果"是衡量"O"的关键结果，其核心在于符合 SMART 原则。首先，它是具体的，是可衡量、可量化的；其次，它是可达到的、具有相关性的。目标要与自身业务实际相连，且是可以实现的。每个 KR 均是可以衡量的，有策略性、标志性的成果。

（3）权重比例设置符合企业工作重点与评估要求。为激励企业员工服务，公平合理地评价员工价值贡献，激发员工的动力，是 OKR 的使命。

表 4-5 某科技企业（ ）年（ ）季度员工绩效计划与评估表

部 门	SD 新能源事业部				姓 名			
岗 位	AD 区域市场部经理				评估主管			
	计划表					评价表		
序号	目标（O）	关键成果（KRs）	KR 权重	O 分值	KR 完成	KR 得分	O 得分
A	本季区域市场总销售额完成年度目标的 30%	4 月，重点发布一次市场产品推荐会，老客户代表到场 80%；潜在客户有 10 家，完成业绩目标 3000 万元	20%	100			
		5 月，组织团队拜访 3 家重点客户，探求需求，明确产品定制化新方向，完成业绩目标 3000 万元	30%				
		6 月，组织团队拜访 3 家新客户，构建新合作关系，提升服务感知，完成业绩目标 4000 万元	50%				
B	本季度签约 1 家新能源企业客户，确定不低于 1000 万元的意向合同	4 月，分析新能源企业业务政策与历史供应渠道，形成能源企业行业分析报告	30%	100			
		5 月，盘点企业资源，重点强化企业 3 项市场竞争优势，形成企业竞争报告	20%				
		6 月，与 7 家企业负责人进行商务初步洽谈，确定 3 家意向单位，并确定 1000 万元的意向合同	50%				
C	配合组织完成年度业务流程优化项目，提升业务响应能力	4 月，参加组织的流程项目启动会并安排计划执行，符合项目组进度要求	50%	100			
		5 月，组织业务流程评审，确保业务响应能力提升 50%	50%				
评分公司 =A×60%+B×30+C×10%							
计划书制订时	员工签字：			计划书评估后	员工签字：		
	主管签字：				主管签字：		

3. OKR 模式绩效计划制订要点

OKR 由目标和关键成果两部分构成，对于团队和个人而言，是实现的目标及具体的实施方法与手段。推动 OKR 执行，需要重视以下几个要点。

（1）OKR 推行文化氛围的塑造。无论是高科技企业，还是传统企业，有良好的绩效文化，都能很好地推行 OKR。因为 OKR 的本质是激发人的内在动机，是为了满足人的自主、胜任、关系三个基本心理需求，这三个基本心理需求是普遍适用的，无论是高科技企业的员工还是传统企业的员工，都渴望自主掌控自己的工作，都渴望能从工作中找到胜任感，也都希望能在工作中同上级及同事维系一个健康的工作关系。只是相对而言，高科技企业更强调创新制胜，更需要创造性，目标也更具有挑战性。

（2）OKR 中"O"的制定，需要对齐与激励人心。实现上下对齐，需要实现层层分解，将公司层面分解到部门层面，部门层面分解到个人层面。"O"来自公司的使命、愿景、发展目标，需要控制数量，聚焦优先级，使组织上下可以朝着同一个方向努力。同时，要以激发和点燃员工内心深处的激情为目的，要阐明做事的方向以及这样做之后能为公司、为客户、为社会带来什么改变。其内容应明确、清晰，是对想达成状态的具体解释，而非含混不清的描述。

（3）OKR 中"KR"是实现"O"的关键成果，要符合 SMART 原则，撰写思路要有助于"O"的达成。"KR"是 OKR 制定者对自己的承诺，需要用行动来实现。制定时可以问一下自己，这个"KR"对"O"有直接的支撑作用吗？这个"KR"从哪个方面支撑了"O"？在理想状态下，当所有"KR"都达成时，"O"就能得以实现。

（4）制定思路主要有关键策略型、关键任务节点型思路。关键策略型思路是指衡量一个目标达成过程中的关键成果因素。

例如，某产品部门的一个目标是"提升用户满意度到 80% 以上"，此时要考虑的关键成果因素是找出影响用户满意度的核心因素与目标值。

KR1：售后服务人员的素质评分优秀级。

KR2：产品质量合格率 100%。

KR3：产品美誉度 80%。

关键任务节点型思路是按照时间或工作流程明确达成目标的关键任务，该思路的"KR"重视行为化。

例如：

O：完成第一季度组织开展 50 位以上高价值客户第一次线下大型新产品推荐会。

KR1：截至 1 月底线上沟通不低于 200 位高价值客户，确定不低于 100 位意向客户参加线下产品推荐会。

KR2：截至 2 月底完成推荐会组织策划方案并确定时间与地点。

KR3：截至 3 月上旬要完成新产品推荐路演，并通过现场路演，完成不低于 20 万元的新产品销售额。

第三节　绩效过程管理

绩效过程管理关注从目标设定到结果实现的整个过程，通过持续的沟通、监控和调整、过程复盘赋能，帮助组织和个人实现更高的绩效水平。从本质上说，绩效过程管理管理的是经营策略的有效性和绩效计划执行的完成度。

一、绩效过程管理方法

在制订绩效计划、确定绩效指标之后，员工就开始按照计划开展工作。绩效管理不仅要关注结果，更要关注绩效形成的过程。绩效过程管理即是为了保证绩效计划的落实，在过程中及时收集计划完成的数据与信息，便于主管对员工进行辅导、支撑，对偏差进行及时修正、对工作进行回顾和总结的一种管理方法。

绩效过程管理在于检查、反馈与沟通，是员工与上级领导的双向管理方式，对个人和团队都有着重要的价值。对于个人来说，绩效过程管理是为了保证关键业绩指标与关键目标完成，对工作进行阶段性回顾和总结、不断进行绩效改善的一种管理方法，也是向上级反馈执行情况，谋求上级支持、认同、指导帮助的一种向上管理方法；对于团队来说，绩效过程管理是为了确保团队目标达成，进行过程督导检查、沟通工作进度、开展团队工作协同、不断调整资源配置、进行团队绩效复盘改善的一种管理方法，也是主管对下属开展指导、帮助、认可激励、资源支持、团队协作的团队管理方法。常见的过程管理方法有绩效过程日常观察赋能法、周绩效例会法、绩效过程看板管理法。

（一）绩效过程日常观察赋能法

该方法主要指主管人员直接观察员工在工作中的表现，并对员工的表现进行记录的方法。该方法要求管理者更多地离开办公桌，走出办公室，经常与员工保持接触，观察他们的表现，给予员工适时的支持和帮助，为他们提供必备的资源，帮助他们更加高效地工作。当员工表现好的时候，给予鼓励，激励他们更加努力地工作；当员工表现不好时，也应及时对其指出，使他们在第一时间发现自己的错误并改正，重新回到绩效目标的正确轨道上来。同时，主管在日常工作中了解相关部门的反馈，发现周边的抱怨和投诉并及时处理，帮助员工把问题消灭在萌芽状态；对于周边的表扬，也及时吸纳并对员工进行肯定。

该方法中所有的检查都来自主管通过观察得到的有效信息，这些信息都应该与员工的绩效相关。主管可通过报告、目标执行看板、周边反馈、工作记录等更深地了解下属的执行情况。绩效过程赋能则是主管通过提供资源、技术、知识等手段，帮助员工获得更多的能力和机会。面对员工在绩效执行过程中因能力不足或认知差异导致的问题，主管需要给予必要的指导与支持，同时对于表现优秀的员工需要给予及时激励。

（二）周绩效例会法

周绩效例会是常用的绩效过程管理方式之一。一个高效的周绩效例会需要做足会前准备，包括以下执行要点。

一是明确会议的议题。定下议题后，严格在议题的框架内进行讨论。

二是明确会议的时间及与会人员，并提前通知参会人员。

三是明确会议流程，按时间顺序确定会议的具体环节。对于相互承接的议题或环节，需按照逻辑顺序进行安排。

四是确定会议主持人及其职责。会议主持人的职责包括以下几个方面。

（1）会议气氛把控。会议主持人应该能很好地掌控全局，有效地观察到所有参会者及其反应，奠定整个会议气氛的基调。会议主持人应当按照会议的性质、传达的内容来定位会议的风格。

（2）控制会议时间、推动会议的进程。会议主持人应该提前准备，严格按照会议流程开展会议，有效控制会议的时间。会议开展过程中发现与会者陷入与议题无关的争论时，主持人应该适时提醒，让会议回归主线。

（3）协调发言。制定好发言规则，并能够充分调动参会者的积极性，让其主动展开思考，踊跃发表自己的看法。但当与会者陷入自我，超过发言时长时，需要及时打算让其作总结，或者帮其作总结。

（4）进行观点总结。在参会者发表完一轮观点后，会议主持人可以在提出次要问题或观点的基础上，对本轮讨论进行总结和记录，在加深参会者印象的同时也可能启发新思考，此外也不至于会议的讨论毫无效果。

（5）跟进会议决定。只讨论而不落实的会议是毫无价值的，会议主持人应该对会议高度负责，及时对整个会议的决策落实进行发布、跟踪和记录。

（三）绩效过程看板管理法

该方法通过看板及时、直观地反映绩效指标与工作进度情况，特别适合对生产一线员工工作执行情况的进度管理。绩效过程看板主要有工作现场生产运行指标监控看板、员工业绩完成情况动态看板等。可视化与自动化是看板管理的基本要求。

1. 工作现场生产运行指标监控看板

在企业生产一线，生产现场需及时监控生产运行效益、效率、质量、安全等关键指标，并通过指标体现企业经营计划执行与质量管控指标。这些一般通过智能化生产设备自动显示出来，并及时输出指标运行相关报表。

2. 员工业绩完成情况动态看板

在销售团队中，多常见业绩动态看板。通过此看板数据分析，主管可以发现不同周期销售规律的变化，从而更好地制定销售策略。这可以让主管更加了解团队成员业绩的数据，发现每个销售人员的业绩或存在的问题，从而更好地制订培训计划和采取激励措施。

二、绩效过程管理实践

（一）某通信企业绩效过程管理操作应用实践

某通信企业地市分公司市场部，以往召开周例会一般平均需要 2 个小时，影响了团队工作效率。通过绩效过程管理的优化，首先，该市场部会议效率得到显著提升，会议时间由 2 个小时变为 45 分钟准时结束。其次，市场部在整个公司组织牵头的影响力得到进一步提升。同时，其部门协同能力、绩效问题解决能力也得到提升。最后，市场部与会人员更加积极，不断分享自己的经验与建议，工作取得的成效也能及时得到上级的表扬与激励。这些成效的取得主要是因为该部门实施了"周绩效例会"的模式。

1. 以往的周例会主要存在四个典型问题

（1）会议中时长不可控。会议通常是周一下午 2 点召开，到 4 点结束，时长 2

个小时，但实际上需要 3 个小时才能探讨、解决问题。

（2）会议中研讨效率低下。会议中有些信息不清晰，需要反复查证、研讨效率低下，问题总是悬而不决。

（3）会议后的执行情况难追踪。会议计划安排下去没有督导人，总是不知道会议执行情况如何。

（4）会议多"一言堂"。多是部门负责人一个人在发言，安排工作，指出问题与解决问题。

2. 通过"周绩效例会"模式，实施绩效过程管理

如何去解决绩效计划执行中的问题，把握经营方向？市场部经过思考与研讨最终采取了以下关键策略。

（1）构建周例会管理规范与纪律。明确绩效过程主要通过周绩效例会的方式来执行管理，统一认知，建立五个统一。统一会议名称，命名为"周绩效例会"；统一会议人员的角色责任，明确主持人、记录人与督导人、与会人的管理要求；统一会议时间与流程，会议时长 45 分钟，分为回顾、议题研讨与关键决议、会议后执行与改善计划措施；统一表单工具，规范会前周绩效工作总结表、会议周计划记录表；统一会议问题分析解决结构，明确目标差距、分析、思考与解决问题策略，同时明确会议"会而有议、议而有决、决而有果、果而有行"的工作纪律。

（2）会议前期需要专业主管完成周工作总结与复盘，明确会议议题。与会人员需要做好会议前期准备工作，统一编写绩效计划执行总结表（见表 4-6），并交会议主持人。

（3）会议主持人汇总每个专业主管的议题与工作总结，做好会议的管理。首先，明确周绩效例会核心流程。包括：会议的开始，具体有阐明会议目的、交流会议议程、介绍时间安排、指定会议记录人；进行会议讨论，具体由议题提交人分享议题背景与解决问题的思考；形成议题总结；会议结束，形成下一步行动计划，督导工作要求。其次，会议后形成一个会议记录（见表 4-7）。会议记录也是落实跟踪检查工作的重要依据，需要每位与会者知晓内容并签核。

表 4-6　周绩效计划执行总结表

部门: 渠道主管	姓名:	时间: 5 月 11 — 15 日
本周绩效计划中完成 / 未完成工作回顾		

序号	本周绩效工作内容	完成 / 未完成情况分析	绩效复盘与改善
1	片区渠道市新占比控制在 50% 以上	①完成情况: 片区新占比未达标, 占比完成 40%; ②原因分析: 共享渠道商家表示友商卡的利润高, 积极推广其他卡	思考: 应对的策略分析不足, 新渠道商对整体政策不了解, 需要及时召开渠道商会议
2	……		

下周工作安排		

序号	下周重点工作目标	工作计划与策略	所需要的资源支持
1	策划组织召开片区渠道会议, 提升渠道管控力	20 日之前完成策划方案, 并提交确认	政策的确定
2	……		

会议研讨议题		

序号	议题	议题需要解决的问题	议题背景与解决思路 (若有素材请补充)
1	年度新的渠道政策需要如何制定	渠道的分层分级标准与酬金管理政策如何优化	①通过对渠道商家的走访, 获取了一线信息, 我们需要审视; ②友商提出了每办理 100 张卡, 酬金政策在原来的基础上提升 0.5%
2	……		

表 4-7　周绩效例会记录表

主持人: ×××	记录人: ×××	会议时间: 5 月 17 日
第一部分: 个人总结 (AAR)		

序号	岗位	项目	启示	绩效复盘与改善
1	渠道管理员	片区渠道市新占比控制在 50% 以上	①完成情况: 片区新占比未达标, 占比完成 40%; ②原因分析: 共享渠道商家表示友商卡的利润高, 积极推广其他卡	思考: 应对的策略分析不足, 新渠道商对整体政策不了解, 需要及时召开渠道商会议
2		……		

续表

第二部分：专题讨论				
序号	岗位	议题题目	会议讨论结果	下一步最好的行动（NBA）
1	渠道管理员	渠道的分层分级标准与酬金管理政策如何优化	因金融风暴影响，商家新建渠道积极性有待提高	向各商家积极宣传，积极引导，大力宣传渠道合作政策
2	营销管理员	策划校园迎新营销活动，发展新用户	①与代销商对各大高校进行走访，拟定宣传所需品，了解本年度校园营销政策与要点；②下周组织完成营销策划活动的流程、资源配置、组织责任与目标计划的初步方案提交审核	携代销商进行密切配合，对各高校再次进行走访、协商
3	……			
第三部分：下一步最好的行动（NBA）				
序号	岗位	本周工作内容	完成时限	主要负责人 协同人
1	渠道管理员	对建设的核心渠道进行业务培训及宣传资料到位	5月20日	×主管　　×主管
2	营销管理员	与代销商走访各高校，对学校迎新协议签订工作进行商议	5月21日	×主管　　×主管
3	……			
签字				

3.周绩效例会实施分析

上述企业市场部通过周绩效例会的方式进行工作协同安排、解决问题、进行提升组织绩效与赋能员工的绩效过程管理方法有以下几点可以借鉴的地方。

（1）建立周绩效例会管理规范。一个好的绩效周例会要满足以下四个特征（见图4-4）。

①有流程分工，能在规定时间内完成

②有议题，能解决问题

③有追踪，能让目标达成变得可控

④有结论，能落实到行动

图 4-4 高绩效会议的四个特征

（2）重视议题的研讨，聚焦问题，集合团队智慧解决问题。公司的议题一般与组织绩效目标达成和竞争力提升相关，是团队当期的重点工作。其完成时有一定难度，需要其他团队协助，需要资源支持与指导。该部门用 30 分钟重点研讨议题发起的问题如何解决，通过聚焦发散、头脑风暴、团队共创的方法，激发团队智慧解决问题。

（3）重视会议决议，通过具体的计划明确执行时间与责任人。每次会议明确会议决策行动执行的"3W"。"What"：具体决策和成果产生于此次会议以及会后需要完成什么任务？"Who"：谁负责这些任务？如果与会者自发地承诺负责某些特定行动，则他们更可能完成这些任务。"When"：何时完成这些任务？让参与者对计划安排作出承诺，明确下次的沟通验收会议的召开时间。

（4）简单有效的工具。本案例中的市场部统一要求编写周绩效计划执行总结表、会议后形成周绩效会议记录表，让部门管理快速形成了一套自己的运营模式，并能很快达成共识与执行到位。

4.周绩效例会执行要点

开好一个高绩效的周例会，进行有效的绩效过程管理，需要把握以下几个方面的执行要点。

（1）明确执行目标。周绩效例会需要聚焦议题，围绕组织绩效计划执行情况来研讨。周绩效例会"检查目标达成，督导进度、短板改善、工作协同、计划统筹"，是最好的目标计划执行过程管理方法之一。绩效过程管理至少需要达成如图 4-5 所示的四个方面的功能。

图 4-5 绩效过程管理

（2）周绩效例会现场管理。明确会议流程与管控要求，首先由会议主持人介绍会议议程，向与会者传达本次会议的目的、环节安排、预期成果。其次，在会议开展过程中，与会者要紧紧围绕着议题展开思考与讨论，不陷入旁枝末节或者不相干话题的争论，这里需要主持人来引导参会者的讨论方向，并且由主持人或者指定成员对会议内容进行记录，便于会后的总结和回顾。会议的决议必须得到落实，因此在会议中必须明确会议结束后的行动计划，包括行动目标、责任人、结果产出及完成期限。再次，会议结束前，对会议的全部内容进行简单回顾，强化与会者印象。主持人可向与会者发放会议记录，方便与会者对会议内容进行回顾。最后，会议结束后，需要对会议上的决策进行落地执行，并对执行情况和效果进行跟踪。

（3）集团队智慧解决问题，达成共识。通过绩效过程管理，指导并赋能员工，激发员工的内在动力，同时不断帮助员工校正工作方向，解决关键工作问题，增加员工的参与感，让员工在感觉被尊重的同时，最大限度激活自身潜力，最终实现高绩效目标，乃至实现公司战略。

周绩效例会的过程就是发现问题与解决问题的过程，其流程如图 4-6 所示。

会前议题 准备、启动会议	绩效目标 回顾	差距与 原因分析	议题研讨 （解决方案）	达成 共识	明确后续行动 并落实责任人	会议督导 闭环管理
	10%	20%	50%		20%	

图 4-6 周例会会议流程

（二）某数据科技企业绩效过程管理操作应用实践

OKR 制定完成后，需要在日常工作中及时跟进 OKR 完成情况。基于实际环境变化与 OKR 完成情况，组织内部应积极开展沟通，提炼问题点与解决方案；在必要情况下，如发现原定工作方向、工作方式等已不适用现在的实际环境，应对 OKR 进行及时调整。

本例企业是一家数据科技企业，该企业以往在绩效计划制订后，存在绩效计划与日常工作执行脱节的现象，主要表现在以下几个方面。

第一，信息不对称。每个人的站位不同，不了解他人的工作进展，没法给出问题的解决建议，而自己的议题他人也不清楚。

第二，会议时间过长，大家对周例会的体验不够好，缺乏目标感。有时候大家花大量时间研究某件事"怎么跟进"，而忽略了这件事对整体到底重不重要。会后回头一看，有很多更关键的问题居然没讨论。

该企业在实施了 OKR 周例会的模式后，通过对绩效计划的有效执行，团队组织能力、团队绩效、会议效率明显提升。其绩效过程管理的主要策略如下。

1. 通过 OKR 四象限法，进行例会前期信息管理

以周例会的方式进行 OKR 的执行过程管理，通过线上 OKR 平台团队员工定期记录围绕着 KR 的核心工作进展情况，并在周例会前将进展同步到团队周报中。周例会中对相关工作进展进行讨论，梳理相关问题、风险点及解决方案。

会议前每个人需要完成 OKR 周报。OKR 通过四象限法进行管理。四个象限内容包括本周工作任务、OKR 执行进度、OKR 执行障碍、改善方案（见图 4-7）。

岗位：组织发展管理员　　　　　　　　　　时间：

本周工作任务	OKR 执行进度
KR1——完成组织优化方案，提交审核； KR2——召开公司战略与人才盘点共创会	完成公司组织优化与人才盘点工作，提交组织人才匹配最优建议，完成度 50%
OKR 执行障碍	改善方案
业务人员出差人员占比 20%，影响了盘点的进度	能否通过第三方以线上视频会议的方式开展人才盘点

图 4-7　OKR 四象限法看板

2. 召开线下 OKR 周例会，并同步完善修订线上 OKR 平台信息

通过四象限法，主管清楚掌握下属工作开展情况、潜在障碍与解决方案以及本周任务。线下 OKR 周例会的重点是"对齐—共享—共创—执行"。

（1）不断对齐目标。在 OKR 执行过程中，员工个人的理解不同或者在执行过程中遭遇的困难等都会导致 OKR 的目标出现偏离。周例会可不断地明确、强调 OKR 的目标和方向，让团队之间不断进行沟通，对齐目标，在出现目标偏离时及时进行纠正。

（2）不断刷新、同步团队信息，共享团队信息，共同完成团队负责人的 OKR。团队内公开透明的环境可让团队发挥出最大的协作效果，在团队成员需要支援时其他成员能够更加快速准确地了解对方的需求。所有团队成员共同协同，填写团队 OKR 的最新进展和下一步计划，形成团队 OKR 周例会表（见表4-8）。这便于组织绩效管理能更好地执行。

表 4-8　OKR 周例会——团队 OKR

团队关键目标——"O"	组织完成公司牵头的组织结构优化与人才盘点工作，提高人力资源效率		
关键结果	本周进展	风险同步和资源支持	下周计划完成
关键结果一：启动组织结构优化项目，明确问题点	①【团队负责人】组织召开启动会，发言并提出项目价值与重大意义。（完成）②【人力主管】提出组织优化问题点与工作目标。（完成50%，问题点还需要分析论证）③【组织发展专员】提出具体执行工作计划，并组织执行。（完成40%）	①问题分析诊断结论的可信度。②建议由第三方参与并指导	①【团队负责人】督导工作执行，关注组织人员编制。②【人力主管】组织协调相关部门完成第一阶段访谈工作内容，并明确优化问题。③【组织发展专员】确定访谈工作计划与协调组织优化专家进行线上辅导
关键结果二：启动人才盘点项目，提交绩效与能力测评数据	①【团队负责人】组织召开启动会，发言并提出项目价值与重大意义。（完成）②【人力主管】提出人才盘点工作目标与分工。（完成）③【人才发展专员】提出具体执行工作计划。（完成50%）	①项目进度问题。②公司有20%人员出差，会影响项目进度。希望能灵活地进行线上访谈	①【团队负责人】督导工作执行，关注组织与人才匹配率。②【人力主管】组织协调相关部门完成第一阶段访谈工作内容。③【组织发展专员】确定访谈工作计划与协调访谈人员

（3）聚焦问题与策略，团队共创解决问题。线下会议重点关注 OKR 遇到的障碍与解决方案。应对存在的问题定义，确保团队对问题有清晰、一致的理解。通过讨论和梳理，明确问题的核心、影响范围及紧迫性。通过头脑风暴，鼓励团队成员充分发表意见，不拘泥于常规思维，激发创新思维。对提出的方案进行梳理和筛选，选出最具潜力和可行性的方案进行深入探讨。对选定的方案进行风险评估，预测可能遇到的挑战和障碍，并制定相应的应对措施。

（4）执行赋能，落实到责任人员。重点关注 OKR 的进展，在追踪过程中对好的工作结果进行表扬，对于做得不好的地方则需要进行清晰的指正，以在追踪过程中不断完善工作。同时保证 OKR 的每一个目标、每一个关键结果都有具体明确的负责人在进行。

3. OKR 模式下，绩效过程管理实施分析

本例企业绩效过程管理最大的特点是使用了线上 OKR 平台，让信息更新修正、团队工作对齐与协同变得简单，解决了信息沟通盲点问题。此外还有以下几个要点值得学习。

（1）团队绩效过程的重点是追踪绩效计划执行的进度与解决问题。其团队通过 OKR 四象限管理工具明确"障碍与方案"，可以让团队更加有效地聚焦问题与策略，共同创新解决问题。

（2）能聚焦组织目标，重点关注团队目标执行中的问题。团队负责人先根据自己的 OKR，点评一下现阶段团队重点目标的完成情况，以及现阶段大家的动作是否围绕着目标、KR 是否需要作适当调整。接下来是解决问题。针对大家所讲的进度过程中遇到的问题，团队负责人组织大家分别展开讨论，明确问题是否产生的原因是什么，怎么解决，需要什么资源。然后形成解决方案并明确接下来的执行人员。该企业通过不断对齐目标，确保团队能够对 OKR 及时纠正、调整和同步，让 OKR 朝着正确的方向执行。

第四节 绩效评估与面谈反馈

绩效评估与面谈反馈是企业绩效管理中的关键环节，其目的是对照工作目标和绩效标准，通过科学的考核方式评定员工的工作任务完成情况、工作职责履行程度以及发展情况，并将评定结果反馈给员工，运用考评结果进行绩效改善，帮助员工持续不断提升。

一、 如何做好绩效评估与面谈反馈

绩效评估，也称绩效考评，是指对员工现任职务职责的绩效计划执行情况的评估过程。绩效评估涉及相应的评估标准和评估方法，以其为相应的标尺，对绩效结果作出定性或定量的评价。

（一）绩效评估反馈原则

一是公开原则。企业的绩效考评标准、考评程序和考评责任都应当有明确的规定，这样才能使员工对绩效考评工作产生信任感，对绩效考评结果抱理解、接受的态度。

二是客观考评原则。企业绩效考评应当根据明确规定的考评标准，针对客观考评资料进行评价，尽量避免掺入主观性因素。

三是直接上级考核原则。对各级员工的考评，都必须由被考评者的"直接上级"进行，并且使考评系统与组织指挥系统取得一致，以利于加强经营组织的指挥机能。即使在多元化的考评主体下面，如360度反馈，员工的直接上级仍是具有决定作用的考评者。

四是结果反馈原则。绩效考评的结果应对本人公开，这样可以使被考评者了解自己的优点和缺点，从而使考评成绩好的人再接再厉，继续保持先进，也可以使考评成绩不好的人心悦诚服，奋起直追。另外，这也有助于防止绩效考评中可能出现的偏见以及种种误差，以保证绩效考评的公平与合理。

五是差别原则。绩效考评的等级之间应当有鲜明的差别界限，针对不同的考评评语在工资、晋升、使用等方面应体现明显差别，使考评带有激励性，鼓励员工的上进心。

六是绩效改善赋能原则。主管对下属进行绩效评估与面谈反馈的重点，是帮助员工进行绩效改善赋能。这不仅需要识别员工的绩效问题，还需要与员工合作，制订并实施有效的改善计划，并激发员工持续的工作动能。

（二）绩效评估与面谈反馈方法

首先，从评估方法来看，基于考评依据，主要分为效果导向法、行为导向法和品质导向法三种类型。

效果导向法是主要的评估方法，是基于绩效计划完成结果，依据考核标准进行赋分并评定结果的方法。

行为导向法是基于非量化指标，通过行为结果表现，主要是基于"关键事件法、行为锚定等级考核法"等绩效管理办法进行评估赋分的方法。

品质导向法是基于绩效考核数据，通过对比或一定比例进行评估确定的一种方法。企业通常采用的"排序评价法、强制分配法"即属于该评估法。

每种绩效评估方法都有其适用情景，但总的来说，只要充分考虑绩效评估的影响因素，有客户的评估数据，评估者与被评估者有明确的绩效标准，就能确保评估的公平与合理性。

其次，从绩效评估结果来看，有正面反馈与负面反馈。正面反馈是对员工在工作中表现出的优秀行为和成果的认可和鼓励。它有助于增强员工的自信心和积极性，激发他们继续努力的动力。负面反馈则是对员工在工作中存在的不足和问题的指出和纠正。它有助于使员工认识到自己的问题，从而有针对性地进行改进。

（三）如何与企业不同绩效结果人员面谈反馈

无论是采用 OKR，还是其他绩效管理办法，主管在与员工进行绩效评估与面谈反馈时，常会因为下属人员的年龄、资历、性格特点以及绩效成绩的差异导致沟通的难点加大。

能与不同对象进行有效沟通，确保绩效面谈目的达成，体现出了管理者的能力水平。管理者通常会基于不同的人员采用不同的面谈沟通策略。在整个绩效沟通面谈过程中，主管应保持积极、开放的态度，与员工进行真诚、深入的交流。同时，应注意沟通方式的恰当性和尊重性，确保员工能够充分理解和接受反馈内容。

基于绩效优秀者、绩效一般者、绩效低下者三种不同绩效结果对象，我们需要把握的绩效沟通重点与策略分别如下。

1. 绩效优秀者

主管在进行绩效沟通与面谈反馈时，基本的策略通常是采取一系列积极、正面且鼓励性的方法，以确保员工能够感受到认可，激发员工的内驱力、增强员工的自信心和归属感。并探讨成功原因进行经验总结传承，同时指出未来的发展方向。在具体面谈中常见的表现如下。

（1）肯定与赞扬。主管明确表达对员工的肯定和赞扬，指出员工在哪些方面表现出色，达到了或超越了绩效目标。为了增强说服力，主管可以列举员工在工作中的具体事例，如某个项目的成功完成，来证明员工的优秀表现。

（2）探讨成功因素。与员工一起探讨其成功的因素，分析员工在工作中展现出的优势、技能和态度。这有助于员工更清晰地认识自己的长处，总结工作经验。

（3）提供发展建议。对于优秀的员工，重点是如何使其保持优秀，并获得更多的成长机会。主管可以针对员工的特点与潜能，提供具体的发展建议，以帮助其实现更全面的发展。

2. 绩效一般者

对于绩效一般的员工，主要尝试了解员工未尽全力的背景和原因，并发掘其过去成功之处或兴趣所在。主管在绩效面谈反馈时的策略应当是多倾听了解其具体的情况，既对其作出含建设性意见的批评，也给予鼓励和支持，以激发其工作潜力并推动其绩效提升。面谈中的具体表现如下。

（1）倾听员工观点。在反馈过程中，主管应积极倾听员工的观点和想法，了解员工对自己绩效的看法以及在工作中的困惑和挑战，掌握其绩效表现背后的真实原因。这有助于建立信任和理解，为后续的改进计划打下基础。

（2）探讨绩效提升方向。针对员工的具体工作表现，主管应提供具体的反馈，既要指出员工在工作中做得好的地方，也要坦诚地指出存在的不足和问题，确保反馈客观公正，同时需要探讨具体的提升方向。

（3）鼓励与激励。在整个反馈过程中，主管应保持鼓励和激励的态度。即使员工的绩效一般，也要看到他们的努力和潜力，给予适当的认可和赞美。这有助于增强员工的自信心和动力，促使其更积极地投入工作。

3. 绩效低下者

对于绩效低下的员工，主管在绩效沟通与面谈反馈时，需要采取建设性的策略，旨在帮助员工认识到问题所在，并提供具体的改进方向和支持。

（1）倾听员工观点。在反馈过程中，主管应积极倾听员工的观点和想法，了解员工对自己绩效问题的看法以及在工作中的困惑和挑战。鼓励员工分享自己对绩效问题的看法和感受，了解其背后的真实原因，如技能不足、态度问题、工作环境等。主管也要结合自己的观察和了解，分析可能导致员工绩效低下的其他因素。

（2）明确指出问题与改善方向。主管需要清晰、具体地指出员工绩效低下的具体表现，避免使用模糊或笼统的描述，并提供具体的例子或数据，让员工清楚地了解自己的问题所在。主管要根据员工的问题和原因，制定具体、明确、可衡量的改进目标，并确保目标是可实现的，避免设置过高或过低的标准。

（3）提供支持和跟进管理。根据员工的需求，主管为其提供必要的培训、指导或资源，帮助员工提升技能或改善工作态度。如果员工存在的问题与环境或团队有关，主管应考虑调整工作环境或团队配置，以支持员工的改进。尽管员工的绩效低下，但主管应保持积极、鼓励的态度，让员工感受到支持和信任。同时，改进绩效是一个过程，需要时间和耐心。主管应给予员工足够的时间和空间，让其逐步改进。可为其设定定期的跟进措施，评估员工的改进进度和成果。

在整个沟通过程中，主管应保持开放、诚实的态度，与员工建立信任关系。同时，要尊重员工的感受和意见，确保反馈过程既有效又公正。通过这样的策略与做法，主管可以帮助绩效低下的员工认识到问题所在，并提供具体的支持和指导，促使其绩效得到提升。

二、绩效评估与面谈反馈实践

（一）某通信行业的绩效评估与面谈反馈操作应用实践

某地市通信企业实施以"KPI+GS"为主要模式的绩效管理，其绩效评估反馈有其自己的特点，对其具体分析如下。

1. 构建完整的绩效评估流程

绩效评估主要分为员工自评与主管评估。

先是员工自评。评估前期，员工收集整理月度或季度评估记录和数据，为评估作准备，评估结束后需要提交绩效综合管理员备案。

员工自评需要严格按照绩效计划书签订时明确的"KPI+GS"进行打分，对自己的工作结果有初步的认知。首先是 KPI 部分，员工对每项 KPI 写明完成情况，并根据得分规则逐条自评。对未完成目标值的项目项，作简要的原因分析。其次是重点工作部分，依据工作标准，对每项工作逐条自评。在自评时，先注明结论"完成"或"未完成"，方便上级阅读，然后对工作的时间、数量、质量、成本等情况对照绩效标准作简要说明。同样，对于未完成项，作简要的原因分析。最后是改进措施，针对未完成的工作项制订改进计划或者对于已完成工作提出更好的看法和建议。当未完成的工作未闭环，下个月还需要攻坚突破或持续开展的，应该纳入下个月的 GS 短板改善工作中。

后是主管评估。主管在进行评估打分时，要先充分阅读并理解员工自我评价的内容。在打分时，必须结合员工的业绩数据、关键行为记录和员工自评等数据，用事实说话，避免主观臆断。打分后，若出现员工自评与主管打分不一致的地方，要写出分数差异的理由与建议。最后，对员工提出的未完成项或者观察到的短板，提出改进的指导意见。

该企业的绩效评估基于绩效计划评估表来执行，表4–9 给出了该企业"KPI+GS"绩效评估示例。

表 4-9　月度绩效计划评估表

一、关键绩效指标（KPI）（部门内容评估示例）										
序号	指标名称	单位	目标值	权重（%）	指标定义（考核办法）	完成情况	员工评估		直接上级评估	
							自评分数	评估说明	评估分数	评估说明
1	LTE综合覆盖率	%	99.3%（室外和室内）领先对手；98%领先对手（校园）；95%领先对手（高铁）；95%领先对手（风景区）；98%领先对手（高速）	30	考核办法：达到达标值且优于2个竞争对手得满分，否则得0分；场景的分值比例为室外（30%）、室内（50%）、特殊场景（"五高一地"及风景区20%）；优于1个竞争对手得50%，劣于竞争对手得0分。考核数据来源：省网优中心	①室外和室内完成99.5%，优于竞争对手。②校园完成98.4%，优于竞争对手。③高铁完成96.7%，优于竞争对手。④高速完成99.1%，优于竞争对手	30分	各场景均达到达标值且优于2个竞争对手	30分	同意
2	……									

续表

	二、工作目标（GS）								
序号	目标类型	工作目标	权重（%）	主要措施及考核标准	完成情况	员工评估		直接上级评估	
						自评分数	评估说明	评估分数	评估说明
1	部门/团队重点工作	依据省公司网络新跨越质量提升要求，开展减配提质量工作，通过干扰、信道优化和基站越区整治，提升GSM全程呼叫和GSM语音质量	25	【关键结果】（13分）GSM网络新跨越工程质量全省前5名（完成得13分，未进入前8名得0分，达到第8名以上按线性得分）。【关键步骤/措施】（12分）①12日前解决四桥、中兴路口腾飞路等3处全程呼叫隐患问题基站越区覆盖处理（完成得4分，未完成得0分）；②20日前处理江宁街幸福小区民族路中段2处质差路段（完成得4分，未完成得0分）；③25日前调整联通幸福小区、民心医院等15个站点天线优化调整（完成得4分，未完成得0分）；④30日前完成覆盖、质差、天线优化调整总结性报告输出（完成得4分，未完成得0分）	【关键结果】超额完成。本月排名全省第4。【关键步骤/措施】①完成。按时完成处理。②完成。按时完成处理。③完成。按时完成优化。④完成。按时输出报告	25分	关键结果超额完成，关键步骤全部完成	25分	同意。月绩效会议请总结一下个人超额完成的经验
2	……								

2. 强调通过正式的绩效面谈反馈进行绩效赋能工作

绩效面谈反馈应该是一个双向沟通的过程。主管不仅要向员工传达评估结果和改进建议，还要倾听员工的看法和意见，关注员工的情感和态度。主管在帮助员工进行绩效改善方面，不仅需要识别员工的绩效问题，还需要与员工合作，实施有效的改善赋能。通信行业一般要求每个季度组织一次绩效面谈反馈，确保员工能达到主管的指导与赋能。

本例通信企业要求按照以下六个步骤完成绩效面谈反馈（见图4-8）。每个步骤的沟通要点示例如表4-10所示。

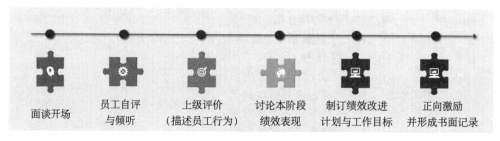

图4-8　绩效面谈反馈流程图

表4-10　绩效面谈沟通反馈示例

沟通步骤	沟通要点
面谈开场	建立良好的沟通氛围；说明此次沟通的目的
员工自评与倾听	员工自我总结考评周期内的重要成绩与不足；主管用开放式问题进行引导
上级评价（描述员工行为）	描述具体的行为，避免概括性的结论和推论；告知员工考评等级的评议程序，告知考评结果
讨论本阶段绩效表现	①给予积极反馈：真诚、具体地表扬员工；嘉奖员工表现积极的行为。②指出需要改进之处：沟通确认员工需改善的工作内容，达成共识。③确认需给予的资源与支持：确认提高员工工作技能所需的支持
制订绩效改进计划与工作目标	重新审视工作目标，明确下一步的重点；就员工需要改进的举措达成明确时间计划表
正向激励并形成书面记录	①以鼓励的话语结束谈话。②签字确认评估结果。③记录谈话重点：员工认同的事情、改进措施以及员工不认同的事情

3. 正式的绩效面谈反馈，需要结合绩效面谈反馈表

在绩效面谈反馈中，双方要将达成共识的结论性意见、经双方确认的关键事件或数据、下一阶段的绩效计划，及时予以记录、整理完成绩效面谈反馈记录表。绩效面谈反馈记录表是用于记录员工绩效面谈反馈过程和结果的工具，有助于确保面谈反馈的系统性和准确性，并为后续的员工发展和绩效改进提供依据。表4-11 给出了本例企业的员工绩效考核结果面谈反馈表示例。

表 4-11　员工绩效考核结果面谈反馈表

员工姓名		部　　门		员工岗位	
考试周期		考核结果		面谈时间	
面谈方式	□一对一面谈		□绩效会议	□其他	
绩效面谈内容					
一	【填写说明】根据上月绩效协议书，一起回顾考核周期内的绩效情况（包括各指标的完成情况，实施过程中遇到的问题，员工在工作成绩、工作态度、工作能力及职业素养等方面的提升情况）				
二	【填写说明】考核周期内突出的业绩（值得表扬的地方）				
三	【填写说明】列出主管评价与员工自评不一致的地方，分析产生差异的原因				
四	【填写说明】主管列出员工在考核周期内工作中存在的不足和需要提升的技能或能力以及主管的建议				
五	【填写说明】主管列出员工本月的工作短板，并指出需要采取哪些行动步骤改进及达成期限				
六	【填写说明】明确在下一考核周期内最重要的重点工作目标，分析存在的困难或需要协调的事项				
直属上级签字		员工签字			
备注：1. 绩效面谈前请准备好绩效计划书、完成评估。 　　　2. 请在绩效结果出具后 3 个工作日内将此表填写完整交人力资源部汇总备案。					

（二）某科技企业绩效评估与面谈反馈操作应用实践

某科技企业实施 OKR 绩效模式，其绩效评估反馈有其自己的特点，对其具体分析如下。

1. 绩效评估与面谈反馈操作特点

（1）构建统一的 OKR 评分标准。该企业结合多年的绩效管理经验，构建了统一的评分标准。OKR 的分值为 0~1 分，具体打分标准如图 4-9 所示。一般认为，

OKR 打分 0.8 分是全部完成目标值，是优秀水平；打分 0.7 分是良好水平；打分 0.6 分为合格水平，完成基本目标任务；打分 0.4 分是欠佳水平，未完成基本目标任务。自评通常会考虑完成度、困难程度、努力程度 3 个因素进行灵活赋分。自评分是团队其他人员、自己主管评分的一个参考。最终基于对组织的贡献，确定 OKR 得分，并进行绩效薪酬激励。

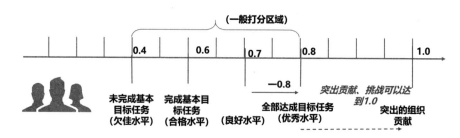

图 4-9　OKR 打分标准示意图

（2）构建统一的 OKR 评分流程。绩效评估采用自评、团队评估、直接领导评估、组织评估四个层级模式。其中，自评是基础，团队评估为参考，直接领导会基于员工个人与团队进行的 OKR 评分，并提交给团队负责人进行 OKR 评分，团队负责人有 20% 的赋分权重，在 KR 评分项目全部完成目标值的情况下，基于 KR 结果对组织的贡献程度最终赋分。其绩效评价流程如图 4-10 所示。

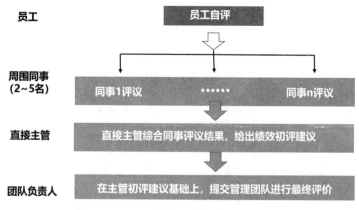

图 4-10　OKR 模式下的绩效评价流程图

（3）采用 OKR 系统平台进行线上评分，让组织绩效评价沟通更透明、快捷。企业采用 OKR 系统进行线上 OKR 评分，一般是在季度结束后结合企业的季度

OKR 评分与季度团队经营绩效分析会进行，通过团队 OKR 评分会完成组织全体人员的评分。

首先，企业会明确季度组织绩效的完成情况，包括 KPI、重点工作目标、部门协作完成情况等量化指标。

其次，团队成员基于 OKR 打分流程实施自己与对他人的评价。直接领导给予赋分并提交团队负责人最终确定分值。这一系列操作均基于 OKR 系统平台完成。OKR 打分示例如图 4-11 所示。

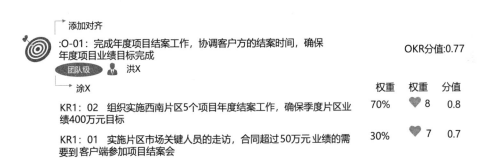

图 4-11 OKR 打分示意图

2. 绩效评估与面谈反馈操作要点分析

（1）在 OKR 打分过程中的要点。

一是统一评分规则。例如，有些企业 OKR 评分为 0.0~1.0，得分较低可能意味着组织绩效没有取得实质性的进步，得分较高则可能意味着期望目标没有设定得足够高。企业 0~0.4 是属于预警区间，0 则代表完全没有进展；0.4~0.7 属于合理区间，一般 0.6~0.7 代表较为合适的程度；0.7~1 属于预警区间，如果某个目标得分在此区间，员工要反思 OKR 是否具有挑战性。不论何种评分规则，关键是要定义与统一。

二是打分流程与权重能基于企业管理需要灵活设置。有的企业员工自评与同事评分占一定权重比例；有的企业员工自评与同事评分不占分值，只起参考作用；有的企业直接领导评分占 70%，团队负责人评分占比 30%。这些不同的打分流程与权重需要企业自行设置。

三是不论何种方法，绩效评估最重要的关注员工成长。基于绩效改进、员工激励赋能的角度，主管对下属进行绩效辅导面谈反馈是员工绩效管理的重要环节。

（2）OKR 评估要点分析。OKR 周期结束前，需要对整个周期的 OKR 进行总结并打分。在 OKR 绩效评分中，通常会根据目标和关键成果的实际完成情况来评估绩效。OKR 评分理念与其他绩效管理评价模式既有共性也有差异。在共性上，主要体现在它们都是用于评估和提升员工工作绩效的工具，都强调目标的设定、跟踪和评估，并以此来指导员工的行为和激励员工达成更好的业绩。OKR 评分理念与其他绩效管理评价模式的差异则主要体现在以下几个方面。

一是对目标设定与关键成果的关注。OKR 评分理念特别强调目标与关键成果的设定和衡量，它要求目标具有挑战性和可衡量性，关键成果则是实现这些目标的具体、可量化的指标。在 OKR 绩效评分中，得分较高可能意味着目标设定得不够具有挑战性，因此组织和个人需要思考如何制定更具挑战性的目标。评分过程应能够平衡挑战性和现实性，既激发员工的潜力，又避免设定过高或过低的目标。相比之下，一些传统的绩效管理方法可能更侧重于工作任务与强制性目标的完成，同时评分一般不对目标评分，是对关键结果赋予分值。

二是评分机制的透明度与公开性。OKR 评分理念强调评分过程的透明度和公开性，每个员工的 OKR 和评分结果都是可见的，这有助于促进员工之间的合作和竞争，同时也有助于建立信任和良好的组织氛围。而其他一些绩效管理方法可能在评分机制上相对封闭，员工对评分过程和结果了解有限。

三是员工自我驱动与自我控制。OKR 评分理念鼓励员工自我设定目标、自我评估和调整行动策略，通过自我驱动实现个人和组织的共同发展。OKR 评分不仅关注最终目标的完成情况，还重视达成目标的过程。它鼓励员工在追求目标的过程中，不断反思、调整和优化行动策略，以确保目标的顺利实现。

四是灵活的评分模式。绩效评分与薪酬分配弱相关，重点以对组织贡献以及目标达成挑战度来统筹绩效奖金分配。OKR 的分值通常为 0~1 分，也有 1~10 分等各种模式，打分通常考虑三个因素：完成度、困难程度、努力程度。

总之，OKR 绩效评分是一种有效的目标管理工具，可以帮助组织和个人更好地跟踪和实现目标。通过合理的评分制度和客观公正的评分过程，可以提高员工的工作积极性和绩效水平，促进组织的持续发展。

第五节 绩效结果应用

绩效结果应用是绩效管理循环中最后一个重要的环节。首先，绩效结果常用于员工的薪资和奖金分配。根据员工的绩效表现，企业会进行相应的薪资调整或奖金发放，以激励员工继续努力，提高绩效水平。其次，绩效结果对员工的职业发展、培训学习、岗位调整、员工激励等方面均具有重要的作用。

一、绩效结果的主要应用

在应用绩效结果时，需要确保过程公平、公正、公开，避免主观偏见和不当操作。同时，需要注意员工的心理感受，采取合适的方式与其进行沟通，确保绩效结果应用的积极效果。这是一个对员工绩效激励的过程，一个对组织优化绩效管理体系的过程。绩效结果的主要应用表现在以下五个方面（见图4-12）。

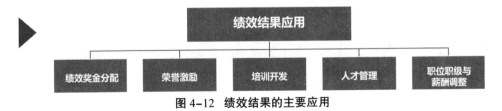

图4-12 绩效结果的主要应用

（一）绩效奖金分配

坚持绩效优先、兼顾公平，实行按劳分配、多劳多得的原则，进行绩效奖金设计分配是一个主流的绩效奖金分配导向。以此实现差异化的奖金分配，才能体现奖金的激励性。通常有三种员工绩效奖金核算模式。

方式一：员工绩效结果与绩效奖金直接挂钩式

员工绩效奖金 = 员工绩效奖金基数 × 员工绩效岗位系数 × 绩效考核分数（或者绩效考核等级）

这个方法的特点是，适合不预先给每个单位确定绩效奖金总额的情况，即绩效奖金不受预算控制。

方式二：员工绩效结果与组织绩效奖金总额挂钩，绩效奖金在团队内统筹分配

员工绩效工资＝岗位绩效标准工资 ×（员工绩效得分 ÷100+ 考核调节系数）

其中，考核调节系数 =1−∑（各岗位绩效标准工资 × 月度绩效得分 ÷100）÷∑（各岗位绩效标准工资）。这个方法的特点是，适合考核周期内组织绩效奖金总额固定的模式，需要考虑不同的员工绩效分数或等级，统筹部门绩效奖金进行分配。

方式三：员工绩效结果与组织绩效考核关联，绩效奖金在团队内二次分配

第一次薪酬分配：团队考核工资 =∑团队内员工标准绩效工资 × 团队考核分数。第二次薪酬分配：员工绩效工资 = 员工绩效工资（标准）× 团队考核分数 ÷100×（个人考核分数 ÷100+ 绩效考核调节系数）。

其中，绩效考核调节系数 =1−∑部门内部考核工资 ÷∑团队考核工资。这个方法的特点是，适合考核周期内组织绩效奖金浮动的模式，需要考虑不同的员工绩效分数或等级以及组织绩效考核结果，在部门内进行统筹二次奖金分配。这个方法基于组织绩效确定奖金包，个人绩效奖金与团队绩效贡献相关联，是目前主要实施的绩效奖金分配模式。

（二）荣誉激励

绩效管理的本质是激发员工的内在驱动力，提升组织与员工绩效。绩效结果应用与员工激励需求相关，通过合理运用绩效评估结果对员工进行奖惩，激励员工为实现包括员工个人目标在内的组织目标而奋斗，即为绩效激励。绩效激励的方式无非包括物质和精神两个层面，其中在精神层面上组织主要运用荣誉激励的手段激发员工获得内在成就感、组织认可、自我价值实现。根据马斯洛需求理论，尊重需要、自我实现需求是人的高层次需求。

荣誉是一种能满足人类自我实现需求的激励手段，它属于文化驱动的一种方式，也是除了利益驱动之外最有效的激励方式之一。荣誉激励是一种重要的激励方式，通过授予个人或团体荣誉称号、奖章、证书等，以表达对其卓越成就或贡献的认可与赞赏。这种激励方式不仅可以提升被激励者的自尊心和自信心，让被激励者感受到自己的价值和重要性，还能激发其工作热情和创造力，进一步推动其个人和团队的发展。

企业推行荣誉激励，不只是为了激励少数人，而是更多考虑让多数人尤其是那些没有被激励的人受到有效的引导，向荣誉获得者看齐。这是一个组织文化构建与践行的过程。荣誉激励在本质上是企业文化、企业精神、企业价值观的塑造。基于绩效结果应用，常见的荣誉激励方法有以下三种。

1. 设立荣誉称号与荣誉勋章体系

企业可以根据员工的工作表现、业绩贡献等方面设立不同的荣誉称号，如"优秀员工""销售冠军""绩效改进奖""重点贡献奖""进步奖"等，并在公司内外进行广泛宣传，以树立榜样，激发员工的荣誉感。

企业在具体实施时需要结合行业特点与企业文化塑造要求，构建本企业的荣誉称号与勋章。这些荣誉称号与勋章，对员工是非常大的荣誉激励与价值认同。华为荣誉体系就是华为企业文化落地的重要载体。华为人力资源部下设荣誉部，负责华为荣誉体系的管理，其主要职责有荣誉奖项的设置、荣誉评选流程与方法的监督、荣誉奖项的颁发、荣誉审计等。华为的荣誉奖项包括蓝血十杰奖、杰出贡献奖、金牌员工奖、金牌团队奖、天道酬勤奖、从零起飞奖、明日之星奖以及优秀家属奖等。在华为公司内部的网站上有一个栏目，叫作荣誉殿堂。在这里面，华为会把各类获奖信息、各种优秀事迹记录下来，供大家随时查阅和学习。

2. 举办表彰大会与建立荣誉展示区

表彰大会与建立荣誉墙或展示区是组织内对优秀员工、团队或成果进行认可和鼓励的重要方式。定期举办表彰大会，对优秀员工进行集中表彰，让全体员工共同见证和分享荣誉时刻，可增强员工的归属感和团队精神。在企业内部线上与线下建立荣誉墙或展示区，展示员工的荣誉证书、奖章和照片等，让员工的荣誉得到更广泛的认可和展示。

（1）举办表彰大会。需要在策划阶段确定表彰大会的目的、主题和规模，确保与组织的文化和价值观相契合。设定明确的评选标准和流程，确保公平公正地评选出获奖者。制订详细的活动计划，包括时间、地点、参与人员、流程安排等。设计吸引人的邀请函和宣传材料，提高员工的参与度和期待。按照计划进行场地布置、设备调试等准备工作。安排获奖者、嘉宾和员工的座位，确保活动现场秩序井然。在活动中穿插互动环节，增加活动的趣味性和参与度。对获奖者进行颁奖和表彰，颁发证书、奖杯或奖品等。表彰大会可以按年度定期集中举行，也可以按季度阶段在小规模、小范围内举行。

（2）建立荣誉展示区。需要确定荣誉墙或展示区的位置、大小和风格，确保与组织的整体环境相协调。设计具有视觉冲击力的展示内容，如图片、文字、奖杯等。制定展示内容的更新和轮换机制，确保荣誉墙或展示区始终充满活力。对展示内容进行整理和分类，确保信息清晰、易于理解。在适当的位置设置说明文字或标签，方便员工了解展示内容的背景和意义。定期对荣誉墙或展示区进行清洁和维护，保持其整洁和美观。定期地组织参观从而激发员工的积极性和创造力，提升组织的凝聚力和向心力。

3. 对员工荣誉的新媒体宣传树典活动

企业通过新媒体组织开展对获得绩效优秀荣誉的员工进行荣誉宣传树典活动，充分借助新媒体平台展示和宣传员工获得的荣誉，以此树立企业典型、标杆影响力，并激励员工积极向上。

（1）构建自己的新媒体宣传矩阵。根据目标受众和宣传内容，选择适合的新媒体平台，如企业官网、微信公众号、抖音号等。定位各媒体的宣传重点与目标，比如我们需要激励对组织绩效提升突破的员工、个人工作绩效改进最快的员工、对组织绩效有重大创新贡献的员工等。

（2）对绩效激励的内容进行采编与设计制作。制作视频、图文等多媒体内容，以生动、直观的方式展示荣誉背后的故事和成绩。设计制作与荣誉相关的视觉元素，如荣誉证书、奖杯、奖牌的高清图片以及具有企业特色的 LOGO 和配色方案。结合企业文化和价值观编写精练、有力的宣传文案，突出荣誉的价值和意义。

（3）荣誉标杆人员与事迹的发布与推广。通过选定的新媒体平台发布荣誉宣传内容，确保信息覆盖到目标受众。多设置互动与反馈，鼓励受众在评论区留言、点赞、分享，及时回应评论，收集受众反馈，优化宣传策略。合作与联动也是重要的宣传手段，要与其他媒体或上级单位宣传平台进行联动宣传，扩大影响力。这些均是激发员工的自豪感和归属感、树立标杆的很好的方式。

（三）培训开发

绩效结果应用在培训开发方面，主要通过分析确定员工绩效优秀或者表现不佳的原因，找出能力差距或进一步提升的发展空间，有针对性地为员工制订能力开发与培训计划，在促进员工能力成长的同时，提升企业整体绩效水平，从而实现企业与员工的双赢。

企业人力资源部与其他部门通力合作，通过员工绩效沟通面谈反馈机制，构建常态的培训需求调研分析流程与管理机制，并通过员工任职能力评价机制，培训开发才能，真正取得实际效果。基于绩效改进的培训管理机制的作用机理如图4-13所示。

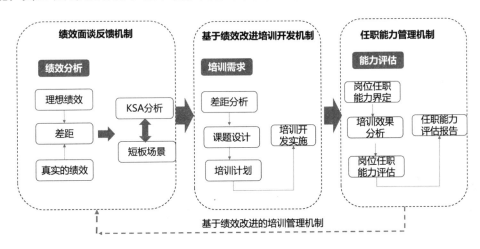

图4-13 基于绩效改进的培训管理机制

通过绩效面谈的方式，主管与下级完成绩效分析，明确需要提升的知识、能力、技能内容。以人力资源部提供的规范格式填写后提交人力资源部，人力资源部分析汇总并组织开展课题设计，编制培训开发计划，组织培训。培训实施后需要依据绩效行为、绩效结果等为各岗位人员提出任职能力分析报告，最终提交绩效主管与绩效改善实施人员。这构成了绩效改进的人才培训开发管理机制。总之，从不同员工在绩效方面可能存在不同短板方面挖掘需求，设计培训计划和课程，建立培训效果反馈机制，通过科学合理的应用绩效结果，有效提升员工的培训效果和工作绩效。

（四）职位职级与薪酬调整

职位职级与薪酬调整主要是基于年度绩效等级水平对下一年度职位等级、薪酬档位进行变动的管理。在企业做好薪酬预算、调薪预算的前提下，具体需要根据企业的员工激励政策进行设计与调整。其调整一般与积分制模式结合，常见的调整做法如下。

1. 薪酬调整积分制模式

通过设计绩效等级与积分的关系（见表4-12），赋予绩效等级A、B、C、D、E员工不同的积分进行绩效积分管理。

表4-12　绩效等级与积分对应表

序号	绩效等级	积分
1	A：优秀	3
2	B：优良	2
3	C：良好	1
4	D：称职	0
5	E：欠佳	-2

同时，通过设计积分与薪酬档级的关系进行薪酬调整管理。表4-13给出了绩效积分与薪酬档级的关系。

表4-13　绩效积分与薪档调整对应表

序号	积分区间	薪级
1	积分 <3	第1档
2	3 ≤积分 <5	第2档
3	5 ≤积分 <7	第3档
4	7 ≤积分 <9	第4档
5	9 ≤积分 <11	第5档
6	11 ≤积分 <13	第6档
7	13 ≤积分 <15	第7档
8	15 ≤积分 <17	第8档
9	积分≥ 17	第9档

注：企业采用每个薪级9个薪档管理。

2. 员工岗位职级调整积分制模式

（1）绩效等级积分"门槛式"。通过绩效等级积分值与职位职级晋降的关系进行职位调整。

例如：公司统一建立员工绩效等级积分制度。员工按照年度绩效等级进行累计积分，A级计2分，B级计1.5分，C级计1分，D级计0分。连续两年获得A级的员工，年度绩效等级积分可奖励0.5分。

员工岗位晋升方面。员工近3年绩效等级积分累计达到4.5分且上年绩效达到B级及以上的，方可聘任更高层级岗位、职务和职员职级；近3年积分累计达到5.5分的，优先聘任更高层级岗位、职务和职员职级；连续3年绩效为A级的员工，可适当缩短职员职级晋升岗位晋升年限要求。

员工退出方面。员工年度绩效为D级且上年度绩效为C级的，予以降岗；年度绩效为D级且不能胜任岗位工作要求的或连续两年绩效为D级的，予以待岗。

（2）绩效积分进行职位职级年度动态调整。公司对于年度绩效积分处于薪酬档位最高级人员（如薪酬档级为9档最高级）与薪酬档位最低级别人员，通常结合任职能力进行职位职级动态管理方式。表4-14给出了某发电企业电气专业职级、薪级、任职能力等级关系对应示例。

表4-14 专业职级、薪级、任职能力等级对应关系示例

技术职位序列（电气专业）	职位职级（T）	薪级薪档	任职能力等级
资深电气工程师	T8	8级（1~9档）	任职能力5级
高级电气工程	T7	7级（1~9档）	任职能力4级
电气工程师	T6	6级（1~9档）	任职能力3级
助理工程师	T5	5级（1~9档）	任职能力2级

员工职位职级晋升方面。例如，该员工为电气工程师，目前薪酬为6级9档，年绩效等级积分累计达到2分且上年绩效达到B级及以上，任职能力评估胜任4级水平，经公司管理决策下年度职位调整为高级电气工程师，薪酬水平不低于上年度薪酬水平。

员工职位职级降级方面。例如，该员工为电气工程师，目前薪酬为6级1档，

年绩效等级积分累计达到－2分，经公司管理决策下年度职位调整为助理电气工程师，薪酬水平不高于上年度薪酬水平。

（五）人才管理

人才管理是企业为了实现战略目标，通过一系列措施对员工进行选拔、培养、激励和保留的过程。绩效结果在人才管理中发挥着至关重要的作用。一方面，绩效结果是人才选拔的重要依据。通过人才盘点，企业可以筛选出那些表现出高绩效、高能力、高潜力的员工，并将其作为重点培养对象。另一方面，绩效结果为人才激励提供了有力支持。企业可以根据员工的绩效表现给予相应的奖励和晋升机会，从而激发员工的工作积极性和创造力。

绩效结果的综合评估，一般包括通过衡量员工工作表现和对成果的关键指标目标达成的绩效评估。企业通过绩效结果的综合评估，可以了解员工在特定时间段内的工作完成情况、工作效率、工作质量以及创新能力等方面的情况。另外，年度员工工作能力与素养的评估为企业提供了关于员工职业发展和人才配置的关键信息。企业需要充分利用绩效结果来优化人才管理策略，同时通过人才管理来推动绩效的提升，从而实现企业的持续发展和竞争优势。常用的绩效结果在人才管理方面的应用表现如下。

1. 人才选拔与评优管理应用

例如：员工近3年绩效等级积分累计达到4.5分且上年绩效达到B级及以上的，方可参加各类专家人才选拔；近3年积分累计达到5.5分的，优先评聘各类专家人才；连续3年绩效为A级的员工，可适当缩短评聘专家人才、职称和技能等级评定等方面的年限要求。各类专家人才年度绩效为D级的取消称号。

在员工评优方面，员工年度绩效考核结果未达到B级的，不得推荐参加综合性先进评选；员工年度绩效考核结果为A级的，优先推荐参加各类先进评选。

2. 人才盘点应用

绩效结果是人才盘点的重要依据。通过对员工的绩效进行全面、客观的评估，人才盘点能发现、挖掘出表现优秀、具有发展潜力的员工以及那些需要改进或调整的员工。基于绩效结果的人才盘点，可以使企业更加精准地掌握人才状况，为制定人才战略提供有力支持。

全球著名管理学专家拉姆·查兰曾提到过一个"2%的关键人才"的概念，指的就是对组织效能起到重要作用的那一小部分人。组织的一项重要工作，就是找到那2%的关键人才，并且在他们身上进行投入。关键人才不等于关键岗位任职者。国内外优秀企业对于关键人才的定义一般是，在关键岗位上任职，持续表现高绩效水平，具有公认的发展潜质的少数员工。一般只有5%~10%的员工符合资格。

人才盘点的过程实际上是筛选关键人才的过程。因此，人才盘点要对企业所有具有管理潜力的人才进行盘点，从中甄选出关键人才。关键人才（也叫高潜力人才）一般包括以下三类：高业绩、高能力人才；高业绩、中能力人才；中业绩、高能力人才。关键人才分配比例如图4-14所示。

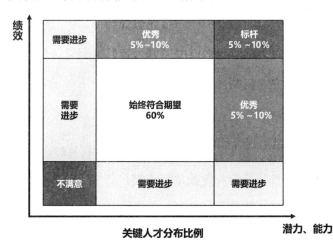

图4-14　关键人才分配比例示意图

基于绩效结果的人才盘点，对发现的绩效表现差、潜力差的相关岗位的人员，需要及时给予岗位调整管理，这有助组织绩效的持续改善提升。

总之，绩效结果在人才盘点方面具有广泛的应用价值，可以为企业制定人才战略、发现关键人才、进行岗位人员的优化调整提供有力支持。

二、绩效结果应用实践

（一）通信企业绩效结果操作应用实践

某通信企业经营业绩一直处于行业领先位置，公司领导非常重视员工的激励管理，基于绩效结果的应用，通过绩效文化塑造，构建了企业员工的非物质激励体系，企业员工满意度与认同度得到明显的提升。其多元化非物质激励体系有以下三个关键点。

1.构建了以绩效为导向的荣誉管理系统

这是一个助力企业战略落地、经营目标实现的荣誉管理方法体系。通过绩效结果的应用，实施企业的荣誉需求设计、荣誉宣传表彰、评选管理、荣誉纪念与应用（见图4-15）。

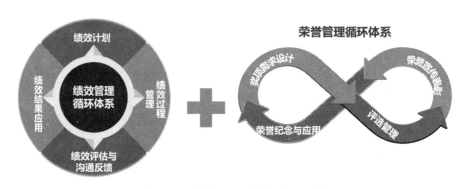

图4-15　绩效导向的荣誉管理系统

以组织与员工绩效结果为导向、以荣誉管理为核心的组织认同激励体系，是企业经营管理中推动组织战略目标实施的最重要的经营管理方法。

2.以价值贡献为导向，构建了"二层—三线—六类"荣誉激励体系

一是荣誉体系"二层"。第一层是指参与上级单位、集团公司评选的荣誉项目；第二层是指本公司组织评选荣誉项目。

二是荣誉体系"三线"。第一线是综合线条，是指公司的人力、综合、财务、工会、党建、战略发展部门设置的荣誉项目；第二线是市场线条，具体包括政企客户部、市场部、渠道销售部等部门设置的荣誉项目；第三线是指技术线条，具体包括网络部、网络优化部、工程建设部、信息技术部等部门设置的荣誉项目。

三是荣誉体系"六类"。

第一类是重大业绩贡献类奖，是针对员工为组织绩效目标达成有重要贡献、超越公司设定的经营业绩指标、影响公司经营目标达成的综合性项目，设置了

"金鹰奖"，分别设有一等奖、二等奖、三等奖。

第二类是重大项目贡献类奖，是指基于公司年度确定的重大项目、员工组织或参与的项目完成的业绩贡献评选的奖项，包括"优秀项目经理奖、项目标兵奖"。

第三类是攻坚克难项目类奖，是公司基于经营、技术与管理等方面的技术改善、业务优化、管理提升设置的项目，设置了"金牛奖"，分别设有一等奖、二等奖、三等奖。

第四类是业绩改善进步类奖，是针对各部门在每个绩效考核周期内绩效有明显提升的进步的人员进行的奖励，设置了"绩效进步奖""绩效改善奖"。

第五类是劳动生产竞赛类奖，主要是为业务部门设置的，针对员工在完成公司生产过程中的贡献包括每个季度组织开展的劳动竞赛项目，设置的"业务标兵奖""业务黑马奖""重点订单贡献奖"，分别设置了一等奖、二等奖、三等奖。

第六类是年度综合评选类奖，是公司基于年度员工综合表现，以绩效结果等级为"A"为基础，再通过评选委员会选出占企业员工"5%"的关键人才，设置了"金牌奖"。

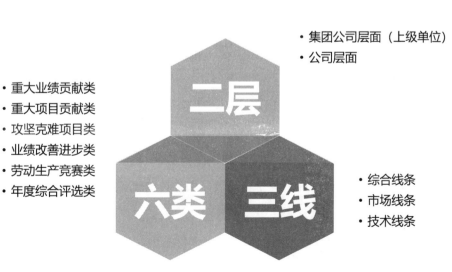

· 集团公司层面（上级单位）
· 公司层面

· 重大业绩贡献类
· 重大项目贡献类
· 攻坚克难项目类
· 业绩改善进步类
· 劳动生产竞赛类
· 年度综合评选类

二层

六类 三线

· 综合线条
· 市场线条
· 技术线条

图 4-16 "二层—三线—六类"荣誉激励体系

3. 专门设置了荣誉殿堂，在线下进行宣传与教育

根据企业的品牌形象和文化内涵，在企业办公楼专门设置了既符合企业特色又具有视觉冲击力的荣誉殿堂。荣誉殿堂是一个展示企业荣誉和成就以及员工荣誉和成绩的重要宣传教育平台。

在空间布局上，中间是公司荣誉颁奖平台，在这里组织举办以荣誉为主题的系列活动，如荣誉颁奖典礼、荣誉分享会等。通过活动形式，让员工和外界更直观地感受到企业的荣誉氛围和实力。左边是企业简介与发展历程展示区，简短而精练地介绍企业的历史、文化、业务范围和核心竞争力；通过时间轴的形式，梳理企业从创立至今的重大事件、里程碑式的发展成果，尤其是展示企业在行业内获得的重要奖项和荣誉，这些奖项和荣誉能够体现企业在行业内的领先地位和卓越成就。右边是具体荣誉展示区，展示综合、技术、市场三个线条、集团与公司层面、六类评选项目的设置标准与评选要求、荣誉奖项及奖章意义，并按时间序列展示历年来各年度荣誉人员的获奖照片、荣誉勋章、奖牌、奖状等，同时通过新媒体展示了颁奖、员工实际工作场景的动态信息。

在宣传展示上，通过企业内部网站、微信公众号，向员工普及企业的荣誉成果和背后的故事，让员工了解企业的辉煌历程和荣誉背后所付出的努力，增强员工的归属感和自豪感。

通过以上措施的实施，绩效优秀员工的荣誉感、自我认同感、自信心均得到正面激励，为企业的持续发展注入新的动力。

（二）电力企业绩效结果操作应用实践

某电力企业是一家新能源发电企业，新能源发电与新能源项目建设是公司重要的业务内容。如何确保组织与岗位设置同业务发展相适应，有效配置岗位人员，是组织发展考虑的重点。该企业启动实施人才盘点工程，在绩效结果的基础上客观、全面分析了人才胜任情况，为企业人才队伍建设与人才管理决策提供了依据。

1. 基于绩效结果的人才盘点关键措施

（1）构建基于岗位的人才价值贡献与能力评价模型（见图4-17）。

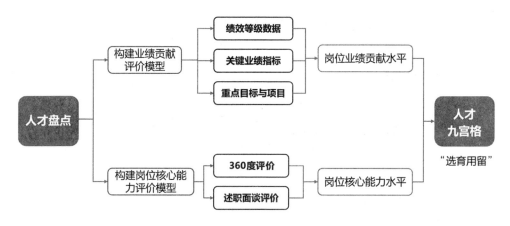

图 4-17　人才盘点评价模型图

通过模型的构建，帮助管理者清楚了解组织内人员的价值贡献与能力、潜质情况，为人才"选育用留"提供重要依据。业绩贡献评价模型，主要由该岗位人员前 3 年的绩效考核等级数据、近 2 年的关键业绩指标完成情况、近 2 年的重点目标与参与的重大项目的完成度来分析评估。绩效结果的直接应用为人才盘点提供了科学客观的评价依据，同时通过 360 度人才胜任力的评价以及评价小组组织的述职面谈综合评价，为人才的能力、潜力评价提供了组织决策意见。

（2）通过人才九宫格进行人才的分类管理。

通过人才岗位贡献与岗位胜任能力评估，从被评价对象在其所在岗位上创造的绩效贡献和具备的岗位核心能力水平两个维度，进行人员与岗位之间胜任程度的评价。每个维度均根据被评价对象的实际水平与岗位要求水平达到的程度，分为"优秀""良好""一般"3 档，最终评价结果呈现在"人员—岗位"胜任九宫格中，共分为 9 个评价等级（见图 4-18）。

（3）基于人才盘点的结果，开展了人才任用管理决策。

通过人才盘点结果，从人员的实际贡献水平、核心能力水平与岗位要求的贡献水平、核心能力水平相匹配的程度来看，目前公司整体的人岗匹配度较为健康，①、②、③、⑤区格的人员合计占比超过 80%。

对于①号格——高胜任人才：一方面，组织开展更高级别的岗位能力素质培养，给予更多的人才培养机会；另一方面，优先考虑岗位晋升与承担组织更大的责任。

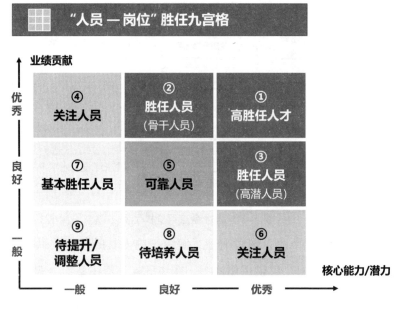

图 4-18 "人员—岗位"胜任九宫格

对于②号格——胜任人员（骨干人员）：重点是关注人才的持续绩效贡献能力，通过胜任能力分析重点关注与企业战略方向相适应能力项的发展与提升。

对于③号格——胜任人员（高潜人员）：一方面，重点在于提升绩效，可以设定更高的工作目标，激发其事业驱动力；另一方面，在本岗位上给予更多的管理授权，提供更多的机会去锻炼，帮助其积累管理经验，实现业绩的突破。

对于⑤号格——可靠人员：公司业绩稳定发展的中坚力量，重点是进行持续稳定的人才管理，评估每个人员的能力和业绩提升的关键因素，引导向公司骨干人员培养。

对于⑧号格——待培养人员：需要给予时间进行锻炼和绩效提升辅导，同时适当给予一定的绩效压力，进行严格的工作过程管理，加强对其日常工作的管理监督。

对于⑨号格——待提升／调整人员：建议调整到工作能力要求与其能力水平相适应的岗位，或者采用待岗学习等手段帮助其提升业绩和能力。

2. 基于绩效结果应用的人才盘点实施分析

基于企业绩效管理结果开展人才盘点，是一种全面评估组织内部人才资源的方法。这种分析对于提升组织效率、优化人才配置、识别高绩效员工、发展潜力人才、塑造企业文化方面有重要价值。

（1）塑造了组织高绩效导向的人才管理文化。基于绩效结果应用的人才盘点，通过绩效数据，客观、公正地评估员工的表现，为组织的人才决策提供了有力支持。在评估过程中，可以采用定量和定性相结合的方法，既考虑了员工的业绩指标、重点项目目标完成情况，也关注历史年度的绩效综合等级评定。这些措施塑造了企业人才管理基于绩效导向的企业文化。

（2）人才盘点管理实施人才与岗位匹配分析，最终是促进组织与员工绩效的提升。随着市场竞争的加剧，企业对人才的需求和期望也在不断提高。为了更好地满足业务需求，提升组织竞争力，企业需要对现有人才进行全面盘点，了解员工的能力、绩效和发展潜力，以便制定更具有针对性的人才培养和发展策略进行人才优化配置。将高绩效员工安排在关键岗位，充分发挥其才能，同时为高绩效员工提供更具有挑战性的工作任务和晋升机会；为高潜力人才提供发展机会，促进其快速成长；对低绩效员工进行辅导或调整，帮助其提升绩效。企业更加精准地制定人才培养和发展策略，可为组织的可持续发展、经营业绩的提升提供有力支持。

本课堂
小结

1. 员工绩效管理循环，是通过绩效计划、绩效过程管理、绩效评估与沟通反馈、绩效结果应用四个环节实现绩效的管理。

2. 员工绩效管理运营的基础主要包括企业的绩效文化、绩效管理制度、组织职位与职能设置、管理人员的绩效操作技能。

3. 员工绩效管理方法是指组织为实现其战略目标，通过一定的手段和工具对员工的工作表现进行绩效计划制订、考核评估、激励的管理方法。包括目标管理法（MBO）、KPI 考核法、OKR、360 度反馈法、行为锚定等级评定考核法、关键事件法、积分制考核、对标管理等方法。

4. 绩效计划是评估者和被评估者双方针对如何完成组织岗位绩效目标，进行工作重点任务、绩效评估标准沟通，并将沟通的结果落实为订立正式书面协议即绩效计划。绩效计划是双方在明晰责、权、利的基础上签订的一个内部协议。

5. 员工绩效结果的应用，需要确保过程公平、公正、公开，避免主观偏见和不当操作。绩效结果的应用主要表现在五个方面：绩效奖金分配、荣誉激励、培训开发、人才管理、职位职级与薪酬调整。

第五堂课

高绩效团队建设与管理

导读：

　　"胜则举杯相庆，败则拼死相救"是优秀团队的典型特征。

　　高绩效团队建设与管理是企业经营管理者实现组织目标、激发潜力、应对挑战和持续增长的关键策略。

　　在本课堂中，我们将对高绩效团队建设与管理作分享。

　　首先，我们分享高绩效与低绩效团队画像，了解高绩效团队与低绩效团队的特征。

　　其次，我们分享高绩效团队建设与管理成功的关键因素以及高绩效团队的"自我进化"模型，探求如何塑造高绩效团队。

　　再次，我们分享某电力企业的高绩效团队建设操作实践，分析了其如何构建团队建设与管理水平评价模型和现场举证模式，让团队建设工作落到实处。

　　最后，我们分享某通信企业"高绩效团队工作方法"实践，探讨其如何通过"绩效提升导向行动学习法"提升组织绩效，塑造高绩效团队。

第一节 高绩效团队

一、高绩效团队的画像

高绩效团队是指具有共同目标、角色分工清晰、高效协同合作完成工作任务，并在组织绩效评估周期内能持续达成或超越预期组织绩效目标的工作团队。高绩效团队经营管理者能充分发挥每个成员的优势，高效组织协同解决问题、高绩效地实现组织绩效目标。

华为团队作为全球信息技术行业的精英团队，其团队文化精髓在于"胜则共贺，败则共援"，彰显出强烈的集体主义和战斗精神。华为强调实战能力培养，视其为企业卓越的基石。任正非曾在华为大学的后备干部毕业证上写了两句话："只有有牺牲精神的人，才有可能最终成长为将军；只有长期坚持自我批判的人，才会有广阔的胸怀。"他认为前者是通往领导层的必经之路，后者则锻造宽广胸襟。华为借此塑造了高度自律、灵活应变且竞争力强的团队氛围。通过持续地自我反省和价值强化，华为团队不断优化完善，成为高绩效团队的典范。

阿里销售团队以其出色的业绩和执行力闻名。阿里团队以"客户第一"为核心价值观，强调团队合作、创新和快速响应市场变化。他们通过严格的培训和激励机制，培养出一批忠诚、有激情、执行力强的销售精英。这支团队在阿里巴巴发展的关键期，帮助公司走出低谷，熬过世纪之交的互联网寒冬，并开启了通过自有现金流来支撑持续增长的新时代。阿里团队的成功在于其独特的企业文化和对员工的深度信任与赋权，这使团队在激烈的市场竞争中始终保持领先地位。

京东物流以其庞大的物流网络和先进的技术支持为核心优势，构建了国内领先的高效配送体系，覆盖了全国3000多个城市，确保了广泛的触达能力。京东物流团队秉承"客户为中心"原则，实现次日达乃至当日达的极速配送承诺。在应急情况下，如疫情防控期间，京东物流迅速响应，开通救援物资绿色运输通道，展现出其社会责任感与强大的执行力。京东物流团队以其速度、覆盖面、技术和责任担当，成为行业典范。

从优秀团队的发展来看，我们可以看到高绩效团队具有以下典型特征（见图5-1）。

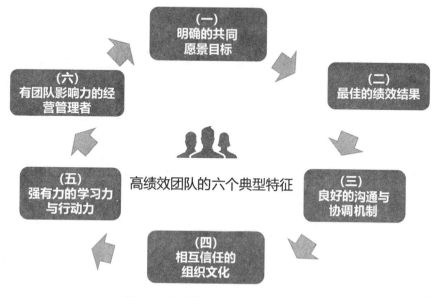

图 5-1　高绩效团队的六个典型特征

（一）明确的共同愿景目标

团队成员对团队的愿景目标有清晰的认识，并且这些目标是大家都认可的。团队的目标能够激励成员们朝着同一个方向努力，共享经验和教训，从而实现团队的整体成功。

（二）最佳的绩效结果

团队能够在有限的资源下创造出最佳的绩效，他们具备持续打胜仗的能力，具备高效决策和有效执行力，能够迅速应对变化并抓住机遇，完成组织绩效目标。

（三）良好的沟通与协调机制

团队成员职能分工机制明确，成员之间建立了良好的沟通机制，能够有效地交流想法、分享知识和相互支持。团队成员之间的协作默契，能够共同解决问题，推动项目的顺利进行。

（四）相互信任的组织文化

团队成员之间建立了深厚的信任关系，彼此相信对方的能力和承诺。团队成员也相互尊重，愿意为团队的成功付出努力。团队成员对团队有强烈的归属感，愿意为团队的发展贡献自己的力量。这种归属感使团队成员能够紧密团结在一起，形成强大的凝聚力，共同面对各种困难和挑战。

（五）强有力的学习力与行动力

团队能够灵活应对各种变化和挑战，具备持续的学习创新能力，他们能够根据市场环境和业务需求的变化，及时调整策略，寻找新的解决方案。学习力与行动力相结合时，不仅能够迅速吸收新知识并将其转化为实际行动，还能够在实践中不断优化自己的行动方式，形成一种良性循环。这种良性循环使组织能够在不断变化的市场环境中保持领先地位，实现持续的创新与发展。

（六）有团队影响力的经营管理者

团队的经营管理者具备设定目标、建立信任、沟通协调、灵活应对变化和培养人才等多方面的能力。管理者班子之间相互信任、支持、互补，他们通过自身的言行和行动，激发团队成员的潜力和热情，推动团队不断向前发展。

二、低绩效团队的画像

低绩效团队通常呈现出以下典型特征（见图5-2）。

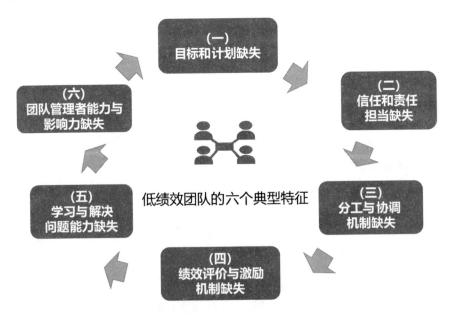

图5-2 低绩效团队的六个典型特征

（一）目标和计划缺失

团队成员对团队目标和计划缺乏清晰的认识，或者目标和计划本身就不够具体和可衡量。这导致团队成员无法有效地集中精力去达成目标，也无法对工作进度和成果进行有效的评估和调整，使团队整体绩效低下。

（二）信任和责任担当缺失

团队成员未建立信任，内部缺乏紧密的合作，成员之间缺乏相互支持和协助，这使团队在面对挑战和困难时难以形成合力。主要表现为团队管理者之间、团队管理者与团队成员之间产生隔阂和猜忌。这种不信任的氛围会让每个管理者都持有保留态度，不愿意分享关键信息或资源，担心自己的利益受损或被他人利用。这种相互猜疑的氛围会阻碍有效的沟通与合作，使团队难以形成合力。同时，团队缺乏责任担当精神，团队成员对工作的热情和投入不足，缺乏对团队成功的渴望和追求。这会对团队的士气和凝聚力产生负面影响。当团队成员感到无法应对新的挑战和问题时，他们可能会感到沮丧和失望，对团队和组织的未来失去信心。

（三）分工与协调机制缺失

团队缺乏角色和责任分配，团队成员不清楚自己的具体职责和任务，容易出现任务重叠、遗漏或者相互推诿的情况。这不仅降低了工作效率，还可能导致团队成员之间的冲突和不满。同时，团队缺乏沟通和协作。团队成员之间缺乏有效的信息交流，沟通渠道不畅通，会导致信息误解和不对称。此外，缺乏协调能力的管理者往往各自为政，在面对复杂问题时，他们可能无法达成共识，导致决策效率低下甚至产生冲突；他们难以形成统一的战略和目标，导致团队资源分散，无法形成集中优势。这对团队氛围产生负面影响，会进一步破坏团队的稳定性和凝聚力。

（四）绩效评价与激励机制缺失

缺乏绩效结果导向的绩效评价，意味着团队成员的努力和贡献无法得到公正和客观的衡量。这可能导致"大锅饭"现象，即无论个人贡献如何，团队成员的待遇都相差无几。这种情况会打击那些真正付出努力的团队成员的积极性，也可能让一些依赖他人成果的成员产生侥幸心理。

缺乏有效的激励机制，团队成员则缺乏足够的动力去追求卓越和创新，他们可能会满足于现状，不愿意主动承担责任和面对挑战。还会导致一些优秀的员工得不到应有的回报，而一些表现不佳的员工却能继续留在组织中，导致组织内部出现"劣币驱逐良币"的现象。这会阻碍团队的创新和进步，使团队在激烈的市场竞争中失去优势。

（五）学习与解决问题能力缺失

团队成员过于依赖过去的经验和做法，不愿意尝试新的方法和思路。缺乏学习能力的团队将逐渐失去竞争力，难以应对新的挑战和机遇。当遇到问题时，团队成员可能由于缺乏独立思考和解决问题的能力，无法及时找到有效的解决方案。这可能导致问题被拖延或无法解决，进而影响团队的效率和成果。

（六）团队管理者能力与影响力缺失

大将无能，累死三军，无能的领导，必然带出失败的团队。团队管理者能力的缺失，会导致团队的工作效率低下，绩效目标无法高效地完成。团队管理者缺乏战略眼光和系统的思考能力，会使团队在面临市场变化和竞争压力时无法及时调整策略，也无法为团队创造有利的发展环境，使团队在竞争中处于劣势地位。团队管理者无法妥善处理团队成员间的冲突，会导致团队内部关系紧张。团队管理者缺乏激励和引导团队成员的能力，则会使团队成员士气低落，缺乏工作动力，团队氛围也可能受到破坏。团队管理者如果无法为团队成员提供明确的指导和支持，使团队成员感到迷茫和无助，团队成员会对团队失去信心，甚至产生离职的意愿。

第二节 高绩效团队建设与管理

一、高绩效团队成功的关键因素

第一，心理安全、团队之间相互信任是团队高效运作的基石。

团队需要构建信任与自信的环境，这是团队成果的基石。这不仅是团队成员之间的默契和协作方式，更是一种对于团队整体表现和运作的共识。相较于团队成员的构成，这种团队规范显得更为重要。

一个优秀团队与一个差劲团队之间最明显的差异就在于成员之间的相处方式。团队是否鼓励开放交流，是否鼓励团队成员坦诚地交流想法、分享意见；是否尊重每个成员的背景、观点和技能，确保每个人都感觉到自己的价值；是否鼓励创新，创新过程中是否容错；团队成员是否能够相互信赖，等等，均影响团队的成功。

健康的团队规范能够提升整体的团队智慧，使团队的协同效应得以最大化；而不健全的团队规范，即便团队成员都是顶尖人才，也可能导致团队的瓦解和失败。

第二，明确的工作目标与分工协同机制是团队运作成功的主要因素。

每位成员都能高标准、高质量地完成工作，而不是推诿责任。成员在困难时相互支持，共同解决问题；领导者以身作则、言行一致，为团队树立榜样。

每个人都清楚地知道自己的期望和团队的期望，从而确保团队的每一分努力都能转化为真正的成果，这个团队的战斗力将是惊人的。这也反映了企业人力资源管理体系建设的重要性，尤其是绩效管理与职位管理体系的构建是高绩效团队建设与管理中不可或缺的要素，一个良好的绩效管理体系确保团队能良好的运作。

第三，明确工作的意义与价值是驱动团队成功的关键因素。

工作是生活的一部分，但更重要的是，工作给予我们意义。当团队成员都能从工作中找到价值，他们的动力将会源源不断。领导者需要帮助团队成员找到工作的意义，让他们觉得自己的付出是值得的。员工对自我认同、自我价值的需求，是影响团队整体成果的关键因素之一。他们需要时刻认识到自己的重要性。领导者要经常肯定团队成员的贡献，让他们知道，没有他们，团队将失去色彩。领导者需要定期给予团队成员绩效结果的反馈，确保他们知道自己的工作表现。当团队达到一个里程碑或成就时，要庆祝并公开认可每个成员的贡献。对团队成员提出的建议和想法，需要给予正面肯定与激励，让他们知道自己的声音是被听得到的。这是企业团队文化与非物质激励需要考虑的关键要素。

二、高绩效团队的"自我进化"

任正非在公司内部曾经发表了一篇经典演讲《为什么要进行自我批判》："这个世界上唯一不变的就是变化。我们稍有迟疑，就失之千里。我们为面子而走向失败、走向死亡，还是丢掉面子、丢掉错误，迎头赶上呢？没有自我批判，克服不良习气，我们怎么能把产品造到与国际一样的高水平，甚至超过同行。"其用一句话来概括自我批判精神的价值，即企业应对环境变化，活下去并超越同行需要不断批判、不断进步、不断改进。只有承认自己的不足、不断扬弃和持续超越，才能在瞬息万变的环境中存活更久，成为不断自我进化型组织，这是在极其严峻的环境中生存下来的能力。

团队的"自我进化"是指在当今知识快速迭代与经营环境充满不确定性的背景下，管理者必须依据构建高绩效团队的核心要素，从战略层面出发，强化团队管理基础，并在实践中不断学习与自我提升，以适应市场和技术的快速变迁，打造能够持续获胜的高绩效团队。"自我进化"强调的是在动态变化的环境中，团队主动适应、学习、调整和创新的能力。这要求团队不仅满足于当前的成就，更要像生物进化一样，不断地自我优化、迭代升级，以保持竞争力。

团队"自我进化"是提升团队绩效的有效方式，更是企业具备持续竞争力的关键。高绩效团队的"自我进化"是一个持续不断的过程，旨在提升团队"打胜仗"的能力。

（一）高绩效团队"自我进化"模型

高绩效团队"自我进化"，本质上是团队管理者基于现状带领团队如何不断完善管理机制、提升组织能力、完成企业绩效目标，自我超越获得高绩效目标的进化之路。通过"自我进化"模型（见图 5-3），可以帮助我们把握高绩效团队建议与管理的重点，这是团队从平庸走向卓越和优秀的关键成功要素，其中文化、机制、体系、系统构建了团队建设与管理的四个基石；高绩效团队工作方法是团队在实践中形成的团队绩效提升的工作方法，共同形成了高绩效团队"自我进化"的关键举措。

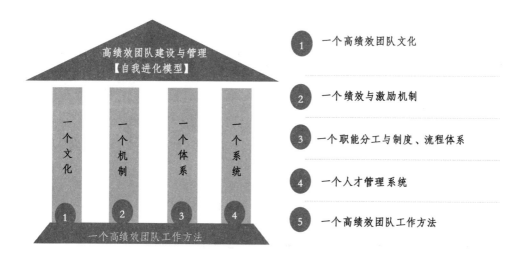

图 5-3 高绩效团队"自我进化"模型

一个文化：在高绩效团队需要塑造具备"统一与具有挑战性的目标、信任与尊重、责任与担当、成果导向与绩效改善"特征的高绩效团队文化。高绩效团队文化是代表企业的价值倾向，表明了希望团队成为何种特点的团队，什么样的员工是团队认同与激励的对象。高绩效团队文化总能创造良好的工作环境与人际关系，形成统一的文化思想，提高团队工作效率，这是高绩效团队的信念、价值观与行为规范。

一个机制：通过绩效与激励机制的设计激发团队成员的工作积极性和创造力，才能实现团队高绩效整体目标。这是团队基于组织绩效目标设定与分解、统一团队绩效目标、实施员工绩效管理并对团队成员进行物质与非物质激励，这是高绩效团队激发组织活力的过程。

一个体系：通过职能分工与制度、流程的持续优化，进行团队基础管理的进化。每个成员都应该清楚自己的职责和角色以及与其他成员的协作关系；通过制度与流程的持续优化，明确权责与管控要点，提高流程效率，这是高绩效团队建设与管理的基石。

一个系统：构建以任职能力与人才培养评价为核心的人才管理系统，基于战略管理进行组织人才的招聘选配、任职能力与人才培养、人才任用激励、人才盘点与评价的人才管理，提升组织与个人能力，提升组织应对外部环境变化适应的能力，这也是高绩效团队进化的动力源泉。

一个高绩效团队工作方法：实践中构建适合自己团队成员提升绩效的团队工作方法，高绩效团队工作方法具备"目标一致、快速反应；开放共生、信任协同；简单高效、智慧共创"的特征，能够充分发挥每个成员的优势和潜力。

（二）高绩效团队"文化进化"

在一个没有安全感、没有责任担当、没有明确目标的企业，员工会士气低落、效能低下。企业的经营管理者需要带领团队首先在思想上统一认知，通过文化重塑进行自我超越。

第一，"统一与具有挑战性的目标"是高绩效团队文化建设的前提。团队成员需要清楚地知道他们的共同目标是什么，具有挑战性的重点目标是什么。

统一的目标能够增强团队的凝聚力和向心力。当团队成员都朝着同一个目标努力时，他们之间的合作和沟通会更加顺畅，更容易形成共同的价值观和行为准则。这种凝聚力和向心力有助于团队成员之间建立深厚的信任关系，进一步促进团队文化的建设。

具有挑战性的目标能够激发团队成员的积极性和动力。当团队设定了一个具有挑战性的目标时，成员们会感受到一种使命感和紧迫感，从而更加努力地工作。此外，具有挑战性的目标还能够推动团队的自我进化和发展。在追求目标的过程中，团队会遇到各种困难和挑战，这些困难和挑战会促使团队成员不断学习和成长，提升自己的能力和素质。团队也会通过总结经验教训，不断优化工作流程和方法，提高整体绩效。

第二，"信任与尊重"是高绩效团队自我进化、高绩效文化塑造的基石。这为团队创造了一个积极、健康、向上的工作环境，使团队成员能够充分发挥自己的潜力，共同为团队的成功贡献力量。

团队成员之间保持开放和透明的沟通渠道，通过有效的沟通，倾听和表达自己的观点，及时解决冲突和分歧，保持团队的和谐与稳定。团队成员需要相信彼此的能力和承诺，并且愿意为了团队的共同目标而合作努力。他们互相支持和鼓励，共同成长。这种氛围有助于激发团队成员的积极性和创造力。团队欢迎不同背景、经验和观点的成员加入，相信这样的多样性可以为团队带来更好的创新和决策，团队可以更好地应对各种挑战和机遇。

第三，"责任与担当"是高绩效团队文化建设的驱动力。在一个高绩效团队中，每个成员都能够明确自己的职责，勇于承担任务，积极面对挑战。这种精神是推动团队不断向前、实现卓越绩效的关键因素。团队成员对组织有强烈的使命感，积极主动地寻找解决方案，是团队自我进化的内在动力；责任与担当是团队文化建设的动力源泉。

责任与担当还能够促进团队成员之间的信任和合作。当每个成员都能够承担起自己的责任并展现出担当精神时，成员之间的信任度会得到提升，合作也会更加紧密。这种信任和合作氛围有助于团队成员之间的信息共享、知识传递和经验交流，会进一步提升团队的整体绩效。

第四，"成果导向与绩效改善"是高绩效团队文化建设的核心。高绩效团队文化建设实质上是持续构建"成果导向与绩效改善"的自我超越文化。团队通过不断反思、心智与能力成长、智慧共创，挑战一个又一个新的目标。

"成果导向"是高绩效团队的核心文化之一。高绩效团队以达成具体、可衡量的成果为目标，注重实际产出和效果。团队成员被鼓励和引导以成果为导向，将个人和团队的努力聚焦于实现具体的业务目标或项目成果。这有助于团队保持清晰的目标意识，确保团队成员的工作方向一致，并激发团队成员的责任感和使命感。

"绩效改善"也是高绩效团队文化建设的核心之一。它是对绩效结果的复盘应用，涉及对工作流程、方法、技能等方面的优化和创新。团队或个体对其工作成果进行回顾、分析和总结，找出成功的原因和存在的问题，以便在未来的工作中更好地发挥优势，改进不足。通过改善，团队可以不断提高工作效率和质量，增强团队的竞争力和适应能力。

"成果导向与绩效改善"共同构成了团队文化建设的核心，为团队的长远发展提供了源源不断的动力，共同提升团队的整体绩效。

（三）高绩效团队的绩效与激励机制建设

绩效与激励机制建设是高绩效团队成功的关键所在，它涉及如何有效设定与分解组织绩效目标、实施员工绩效管理并对团队进行物质与非物质激励。

第一，团队绩效目标来源于公司战略绩效目标的分解与转化，战略绩效目标与策略是团队目标的源头。团队需要把组织目标转化为清晰、具体、可衡量的员工个人目标，这些目标应与团队的整体战略和愿景保持一致。同时，目标应该具有挑战性，能够激发团队成员的斗志和热情。

第二，实施绩效管理全流程管理，并确保评估体系公正、透明、全面。团队需要建立一套科学、合理的员工绩效管理体系，通过绩效过程管理让团队各成员工作协调对齐。通过绩效评估，客观、准确地评价团队成员的工作表现和贡献，确保评估的全面性和公正性。通过绩效面谈反馈机制，团队负责人定期与团队成员进行沟通，了解他们的工作进展、困难和需求，及时给予指导和支持。同时，还应鼓励成员之间互相学习和交流经验，以促进团队成员的共同成长和进步。

第三，在激励机制方面，团队需要采取多种手段来激发团队成员的积极性和创造力。在绩效薪酬激励方面以"价值创造"为导向，进行合理、科学的二次薪酬分配。以"荣誉激励"为核心的团队精神激励是团队制胜的一个法宝。给予优秀员工表彰、晋升、人才培养发展机会是对员工尊重、形成自我价值认同的有效激励。

总之，高绩效团队的绩效与激励机制建设需要综合考虑团队目标设定与分解、绩效过程管理、绩效评估与反馈辅导、物质与非物质的激励手段。通过不断优化和完善这些机制，团队可以形成一套适合自己的管理方法，激发成员的积极性和创造力，实现整体目标的高效达成。

（四）高绩效团队的职能分工与制度、流程建设

一个团队如果没有明确自己的使命与定位，没有对组织职能进行有效分解，形成上下协同的职能管理体系，就会导致职能分工权责不清，影响团队的分工协作、目标设定与绩效薪酬激励。高绩效团队非常重视团队的职能管理工作，并通过制度与流程明确团队成员各自的责任以及协同责任。高绩效团队的职能分工与制度、流程建设，对于实现团队的高效运作和卓越绩效至关重要。

第一，合理的组织职能分工是确保团队高效运作的基础。在高绩效团队中，每个成员都应该清楚自己的职责和角色以及与其他成员的协作关系。这种工作职能的分工不仅是职能的简单分解，更是基于组织职能与员工职能组织效率最优的动态化管理机制。通过明确的职能分工，可以避免工作重叠、遗漏和冲突，使每个成员能够专注于自己的专业领域，发挥最大的价值。

第二，建立完善的制度、流程体系，是保障团队稳定运行的关键。制度、流程包括团队的业务运作流程、团队决策机制、团队沟通与协同机制、团队日常工作管理与激励机制等，这些机制共同构成了团队的运作框架。通过制度、流程的规范，明确各制度与流程建设的目的、权重、流程控制点、流程风险管控点，可以确保团队成员在工作中遵循统一的标准和流程，同时可以通过数字化的分析手段，提高组织运行效率和质量。

（五）高绩效团队人才管理系统建设

构建以"任职能力与人才培养评价机制"为核心的人才管理体系，是确保团队持续发展和高效运作的关键环节。团队人员的招聘选择、配置、任职能力管理、人才培养与任用管理、人才评价等，这一套人才管理系统的建设，不仅有助于提升组织能力与团队成员的专业能力和综合素质，还能促进团队内部的良性竞争和合作，从而推动团队整体绩效的提升。

组织能力是企业发展的基石，也是企业内生的凝聚力和驱动力，是企业推动组织战略落地和不断提升核心竞争力的动力来源。而任职能力是组织能力的基础，是一个人在特定职业或岗位上所需具备的能力和素质，通常包含岗位基本任职资格和岗位发展需求的知识、专业能力和素质。同时，任职能力也是企业进行职位管理、人才招聘、培养、考核、晋升等人才管理、职业生涯管理的基础，因此团队任职能力体系建设是高绩效团队建设的重要内容。

任职能力主要来源于工作结果的产生过程所需求的知识、专业能力和素质，包含岗位工作需要的基本任职资格以及取得高绩效的关键行为。在任职能力管理方面，团队需要为每个岗位制定清晰的职责和能力要求，这是人才培养与能力评价的基础。团队通过定期的能力评估，了解团队成员的能力状况和发展潜力，为人才培养提供依据。

团队在人才培养方面需要结合自己人才队伍建设的要求，明确人才培养目标路径、资源方法与手段；根据团队发展战略和业务需求，制订明确的人才培养目标与工作计划，确保培养工作与团队整体发展相契合。在人才培养实施方面需要结合企业特点，充分利用自己的团队资源，通过师带徒、岗位轮换、组织经验萃取等方法进行组织与员工能力建设。同时结合人才队伍建设的要求，制定个性化的人才培养策略，提升成员持续的作战能力。

在人才培养与能力评价机制的建设过程中，确保评价的公正性和客观性。评价过程应公开透明，避免主观偏见和人为因素的影响。注重评价的激励作用，通过正向激励和奖励机制，激发团队成员提升能力和参与人才培养的积极性。

通过"任职能力与人才培养评价机制"的建设，高绩效团队能够形成一套科学、系统的人才管理体系，为团队的长期发展提供有力的人才保障。同时，这一机制的建设也有助于提升团队成员的职业素养和综合能力，增强团队的凝聚力和向心力，推动团队向更高绩效团队进化。

（六）高绩效团队工作方法

高绩效团队工作方法具备"目标一致、快速反应；开放共生、信任协同；简单高效、智慧共创"的特征（见图5-4），团队能够充分发挥每个成员的优势和潜力，实现高效、有序的工作，达到预期的绩效目标。

图 5-4　高绩效团队工作方法的特征

第一，目标一致、快速反应。"目标一致"是指一支高绩效团队必定拥有一个共同的目标，而且这一目标会渗透到团队成员的骨髓之中。目标是否一致是评价一个团队是否具备凝聚力的核心标准，只有团队中的每一个成员都异常明了团队的目标，并且深刻理解自身在实现这一目标过程中所承担的职责，团队才能够取得高绩效。

"快速反应"是高绩效团队应对挑战和机遇的关键能力。在快速变化的市场环境中，团队需要能够迅速识别问题、分析情况并作出决策。高绩效团队通常具备高度的敏锐性和灵活性，能够迅速调整策略，以适应不断变化的环境。

第二，开放共生、信任协同。"开放共生"体现了团队成员间的包容性和合作精神。在这个环境中，成员们愿意分享自己的想法、经验和知识，也愿意倾听他人的观点和建议。这种开放的态度有助于打破沟通壁垒，促进信息的自由流动，从而激发团队的创造力和创新能力。同时，开放共生也促使团队关注团队外部的协助与资源整合，包括服务对象、客户、合作伙伴等，为团队的发展创造更有利的外部环境。

"信任协同"是团队协同工作的基石，只有建立了深厚的信任关系，团队成员才能放心地将任务交给彼此，共同面对挑战。在协同工作中，团队成员需要相互支持、密切配合，共同完成任务。通过协同工作，团队可以充分利用每个成员的优势，弥补不足，实现资源的最优配置。同时，协同工作也有助于提高团队的反应速度和应变能力，使团队能够在不断变化的市场环境中保持竞争力。

第三，简单高效、智慧共创。"简单高效"强调团队在工作中追求简洁、直接和高效的工作方式。高效的工作方法能够减少不必要的复杂性和浪费，提高团队的工作效率和质量。高绩效团队会关注工作的核心目标，避免过度复杂化和烦琐的流程，力求以最简单的方式达到最优的效果。同时，团队成员也会注重时间管理和优先级排序，确保在有限的时间内完成关键任务，实现高效的工作输出。

"智慧共创"特征主要体现在团队成员深度合作、知识共享与创新思维的融合，通过集体智慧来共同解决问题，推动项目进展，实现团队目标。团队成员之间不再是孤立的个体，而是形成了一个紧密的协作网络，通过集体智慧来应对各种挑战。团队成员愿意分享自己的专业知识、经验和见解，与他人共同学习、成长。这种知识共享不仅有助于提升个人能力，更能促进团队整体水平的提升。

高绩效团队工作方法强调创新思维的融合，鼓励成员提出新颖的想法、尝试新的方法，勇于挑战传统观念。团队成员之间通过思维的碰撞与融合，激发出更多的创新火花，为团队带来源源不断的创新动力。

第三节　高绩效团队建设与管理实践

　　高绩效团队能够实现企业经营战略目标快速执行与目标达成，能迅速响应市场变化，抓住机遇，解决问题，从而为企业创造更大的价值，也有助于提升员工的满意度和忠诚度。在这样的团队中，员工能够感受到自己的价值和重要性，从而更加投入地工作，为企业的发展贡献自己的力量。

　　对高绩效团队建设与管理有助于提高企业的管理效率和综合创新能力。通过优化团队结构、完善管理制度和引入先进的管理理念和方法，企业能够提高团队的整体素质和能力水平，推动企业的持续改进和创新发展。这些对于企业经营管理者来说，也是一种重要的管理能力和领导力的体现。因此，优秀的企业领导者均重视团队建设和管理工作，投入足够的资源和精力来打造高效、协作、创新的团队。

一、某电力企业的高绩效团队建设与管理实践

　　某电力企业响应国家实施西部大开发和"西电东送"的战略以及国家关于优先发展煤炭资源综合利用项目、节能环保项目和循环经济项目的产业政策，实施"低热值煤"发电项目的开发建设和运营管理，实现了良好的经济效益和社会效益，在专业技术领域也取得了显著成果，获得了多项国家专利。

　　为了确保电力生产的安全和稳定，为地方经济的发展作出积极贡献。该企业领导者深知团队管理者在团队建设与管理中的重要性与责任，非常重视对企业干部的年度综合考核与管理工作，希望通过年度综合绩效考核给团队负责人进行科学客观的评价，锻造更多"想干事、敢干事、能干事、干成事"的干部，推动形成"能上能下"的人才管理机制。

　　以往的干部考核常以业绩评价与360度民主评议为主，这种评价模式简单，但很难获取对管理干部的真实能力水平的评价。一方面，容易导致重视近期利益与忽视企业长远利益的发展；另一方面，团队负责人的"带队伍与业务管理"核心能力很难得到客观的评价。这些最终会影响企业业绩目标的实现以及综合管理水

平的提升。

因此，企业领导者在干部的年度综合评价中，引入团队建设与管理专项评价工作，通过评价项目的设置，牵引各团队负责人重视团队建设与管理，提升带队伍、做业务的能力。同时选拔、任用真正具有团队管理能力的团队负责人。其关键举措如下。

（一）构建团队建设与管理水平评价模型

经过调研分析论证，结合企业战略发展管理重点与行业特点，最终该公司领导层确定"五维十五项"团队建设与管理水平评价模型（见图5-5），界定每个项目的定义、价值与意义，以此牵引公司团队建设与管理的评价落到实处。

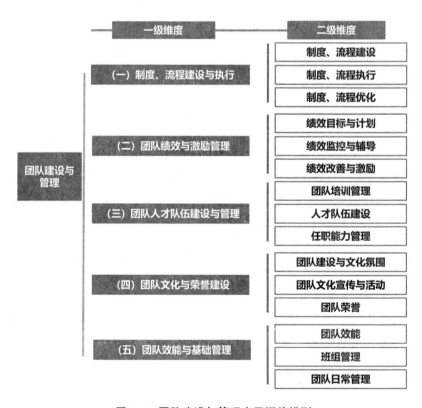

图5-5 团队建设与管理水平评价模型

第一，制度、流程建设与执行，指团队成员对于团队关键制度、核心业务与管理流程的建设与执行程度，以提升组织运作效率。

第二，团队绩效与激励管理，指团队通过一定管理方法与工具，对员工的工作绩效进行激励和鼓励，提高工作效率和质量等方面的情况，以激发员工的工作积极性和创造力。

第三，团队人才队伍建设与管理，指团队在人才梯队建设、人才培训培养、任职能力、人才管理方面的执行情况，以提升组织与员工能力。

第四，团队文化与荣誉建设，指团队文化建设、文化宣传、文化氛围以及荣誉奖励体系建设情况，以提升团队士气与活力。

第五，团队效能与基础管理，指团队在实现目标、完成工作任务和提升绩效方面的整体表现和竞争力的情况以及日常管理方面的情况，以夯实团队管理基础。

（二）革新"团队建设与管理"能力评价模式

以往的综合能力评价基于干部年度综合述职评价，通过团队负责人在台上对团队工作总结述职、台下评价人记分模式，确定团队负责人的能力水平。这个模式的现场感爆棚，初衷是为了客观、公正地评价团队负责人的工作表现，但在实际操作中有几个方面的因素影响了实际能力的判断。

一是容易产生"近因效应"、主观性过强。评价人在记分过程中可能会受到个人主观意识、情感倾向、偏见、近期工作表现等因素的影响，导致评分结果不够客观公正。

二是容易"信息不对等"与忽略实际管理成效。评价人可能无法充分了解团队负责人的实际工作情况，仅凭述职报告难以全面反映团队的工作成果和负责人的实际能力。这可能导致团队负责人将更多精力放在准备述职报告和应对评价上，而非真正提升团队的工作效率和成果。干部表达能力强的人会掩盖团队建设与管理的缺失。

三是缺乏量化评价标准。以前的打分模式缺乏明确的量化指标，评价人可能难以对团队负责人的工作表现进行精确评估。缺乏量化指标会导致评分结果过于笼统，无法准确反映团队负责人的具体能力水平，也很难给予精准的评价结果。同样，如果没有有效数据的反馈，团队负责人可能无法及时了解自己的不足和需要改进的地方，也无法有针对性地提高自己的能力水平，从而影响团队的整体绩效。

为了解决这些问题，该企业领导者组织构建了评价模型与评价量表，优化了评价模式。对评价模型构建了"团队建设与管理"五级量表，同时通过"现场举证 + 360 度评价"的双评价模式，进行团队领导者综合管理能力评价。这些操作注重实际工作成果和团队负责人的实际能力，避免了形式主义倾向，确保了高绩效团队建设落到实处。

第一，建立高绩效团队建设与管理的五级评价标准，明确每个评价项目的定义、维度与行动量化度量标准以及测评关键要点，确保评价的客观性和公正性。如表 5-1 是一级绩效激励评价项目中的二级"绩效目标与计划"评价量表。

表 5-1   一级绩效激励评价项目中的二级"绩效目标与计划"评价量表

项目名称	绩效目标与计划	
评估基本内容	①是否将团队年度与月度重点工作计划分解到班组与成员；班组计划是否分解到员工；②公司年度经营管理指标、安全生产目标责任制、环保卫生、党风廉政等重点工作的落实情况；③每个员工是否清楚自己的年度与月度工作绩效目标与工作规划；④是否每个岗位构建一岗一清单，考核实施细则等绩效考核评价标准是否科学合理	
评分量表		现场测评要点
【0～1分】：没有构建本团队的月度与年度绩效管理或考核办法，也没有相关的工作考核记录过程文件，员工不清楚自己的工作考核结果，也没有周、月、季度等相关工作目标计划。 【1～2分】：有构建本部门的绩效考核办法，员工有自己的绩效目标计划（周、月、季度）相关书面或电子相关文件，但内容不完整，没有更好地对业务管理起到支撑作用。从部门到班组、到岗位的目标计划分解执行线条不清晰、遗漏或缺失。 【2～3分】：总体来看，从部门到班组、到岗位的目标计划制订清楚，责任任务明确，考核标准清晰，有评估反馈。整体上看，能提升与推动工作效率。 【3～4分】：部门与公司重点工作、跨部门协作的重点工作均能通过绩效目标计划看到执行落实，有执行激励、执行总结、有责任人员的相关目标任务，有推动执行过程记录、改善提升研讨、总结复盘记录。 【4～5分】：公司绩效管理相关制度文件完善、规范，符合实际工作需要，整体绩效目标计划—过程管理—绩效评估—绩效激励结果应用有一定的管理水平。每个员工清楚绩效管理操作方法，也能主动去提升改善自己的绩效等。绩效管理成为部门重要的提升检验工作成效的方法		重点：①检查在年度、月度的目标计划制订、执行、过程管理、绩效改善、绩效激励应用方面的文件记录、实际运行相关内容的完整性、合理性、规范性与水平；②绩效激励对组织目标达成、团队效率提升、员工的价值认同、工作分工等方面的感知与结果

第二，进行团队建设与管理的现场举证考评。团队建设与管理考评小组通过对各团队建设与管理的执行情况，进行现场观察与记录，对团队建设与管理的实际工作成果、工作过程记录进行勘查与分析；通过现场问答以及团队负责人现场提供的证明材料进行团队建设与管理水平的现场评估判断。

（三）团队建设与管理实施分析

该企业领导层认为，一个具备高绩效团队建设与管理能力的干部，才能够更好地带领团队应对市场挑战和变化，实现企业的战略目标。企业领导者非常重视企业干部的团队建设与管理能力，对干部的团队建设与管理能力的评价是基于团队负责人实际工作管理的成效去评价，而不是对团队负责人能力水平定性评价，这是该企业干部考评方式最大的改变。

正如德鲁克曾经说的一句非常著名的话："管理是一种实践，本质不在于知，而在于行。"该企业通过评价模型与标准的构建、考评模式的构建，在实际工作中去引导提升团队建设与管理的能力与管理水平。

第一，确保考评的客观性与公正性。举证考核要求提供具体的案例、数据或成果来证明其团队建设与管理能力，这种方式相比于单纯的主观评价更加客观和公正。它避免了因个人情感或偏见导致的评价偏差，使考核结果更加真实可信。

组织可以筛选出真正具备团队建设与管理能力的干部，为组织的长远发展提供有力的人才保障。这些干部能够带领团队朝着共同的目标努力，形成良好的团队氛围和高效的工作机制，推动组织的整体发展。

第二，团队建设与管理能力实践的全面性与深入性。举证考核有助于对干部的能力进行全面而深入的评估，不仅关注其表面表现，还能深入了解其在实际工作中的操作和思考方式。它鼓励干部在日常工作中注重团队建设与管理的实践，并努力取得可衡量的成果。通过量表的自评与考评小组的评估对比分析以及评估反馈，能切实指出团队建设与管理方面的差距、短板与工作亮点。这一方面有利于绩效改善，另一方面有利于组织经验的萃取与传承。

第三，团队建设与管理评价的举证考核，促进透明度与信任，起到了激励与示范作用。现场举证考评，展现了团队对自身管理的信心和透明度，有助于增强团队之间的信任，同时向所有成员传递出管理公正、注重实效的信号。优秀的实践通过现场展示，可以成为其他团队学习的榜样，激发内部竞争和学习动力，推动整体组织文化的正向发展。

通过团队建设与管理年度综合评价的持续推行，该企业的团队建设与管理能力整体水平稳步提高，年轻的管理干部明显在成长，优秀的管理干部也变得更为突出；企业团队建设的成效更突出，流程、制度、目标计划等各项团队效能评价指标在明显改善。可以看出，这种评价方式的推行不仅有助于提高企业的整体管理水平，还为企业的发展注入了新的活力和动力。

二、某通信企业的高绩效团队工作方法实践

"绩效提升导向行动学习法"是融合绩效提升与行动学习理念的一种高绩效团队工作方法。其核心在于以结果为导向，以团队重点绩效目标任务为重点，聚焦团队重点管理与业务发展问题，通过有效激发团队智慧、团队成员共同努力，解决实际问题并提升个人与组织的绩效。某省级通信企业地市分公司市场部的实战案例生动诠释了这一方法的精髓。

该通信企业地市分公司市场部结合省公司下达的经营业绩指标，通常会全部或简单转化下达给各区县分公司，造成区县分公司KPI指标多，工作抓不到重点。该地市公司有2个短板KPI，季度排名中一项指标全市排第18名，另一项指标排第19名，影响了公司综合排名，也困扰了公司管理者。

通过优化绩效管理与学习行动学习法后，该市场部经过综合策划，寄予通过团队建设与管理能力的塑造，以集体智慧解决目前的重点绩效问题。该市场部负责人组织团队成员开展"绩效提升导向行动学习"项目，在实践中掌握了"绩效提升导向行动学习法"。

经过针对2个短板KPI的提升行动学习项目化管理，半年后一个短板指标全市排名由第19名提升至第2名，另一个指标由第18名提升至第9名。市场部负责人在公司半年度经营分析会总结经验时说："以往我们的工作重点过多，学习使用'绩效提升导向行动学习法'让我们的团队工作更聚焦、找准了重点。同时，基于绩效短板提升，团队成员都有了工作危机意识，团队沟通协作能力也大大得到锻炼与提升。"

（一）项目实施关键策略分析

该企业以"绩效提升导向行动学习法"作为高绩效团队工作方法，在实施中有几个成功的关键要点。

1. 培养一批促动师，构建了一套团队工作管理流程

推动行动学习项目，要培育一批促动师。促动师就是掌握多种促动技术，促进参与者有效互动、达成共识与共同行动的人。在"绩效提升导向行动学习法"中，团队成员需要掌握一些基本的行动学习促动技术。他们共同解决组织实际存在的问题，同时注重团队成员的学习发展和整个组织的进步。

这种行动学习项目应明确课题，明确项目参与人员的角色任务，必须有一套工作流程保障，其运作流程包括选择课题、组建小组、启动项目、研讨问题、执行计划、复盘评估、固化分享七个关键流程步骤（见图5-6），每个步骤需要明确责任人与控制要点及有效输出。

图 5-6 行动学习项目实施流程图

2. 团队成员以"行动学习促动技术"为抓手，提升团队问题解决能力

在"绩效提升导向行动学习法"中，行动学习促动师是在行动学习过程中扮演关键角色的专业人员。他们的核心职责是帮助团队明确目标，关注团队讨论的流程，营造心智改变的场域，引导团队质疑反思并达成共识，共同行动。促动师在整个过程中保持中立与客观，他们不直接给出答案，而是通过提问的方式引导员工思考，发掘员工的思想和潜能，帮助员工找到解决问题的答案。同时，促动师也是流程设计与控制者，要合理控制节奏，保持流程的顺畅。通过促进与会者聚焦真实问题，展开有步骤、有架构的讨论。促动师在行动学习中发挥着至关重要的作用。他们不仅促进员工共享信息、达成共识，还形成有效的行动方案、计划和承诺，并推动其有效执行。可以说，促动师是行动学习的灵魂人物，是行动学习成功实施的关键。

由团队负责人组织团队成员进行促动技术的培训，要求全体成员明确促动师的角色意义，掌握基本促动操作流程，重点掌握三个基本促动方法（见图5-7）。

图 5-7 三个基本促动方法

（1）ORID 聚焦式会话。这是一种结构化会谈形式，通过促动师的引导，帮助人们经历开放式、聚焦的、发现的对话。这种方法主要基于四个层次：事实（O）、感受（R）、启发（I）和行动（D）。通过这四个层次循序渐进的提问，引导回答者从事情的表象开始，逐步进行深层次的思考，并最终作出行为决策。其提问的逻辑示例如图5-8所示。

ORID 是具有严谨逻辑层次的提问结构，根据人类对外来刺激的反应程度，提出一个严谨有层次的提问结构。ORID 技术应用在"绩效提升导向行动学习"项目全流程中，重点在"课题的选择"阶段。

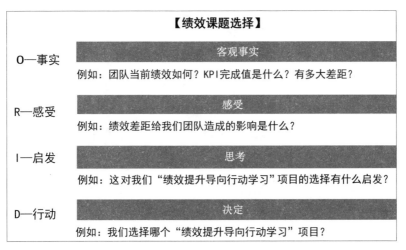

图 5-8　ORID 提问逻辑示意图

（2）团队共创。团队共创行动学习法在绩效提升的项目中，旨在通过团队成员的共同参与和创造，达成共识并推动绩效提升。该方法强调在行动中学习，通过实际操作和反思，不断优化解决方案，并鼓励成员间的互相支持与合作，共同解决问题。在团队共创行动学习中，团队成员通过如头脑风暴、小组讨论，挖掘和整合集体智慧，形成创新的、可行的决策和计划。这种方法不仅有助于激发团队成员的创造力和参与度，还能促进团队成员之间的深入交流与合作。

通过团队共创行动学习法，团队成员可以共同面对挑战，集思广益，形成合力，推动组织绩效的提升。这是一种高效、实用的集体学习研讨方法，适用于各种组织和场景，有助于提升团队绩效和创新能力。该企业将其用在绩效提升项目中主要采用了五个步骤（见图 5-9），最后提炼出绩效提升问题解决的核心策略。

图 5-9　团队共创五步法

（3）群策群力。群策群力的目的在于将公司从繁杂而低效率的工作程序中解放出来，快速地发动组织成员集体参与到决策过程中，从而支持组织变革、解决问题和改进流程。该方法结合集体智慧、鼓励团队成员积极参与、共享观点，通过协作找到问题的解决方案，并立即付诸实践。其不仅强调团队的合作与沟通，还注重将学习成果转化为实际行动，从而推动组织或项目的进步。

群策群力在组织中营造了一个全体成员能平等、无拘无束、坦诚地沟通与交流的环境，并通过这样的环境来凝聚组织的智慧，对组织面临的重大问题形成创造性的解决方案。在实施过程中，应根据反馈及时调整和优化方案，以适应不断变化的环境和需求。

在绩效提升的行动学习项目中，聚焦企业组织绩效难题，明确绩效改善的问题后，通过群策群力促动法形成团队工作愿景、达成策略共识、形成具体的工作计划。这些难题一般是企业关键、紧迫的业务难题或者是企业绩效短板与企业当年度的重点工作，一般是按六个步骤实施项目管理（见图5-10）。

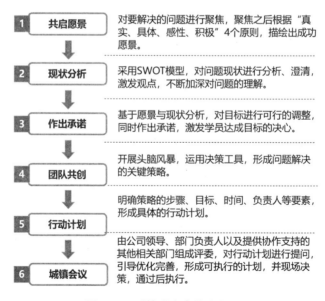

图5-10 群策群力步骤流程

3.团队领导者以"绩效复盘"赋能团队，推动组织发展

绩效复盘就是让组织及个人在项目实践中能够"吃一堑长一智""打一仗进一

步"，在行动学习中赋能成长。在绩效提升的行动学习复盘中，团队负责人需要组织项目相关人员通过四个步骤实施赋能（见图5-11）。

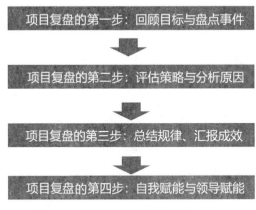

图5-11 项目复盘的四个步骤

第一步，回顾目标与盘点事件。主要是回溯最初设定的目标，对照实际情况进行对比分析。盘点在此期间发生的关键事件、重要任务的完成情况，看是否达到预设的目标和期望。这一步骤帮助团队清晰地认识到哪些任务已经成功完成，哪些未能达成目标以及在过程中遇到了哪些具体的挑战和机遇。

第二步，评估策略与分析原因。有效的策略能让项目目标达成事半功倍，反之则事倍功半。团队需要审视采取的策略和方法是否有效，为什么有的策略取得了预期效果，而有的却没有。通过对每项任务执行过程中的具体做法进行深入分析，找出成功或失败的根本原因，如资源分配是否合理、执行力度如何、是否存在沟通障碍等。

第三步，总结规律、汇报成效。根据前两个步骤的分析，归纳出在整个绩效周期内显现出来的规律和趋势，提炼出有益的经验和教训。同时，量化呈现团队和成员的绩效结果，既包括成绩又包括存在的不足，形成详尽的绩效报告，向上级领导或团队成员进行展示和汇报。

第四步，自我赋能与领导赋能。项目成员通过绩效复盘，增强个人的自我认知和自我提升能力，明确自身在绩效达成过程中的优势和不足，制订个人成长计划。领导或管理者通过绩效复盘，更好地了解团队的整体绩效和个体表现，为团队提供有针对性的指导和支持，促进团队整体能力的提升，并对团队成员进行激励与辅导。通过双向赋能，确保团队和个体都能从中受益，团队建设与管理不断迭代、自我进化。

（二）"绩效提升导向行动学习法"实施分析

本例企业在团队建设与管理中引入"绩效提升导向行动学习法"，使业绩短板指标能快速改善提升，给予了我们很多启示。

1."绩效提升导向行动学习法"是值得推崇的高绩效团队工作方法

第一，"绩效提升导向行动学习法"的本质是一种注重结果，强调实践、团队协作的学习方法，旨在提升个人和组织的绩效。

通过系统的学习、合适的流程设计以及有效的激励措施，可以实现绩效导向的行动学习目标，推动组织的持续进步和发展。华润集团是国内运用行动学习法比较成功的企业，其多从负面绩效问题入手，质疑与反思造成绩效问题的深层原因，找出解决方案，制订行动计划，然后实施计划、总结评估效果，在实现绩效提升的基础上培养了经理人的质疑与反思精神。"绩效提升导向行动学习法"为华润带来了直接的经济效益，更重要的是大规模地培养了人才，团队建设与管理能力得到显著提升。

第二，"绩效提升导向行动学习法"能让团队成员聚焦组织绩效目标达成，持续学习，提升组织竞争力。

这种方法强调明确团队的目标，确保所有团队成员对其有深刻理解和一致认同，从而使团队朝着同一个方向努力，最终实现更高绩效。这种方法注重过程管理和结果评估，通过对团队活动和成果的持续跟踪、反馈和改进，促进团队成员的持续学习和成长，可以帮助组织快速响应市场变化，高效完成各项任务，从而在激烈竞争中脱颖而出。

第三，"绩效提升导向行动学习法"能优化资源配置，激发团队潜力与创新，增强团队凝聚力，塑造团队文化。

通过分析团队成员各自的专长和能力，按照绩效提升的需求进行合理配置和调整，可最大化利用人力资源，提升团队整体效能。鼓励团队成员积极参与决策，发挥主观能动性，可促进团队创新能力和解决问题的能力。通过明确绩效标准、公正公平的激励机制以及团队内的相互支持和协助，能够增强团队成员间的信任感和归属感，提高团队凝聚力。这种方法体现了追求卓越和不断进步的文化理念，有利于在团队和整个组织中形成一种积极向上、追求高绩效的企业文化。

2.“绩效提升导向行动学习”项目成功的 3 个关键因素

第一，课题的选择。课题的选择一定是组织悬而未决的复杂绩效短板、绩效重点发展目标等难题。课题选择要获得公司领导层支持，这样在后续对处理潜在阻力和确保成功非常重要。

第二，项目的角色管理。项目要想取得成效，必须清晰界定 6 个关键角色：发起人、召集人、促动师、组长、组员和专家。这 6 个角色在行动学习过程中承载着不同的任务，发挥着不同的价值，是项目成败的关键。

第三，激励赋能。团队成员在完成绩效任务中，组织给予物质与精神激励以及对员工成长赋能是不可或缺的一部分，这是团队自我进化的重要内容。

总之，“绩效提升导向行动学习法”是一个科学、有效的高绩效团队工作方法，它通过确立明确目标、优化资源配置、激发个体潜能和团队活力，有力地促进了团队和组织绩效的全面提升。

本课堂
小结

1. 高绩效团队具有六个典型特征：明确的共同愿景目标、最佳的绩效结果、良好的沟通与协调机制、相互信任的组织文化、强有力的学习力与行动力、有团队影响力的团队管理者。

2. 高绩效团队建设与管理需要"自我进化"。"五个一"自我进化模型包括"一个高绩效团队文化、一个绩效与激励机制、一个职能分工与制度、一个流程体系、一个人才管理系统"，构建了团队建设与管理的四个基石；"一个高绩效团队工作方法"是团队在实践中形成的团队绩效提升的工作方法。

3. 某电力企业的团队建设与管理实践，其团队建设与管理水平评价模型构建，牵引了团队建设管理工作落到实处。

4. 某通信企业的高绩效团队工作方法实践，说明"绩效提升导向行动学习法"是一个有效地提升组织绩效与赋能团队成长的重要工作方法。

参考文献

[1] 保罗·R. 尼文，本·拉莫尔特 . OKR：源于英特尔和谷歌的目标管理利器 [M]. 北京机械工业出版社，2017.

[2] 陈春花 . 管理的常识：让管理发挥绩效的 8 个基本概念 [M]. 北京：机械工业出版社 2016.

[3] 陈春花 . 经营的本质 [M]. 北京：机械工业出版社，2015.

[4] 陈春花，朱丽 . 协同：数字化时代组织效率的本质 [M]. 北京：机械工业出版社，2020.

[5] 陈雨点，王云龙，王安辉 . 华为战略解码：从战略规划到落地执行的管理系统 [M]. 北京：机械工业出版社，2021.

[6] 段泓冰 . 促动：激活团队能力的领导力新法则 [M]. 北京：北京联合出版公司，2015.

[7] 段泓冰 . 赢在行动学习 [M]. 北京：北京联合出版公司，2018.

[8] 范厚华，华为铁三角工作法 [M]. 北京：中信出版社，2021.

[9] 高杉尚孝 . 麦肯锡问题分析与解决技巧 [M]. 北京：北京时代华文书局，2014.

[10] 混沌学园 . 创新力：从思维到能力的企业增长之路 [M]. 北京：中信出版集团，2021.

[11] 况阳，绩效使能：超越 OKR[M]. 北京：机械工业出版社，2019.

[12] 刘澜 . 领导力：解决调整性难题 [M]. 北京：北京大学出版社，2021.

[13] 刘永中，行动学习使用手册 [M]. 北京：北京联合出版公司，2015.

[14] 罗伯特·S. 卡普兰 . 平衡计分卡战略实践 [M]. 浙江：浙江教育出版社，2022.

[15] 穆胜 . 人力资源效能 [M]. 北京：机械工业出版社，2021.

[16] 帕特里克·兰西奥尼，团队协作的五大障碍 [M]. 北京：中信出版社，2022.

[17] 齐藤显一，竹内里子 . 麦肯锡图表工作法 [M]. 北京：中国友谊出版社，2017.

[18] 石鑫，搞定不确定：行动学习给你答案 [M]. 北京：中华工商联合出版社，2016.

[19] 宋志平，经营制胜 [M]. 北京：机械工业出版社，2021.

[20] 藤原正英，赢在问题解决力 [M]. 北京：化学工业出版社，2010.

[21] 田涛，官玉振，吴春波 . 打胜仗：常胜团队的成功密码 [M]. 北京：机械工业出版社，
2021.

[22] 王明，洪千武 . KR 管理法则：阿里巴巴、华为绩效管理实战技巧 [M]. 北京：中信
出版社，2020.

[23] 魏江，邬爱其 . 战略管理 [M]. 北京：机械工业出版社，2018.

[24] 吴建国，华为团队工作法 [M]. 北京：中信出版社，2019.

[25] 杨国安，组织能力的"杨三角"：企业持续成功的秘诀 [M]. 北京：机械工业出版社，
2010.

[26] 亚历山大·奥斯特瓦德，伊夫·皮尼厄 . 商业模式新生代 [M]. 北京：机械工业出版社，
2016.

[27] 张峰 . 行动学习 3.0：从"过程引导"到"思维引领" [M]. 北京：电子工业出版社，
2021.

[28] 张小峰，吴婷婷 . 干部管理：八步法打造能打胜仗的干部队伍 [M]. 北京：中国人
民大学出版社，2022.

[29] 吕守升 . 战略解码：跨越战略与执行的鸿沟 [M]. 北京：机械工业出版社，2021.